丸山眞男 話文集

続4

丸山眞男手帖の会編

みすず書房

目次

アンケート回答

読後評

インタビュー

日章旗

『丸山眞男書簡集』未収録書簡……273

87 松本健一	一九八三(昭和五十八)年十一月一日	366
88 古在由重・美代子	一九八四(昭和五十九)年一月一日	367
89 野間宏	一九八四(昭和五十九)年一月一日	368
90 埴谷雄高	一九八四(昭和五十九)年一月一日	369
91 福井恵一	一九八四(昭和五十九)年六月十六日	370
92 富田節子	一九八四(昭和五十九)年六月二十六日	371
93 埴谷雄高	一九八四(昭和五十九)年七月〔日不明〕	373
94 埴谷雄高	一九八四(昭和五十九)年十二月二日	374
95 磯田光一	一九八五(昭和六十)年七月十五日	376
96 松本健一	一九八五(昭和六十)年七月二十九日	377
97 野間宏	一九八五(昭和六十)年八月十五日	377

98 松本健一 一九八五（昭和六十）年十月二十六日 378
99 野間 宏 一九八六（昭和六十一）年一月一日 379
100 埴谷雄高 一九八六（昭和六十一）年一月一日 380
101 米田卓史 一九八六（昭和六十一）年一月十八日 381
102 野間 宏 一九八六（昭和六十一）年二月二十一日 382
103 古在由重 一九八六（昭和六十一）年八月一日 382
104 野間 宏 一九八七（昭和六十二）年一月一日 384
105 古在由重 一九八七（昭和六十二）年三月九日 385
106 野間 宏 一九八七（昭和六十二）年三月九日 386
107 松本健一 一九八七（昭和六十二）年六月〔推定〕 387
108 古在由重 一九八七（昭和六十二）年八月三日 388
109 野間 宏 一九八七（昭和六十二）年九月七日 388
110 中薗英助・とせ子 一九八八（昭和六十三）年一月一日 389
111 野間 宏 一九八八（昭和六十三）年一月一日 391
112 中村 哲 一九八八（昭和六十三）年二月六日 391
113 松本健一 一九八八（昭和六十三）年二月十日 392
114 松本健一 一九八八（昭和六十三）年五月十二日 393
115 田原嗣郎 一九八八（昭和六十三）年六月十四日 394
116 中薗英助 一九八八（昭和六十三）年七月十六日 395

凡例

一、『丸山眞男 話文集 続』全四巻は、『丸山眞男手帖』(「丸山眞男手帖の会」発行の季刊雑誌、一九九七年四月創刊、二〇一四年八月、第六九号をもって休刊。代表、川口重雄。編集委員は川口のほかに、飯田泰三・伊藤修・栗原茂幸・島田紀子・間宮陽介・宮本千裕・吉川正洋、第五号まで安東仁兵衛、第五八号まで小尾俊人)に発表された丸山眞男の文章・講演・座談・インタヴューを中心に編集・収録した。

一、本集の収録にあたり、表記はもとより、各編の標題を変え、見出しをつけるなど、初出に変更を加えたものもある。

一、各編の冒頭には背景を説明した解題を、各編末尾には註を付した。初出は解題末に記した。

一、漢字は新字体を用いたが、旧仮名遣いは原文のままとした。

一、編集部による補足や簡単な註記は〔 〕で示した。

一、丸山眞男の著作などを参照すべきと判断したところには、「(『丸山集』第三巻)」のように追記した。なお、文中に頻出する『丸山集』とは『丸山眞男集』(全一六巻・別巻、岩波書店、一九九五—九七年)を、『丸山座談』とは『丸山眞男座談』(全九冊、岩波書店、一九九八年)を、『丸山回顧談』とは『丸山眞男回顧談』(全二巻、岩波書店、二〇〇六年)を、『話文集』とは『丸山眞男話文集』(全四巻、みすず書房、二〇〇八—〇九年)を、『手帖』とは『丸山眞男手帖』を、それぞれ指す。

一、現在では不適切と思われる表現などは、時代背景ならびに作品としての性格上、そのままとした。

一、第四巻の巻末に、全四巻の「人名索引」を付す。

一、本集の刊行にあたり、ご許可・ご協力をいただいた学校法人 東京女子大学、丸山彰氏をはじめ、安東年子氏、小尾真氏、今井史子氏、檜垣眞澄氏、服部巍洋氏、長坂勉氏、寺戸恭平氏、高木博義氏、古在豊樹氏(以上、第四巻掲載順、『丸山眞男書簡集』未収録書簡については解題の二七四—二七五頁に記載)を筆頭に、各編のきっかけを作ってくださりご協力いただいたすべての方々や組織、さらに、テープ起こしの労をとられるなど編集実務にたずさわれた皆様に、この場を借りて篤く御礼申しあげます。

——編集部

翻訳をめぐって、編集者と執筆者、コモンセンスなき社会

――最後のダベリング　一九九五年一二月

一九九五年一二月一〇日、丸山は自宅に近い吉祥寺第一ホテルのレストラン・ポンヌフで開かれた、安東仁兵衛（元現代の理論社代表）、小尾俊人（前みすず書房編集長）、川口重雄（調布学園教師）、島田紀子（デザイナー）、間宮陽介（当時京都大学助教授）、守田省吾（みすず書房）との懇談会に出席した。

懇談会は当初、丸山先生を囲んで一夕を過ごそうという九月二八日の安東の提案により、一〇月一〇日午後五時からと予定されていたが、コロンビア大学出版部から新しく訳出される『現代政治の思想と行動』の英語版序文執筆のために延期してほしいという丸山の申し出により一一月一二日に、さらに一一月一五日に東京女子医大での腫瘍へのエタノール注射の予定があり、その前には動けないという丸山の肝臓ガンの治療の日程により再び延期され、一二月一〇日に行われることになった。午後六時から始まった懇談会は午後九時をこえ三時間に及んだ。この後丸山は一二月一三日に通院・加療した後、年末・年始を熱海のセカンドハウスで過ごしたが、進行する病勢が丸山から外出して談話する体力・機会を奪い、これが結果的に丸山の最後の「ダベリ」となってしまっ

た。一週間前の一二月三日に開かれた「丸山ゼミ有志の会」懇談会のスピーチ（本巻に「皆さん、横につきあってください」の標題で収録）とともに、最晩年の丸山の肉声を伝えるものである。

以下の記録は、川口が収録したテープをもとに復元したものである。出席者のご校閲をいただいた。テープの収録は丸山の了承を得ているが、公表を予定したものではない。公表にあたり、出席者および故小尾俊人ご子息・小尾眞氏、故安東仁兵衛夫人・年子氏の了承を得ている。

初出『手帖』第六九号、二〇一四年八月

ガン治療の毎日

丸山　今日は皆さんにお会いするために、非常に苦労したんです。〔自分が〕不愉快だと皆さんも不愉快な思いをするから解熱剤を飲んで。だから元気なんです。昨日まで三七度二分あった。僕は〔平熱が〕五度何分と非常に低いの。だから七度は非常につらいんだな。普通の人の八度くらい。でもしょうがない。〔治療を〕やった後だから。僕のは一生続くらしい。つまり〔腫瘍が〕でかくなりすぎているから。この間、主治医の高崎先生に切ったらどうですかと聞いたんだ。そうしたら、一進一退というところで、去年からの薬は効いている、と。ただ新しい腫瘍ができて、今そこを攻撃している。新しい腫瘍の大きさは一昨年できたのと同じ百円玉くらい。でも悪くならなければ、次はいつ来てください、と言われるだけで病状が全然分からない。

安東〔仁兵衛〕　病院では、そのつど待たされるんですか。

丸山　前は待たされていた。先生は、いわゆる名医だから、予約はできないんです。予約するとキリがないからいくらでも待て、という。外来は週に二回。その日に行って待っているよりしょうがない。婦長さんと仲良くなったおかげで、前の日に電話をかけて明日行きますからよろしくと言うと、外来の〔担当の〕看護婦に〔順番を〕前のほうにしてもらう。それで、外来ではそんなに待たないけれども、〔患部の〕エコー検査で待つわけ。エコーをやって、〔腫瘍にエタノールを〕注射する。

普通は、予約〔診療〕は三ヵ月〔先〕です。僕は特別扱い。〔次は〕年が明けて一月一〇日。でも、二〇日のCT検査をするまでは、いったい病状はどうなっているのか、腫瘍のかたちがどうなっているのか分からないんです。写真を撮らないと構造が分からないんです。つまり、CTというのは断層写真ですから。エコーはなるほど像が映っているけれど、普通のレントゲンと同じで、〔注射針を〕刺す時にはいいの。エコーを見ながら、ここをやろうと、いちばん効果がありそうなところを刺すわけ。しかし僕なんかはいいほうです。有名な先生なので、北海道から来ましたとか、御殿場から来て最終の小田急線で帰るとか。みんな通院です。混みすぎてね。

間宮〔陽介〕　待合室で待っているんですか。

丸山　だから必ず、何か本を持って行って、呼ばれるまで待つ。

間宮　大変ですね。

丸山　入院するんだったらいやだな。実際、家に引っ込んでばっかりいるでしょ。小尾君とはいつ会ったかな。随分会わないですね。みすず書房を辞めてから一度は会ったかな。
小尾〔俊人〕 いや、そのあと数回はお会いしました。
間宮 安東さんはいかがですか。
安東 去年の夏でした。
丸山 安東君は別の用件で、熱海〔伊豆山〕の〔セカンドハウスの〕ほうとか……。
間宮 『丸山眞男集』のパンフレットに伊豆山での写真がありましたね。
安東 あれは一昨年ですね。

社会心理学的対象としての丸山眞男批判

丸山 間宮さんには、過褒敢えて当たらず、という文章〔「理想主義的現実主義」『図書』一九九五年七月号、特集『丸山眞男集』〕を書いていただいて。
間宮 緊張しています。
安東 間宮さんの、世の丸山眞男批判というのは社会心理学的対象である、というのは、全く当たってるな。
小尾 日本社会の病理。
安東 日本社会の病理学というのをもっと書いてよ。あれは名言だと思って。
丸山 僕が心配しているのは、間宮さんが京都〔大学〕へ行ったでしょ。京都・大阪というのは、ア

ンチ丸山の拠点なんだ。大丈夫なのかと、そういう余計な心配をしている。（笑）

間宮　それを意識してやっている。（笑）

丸山　これ、ビール？

島田〔紀子〕　そうです。お水か何か。

丸山　ジンジャーエールを。

安東　アルコールは熱のある時はダメですか。

丸山　心臓に悪いの。ドキドキして苦しい。本当は飲みたいんですけれど。

安東　小尾さんは、五体健全で……。

小尾　〔冗談じゃないです。ガタガタですよ。だって、心臓の半分が死んでいる。

丸山　僕は知らなかったんだけれど、心筋梗塞だったって。

小尾　心筋梗塞になった時はよく生き残ったという感じです。みすずを辞めることにして、後片付けをしている時に……。六時間以内に病院に行かないと〔危ないんです〕。それで一月半くらい入院して、命は取り留めた。あとは薬で〔体調を〕維持しているわけです。現在も一ヵ月に一度虎の門病院に通って、時々検査をして。その他にもいろいろ起こるから。この間はバリウムを飲んで参った。

丸山　安東君も気をつけなきゃ。さっき小尾君に言ったんだけれど、気が若いのがかえって危険なんだ。体が老いていることの自覚が少ないんだな。僕自身もそうなんだけれど。五五、六〇になったら、自分を省みて……。

安東　『丸山眞男集』第五巻（一九九五年一一月）の「月報3」に、上原〔二郎〕さんが、先生が頑健であることと食欲があることを書いていました〔「療友としての丸山先生」〕。この間、中島〔岑夫〕(1)君のお通夜で、土井たか子〔当時日本社会党委員長〕さんが丸山先生にお会いしたと。土井さんが丸山先生は食欲がおありになると言うんですよ。何でそんなことが分かったの、と聞いたら、先生がお通夜の時、別室でお寿司とかを随分食べていらしたと言うんです。〔笑〕丸山先生はお元気よ、食欲があるもの。食欲が基礎よ、と言うんです。土井さんもまたすごく食欲があるんです。彼女は僕の倍食べますからね。

丸山　そんなことを土井さんが言ったの。僕が土井さんに会ったのはその時が最初です。ガン患者は食わなきゃいけない。だから薬だと思って食べている。処置のあとは食欲はないです。食べることと生きんとする意志力、それが非常に大きい。高崎先生は専門バカの典型なんだけれど、いちばん初めの〔診察の〕時に最後に言ったのが、病は気からですよ、と。この先生がこんなことを言うかな、と。その先生でさえ、そう言う。特にガンはそうらしい。ファイト。ガンになってダメだと思うと、ダメになっちゃう。

自己実現的予言というのがあるんだ、ロバート・マートン(2)の。アメリカの社会学者。彼の有名な言葉です。self-fulfiling prophecy。もう一つ、自己否定的予言というのがある。マルクスが、資本主義が発達すると両階級が分化する。少数のブルジョアジーと大多数のプロレタリアートに、そして中間階級は没落する、と〔主張した〕。これは大変だということで、資本主義社会が社会保障とか、いろいろな療法をやったわけ。それで、〔マルクスの主張は〕実現しなかった、と。これが自己否定的予言。言葉が面白いじゃない？　自己否定的予言というのは。予言として当たらなかったけれど、実は、それを言ったために、他のやつがこれはいかんというので大騒ぎをして、そのためにその通りにならなかった。食わなきゃいけないというのは、自己実現的予言なんです。

安東　上原さんが先生の骨格のことを書いていましたね。

丸山　そうね。僕は知らなかったけれど、体重測定の時に後ろから見ていて。

安東　僕はもう、前からそういう説で。

丸山　それはキミがしょっちゅう言っていることで。

島田　骨が丈夫。

丸山　それはそうなんですね。

安東　ホッケーで〔高等学校時代、鍛えたから〕。

丸山　ホッケーはやっていたけれど。それほど体格は良くないんだけれど、骨が太いんですね。だから、体重は比較的あるんです。それから、病気に慣れている……。安仁と一緒に志賀高原へ行ったでしょ。あの時は〔結核で〕肋骨が半分以上なかった。

安東　一九六五年です。

丸山　あの時、志賀高原の山で、安仁はウンウン言ってついて来た。だらしがないんだ。（笑）片方の運動（政治運動）はいいんだけれど、本当のスポーツの運動は全然ダメ。（笑）僕は山歩きにしょっちゅう行っていたから強いの。山歩きと言っても尾根をただ歩く。僕はロッククライミングのような、ああいうのは嫌いなの。ただ何となく尾根を歩く。それをやっていたから、慣れているんです。だから、みんなビックリしますよ。半分肺がないにしては、と。今は全然ダメだな。ガンになってから吉祥寺に行くのがつらいです。足がダメになっちゃった、残念だけれど。
皆さんに会うために、熱はしょうがないけれど、今日もちょっと仕事はしましたけれど、他の条件を整えて。

英語版『現代政治の思想と行動』と仏語版『日本政治思想史研究』

安東 新しく出る『現代政治の思想と行動』の英語版の序文はお書きになりましたか。

丸山 デッドラインが来ているんですけれど、もうちょっと。初めから日本語で書けばよかったと思ったけれど、ここまで英語で書いちゃったから。もしまずければ向こうで直してもらう。そのほうが楽です。

安東 今度の〔編者〕は、キャロル・グラック。(3)『世界』に論文を書き〔「現代史の挑戦」『世界』一九九四年一月号〕、『朝日〔新聞〕』にも出た人ですね。

丸山 昔アメリカに行った時の学生だった。弟子なんです。すっかりボスになっちゃって。今は日本学の大ボスです。アメリカ歴史学会の最高幹部になっちゃった。

間宮 『朝日新聞』にインタヴュー記事(4)が載った。

安東 僕は、ノーマ・フィールドのほうに共鳴したけれど。すばらしいなと思ったな。

川口〔重雄〕 『天皇の逝く国で』〔みすず書房、一九九四年〕を書いた人。

丸山 グラックが編纂主任になり、コロンビア〔大学出版部〕から、僕だけじゃなくて、日本人の書いた良い本をシリーズとして出す。

安東　他にどういう著者が。

丸山　それは知らない。僕のが、その第一冊なんですね。この前のモリスの(5)(『丸山集』別巻「外国語訳著作目録」6)は、ピックアップしているんですよ。今度は全部なんだ。だから、二巻になるでしょうね。その new preface を書けと。締め切りは何と去年の初めだったんです。彼女がコロンビア大学出版部との間でサンドウィッチ――サンドウィッチってこういう時に使うのかどうか――になっちゃって弱っている。だから頼むと。自分が英語に直すので日本語でいいからと言われたんだが、コノヤローと思って英語で書き始めちゃった。

安東　次にフランス語版〔の『日本政治思想史研究』〕(「外国語訳著作目録」30)が待っている。

丸山　だから、それをほったらかしにして。

小尾　ガリマールのですか。

丸山　ガリマールのは〔出版の〕契約期限が切れちゃって。それでパリ大学東洋学部で出すことになった。

小尾　パリ大学が出版部を持っているわけですか。

丸山　ガリマールと交渉して出版権を貰ったんですね。ガリマールもできないのでしびれを切らしたのでしょう。フランス人もプライドが高いからね。英訳から重訳すれば何のことないんです。それを、何しろ元の日本語版から訳すと。あの漢文だらけのものでしょ、三、四人でやっているらしいけれど、パリ大学の教授を知りません。あれもできたら序文がほしいというんだけれど、勘弁してくれと。ただ、現代のフランス人が想像する以上にフランス語に訳すことが困難であり、よくやった。現代の日本人でも江戸時代の漢文を読むのは、英語やフランス語を読むよりむしろ困難だということを先方に書いた。向こうの人は明治以前の文献を読むほうが英仏独の西洋語を読むより難しい、ということを知らない、ほとんど。日本学者でない限りは。

安東　『日本政治思想史研究』の英語版というのは。

丸山　それは完全な訳です、プリンストンの（「外国語訳著作目録」15）。一〇年以上かかっています。英訳の文章をドーアが全部見て。しかもドーアは、日本のことを何も知らない英語のうまい、彼の弟子に読ませた。つまり、書いてあることは何も分からないが、英文としてどうなのかをチェックした。そして、それをドーアが直した。僕はいちいち見てないけれど、まあ、大丈夫だな。変な話ですけれど、内容じゃなくて、評判いいです。

モリスとシャモニ、ザイフェルトの名訳

丸山　『現代政治の思想と行動』のモリス訳はさすがにすごいな。彼が自分で訳したのは、「超国家主義の論理と心理」（『丸山集』第三巻）と「軍国支配者の精神形態」（『丸山集』第四巻）。これは一言半句、僕が直す必要がない、見事ですね。「超国家主義の論理と心理」の文章は我ながら悪文ですよ。非常に面白いと思ったのは、もう二〇年も前だけれど、『岩倉公実記』のなかにある岩倉公の建議のことを、簡単にして「岩倉建議」と書いた。さすがにそれは分からない。どういう人だと言うんだ。そう

いう人はいないと。(笑) それは無理だ。

安東　シャモニとザイフェルトのドイツ語訳は、先生が前に褒められたけれど、完璧に近いんでしょう(「外国語訳著作目録」25)。

丸山　これはすごい、また。もちろん、シャモニとは何度もやり取りして、[6] 聞いてきたけれど。つまり、ハイデルベルク大学文学部教授で、国法学の知識がないから。ドイツ国法学の術語をかなり教えた。

安東　シャモニの『図書』の文章(「「日本の思想」ドイツ語訳のこと」一九九五年七月号)は良かった。すばらしかった。

丸山　内容はともかく、文章がいいでしょ。日本語の文章として、僕は感心した。僕が知る限り彼が一番だな。文章としては、ドーア以上ですね。読むほうはドーアもすごいけれど。

安東　また一月に来るそうですね。

丸山　そう。今は大変なんだ、管理職になっちゃって。

小尾　どこでも同じだ。

丸山　ハイデルベルク大学の、日本だけじゃなくてアジアの中国研究とかいろいろあるでしょ、そういうものの御大になっちゃったから、もう大変なんだ。

安東　『忠誠と反逆』のドイツ語版も出たんですか(「外国語訳著作目録」31)。

丸山　まだ。これは来年でしょ。

小尾　あれは難しい本だから。

丸山　これは主にザイフェルト。
安東・小尾　それはすごいな。
丸山　住谷一彦君が、『日本の思想』のドイツ語版が出た時に、あれを読んだほうが分かりやすいと。（笑）あれを重訳して（日本語版をつくったほうが分かりやすい）。（笑）あれは完璧ですね。僕が見た限り完璧なのは、あれとモリス訳の「超国家主義の論理と心理」。文章が、英語としても見事です。ところが、モリスが弟子にやらせたのはひどいのがあって。一九六一年に僕が最初にハーバード大学に客員教授として行った時にゲラが出た。「「スターリン批判」の批判」（「「スターリン批判」における政治の論理」と改題のうえ『丸山集』第六巻に収録）なんてのは、もうひどかった、もとの訳文が。モリスが手分けして大学院の学生に毛の生えたようなぐらいの弟子にやらせたわけです。マルクス主義の知識がないから、なおさらひどいんだ。僕は閉口したな、それを直すのに。

自著の翻訳に参ったドーアと丸山

丸山　そして、一九六二年にハーバードからイギリスのオックスフォード大学へ回ったんだ。イギリスに行ってからドーアに、いったい原著者というのはどれだけ責任を負うんだ、翻訳に、と言ったら、それはじつにいい質問で、実はオレも参っちゃったんだと、ドーアが言う。岩波の『日本の都市』だったかな。
間宮　『都市の日本人』（岩波書店、一九六二年）。

丸山　その日本人の訳をドーアが日本語で直しているんだ。これで今弱っている、と。ドーアのロンドン大学の研究室でダべったの。じつに同じ悩みを持っていた。その時、非常に助かった。『現代政治の思想と行動』の英訳に対する序文を書く、と。何しろ向こうにいるから、否でも応でも、英語で書かなければいけないでしょ。半分ぐらい書いたら、いやになっちゃってね、うまくいかないから。閉口していたんです。実は僕は半分ぐらい序文を書いたと言ったら、丸山さん、あとは話してくれれば僕が書いてあげる、と言うんですよ。そこで僕が残りの部分にどういうことを書きたいか、ズーッとしゃべったら、その場でドーアが書いて。

小尾　なるほど。

丸山　だから、後半はドーアの英語なんです。その代わりに、彼が直している『都市の日本人』の日本語訳を僕がやってやると。それで見てみたら、なるほどドーアの訳はうまいけれど、うますぎて、意訳しすぎている。『日本政治思想史研究』の序文もドーアの訳。英訳本の序文は全部僕が日本語で書いた。駿河台の山の上ホテルに缶詰になって書いていたところへ、ドーアがやって来た。ほとんどできていたんですが、ドーアがこれを自分に貸してくれ、訳すから、と言うんだ。僕は一応日本語で書いたのを自分で英訳するつもりでいた。悪いからと断ったんだけれど、彼はそういうことが好きなんだ。それで、持って行って飛行機のなかで訳し始めたらしい。掛川〔トミ子〕さんなんかに言わせると、訳しすぎだと。

例えば、「近代の超克」。序文に書いてあるけれど、(7)「近代の超克」が戦時中に盛んに叫ばれたけれども、それに対して、近代の擁護が〔論文執筆の〕一つの動機だった。江戸時代における近代意識の発達。その「近代の超克」という言葉が序文に二度出てくる。初めの近代の超克は overcome of modernism とそのまま訳している。これは、あの頃ジョーン・バエズのベトナム戦争反対の歌"We Shall Overcome"が流行りましたね。We shall overcome とはうまいけれど、近代の超克を We shall overcome とするのは、いくら何でもちょっとひどい。うますぎるの、彼のは。つまり、繰り返しになるものだから、読んでいて分かるんです。quotation して"We shall overcome"と。そんなことを言っちゃ不遜だけれど、例えば二〇年も経ったらシャレが分からなくなるじゃない。ベトナム戦争だとか、ジョーン・バエズが歌って流行ったとかは、残らないでしょ。

守田〔省吾〕 今リバイバルで、ジョーン・バエズを聴く人はいますよ。We shall overcome again. という意味は分かっても、状況が違いますからね。

丸山 ドーアはなまじっか翻訳がうますぎて、そういうことがあるんだ。

イタリア語版の翻訳とそのタイトル

安東 イタリア語版も出ているんですね（「外国語訳著作目録」26）。「日本ファシズム研究」（「日本ファシズムの思想と運動」『丸山集』第三巻）とか『現代政治の思想と行動』からの訳だと思うんだけれど。僕の後輩の〔丸山先生を〕敬愛しているイタリア研究者に見せてくれと言ったら、加藤周一さんの序文（丸山真男『近代日本のイデオロギー　膨張主義の起源』序文」『加藤周一コレクション2』平凡社）を日本語に訳して送ってくれて。先生の所にファクスをさしあげましたけれども、このイタリア語版はちょっと……。そう言っては失礼だけれど、加藤さんの序文もかなりやっつけ仕事的だという気がするんです。『現代政治の思想と行動』の中の「日本ファシズム」論のところだけで、ムッソリーニはヒトラーに較べてあまり殺さなかったとか。加藤さんを責める意味じゃなくて。あのドイツの新聞の事件（雑誌『シュピーゲル』のインタヴュー記事、『話文集　続2』、三七三―三八九頁参照）の記者もイタリア人でしょ。

丸山　半分は僕の責任です。イタリアの出版社が翻訳を企画した。僕がいつまでも〔序文を〕書かないので、加藤周一君に頼んだんですね。出版後、〔イタリア語版の〕本を一冊送ってきただけで、何部刷ったとか、一言半句もないの（『話文集　続2』三三二頁参照）。

安東　仲介したのはイタリア書房の西村という商売人です。

小尾　イタリア屋。

安東　おっしゃる通り。イタリア屋ですよ。レストランやったり、旅行会社やったり。

間宮　仲介もだけれど、イタリアの出版社自体はどうなんですか。

安東　先生の本がイタリア語で出たことはいいことだと思うんだ。

小尾　あれはタイトルが変じゃなかった？　トンチンカンで。

丸山　今に合わせているんです。『日本の膨張主義の起源』といったような訳になっている。今の日本ブームの起源みたいな。だから、ちょっと違うんです。

小尾　あれはひどいなと思ったんだけれど。

安東 小尾さんは、外国語を何ヵ国できますか。

小尾 できゃしませんよ。

丸山 小尾君のすごいのは、独学であれだけヨーロッパ語が読める。ロマン・ローランのは、たった一人で。

小尾 ただ憧れているだけです。

丸山 フランス語を独学であれだけやる。

安東 間宮さんとよく話すんだけれど、外国語で出たほうがいいね。區〔建英〕君が中国語訳をやったけれど（『福澤諭吉与日本的近代化』学林出版、一九九二年）、さらにほかもやってくれれば。『丸山集』も出たことだし。

『丸山眞男集』の「月報」と新聞広告

丸山 「月報」は誰に頼んだか、僕は全然知らない。

安東 筑紫哲也君と堤〔清二〕君に来た。筑紫君が何を書こうかと言うから、俺に相談するとは何事だと。（笑）

丸山 岩波に文句を言ったの。筑紫哲也氏とか、個々の人を悪いと言うわけではないけれど、ただ、月報でしょ。月報というのは、どこでも書けるような人じゃなくて、月報でなければ書けないような人に書いてもらうのが、月報の意味じゃないかと。そうしたら岩波の編集者は、どうもわれわれはついマスコミ的になって、と電話で言っていましたけれど。

安東　最近〔の岩波書店〕は頭の先からつま先までマスコミ的になっているんじゃないの。この間、篠ピン〔篠原一〕さんの七〇〔歳〕の会で、『世界』の編集長の山口〔昭男〕君に会いました。僕は一一月号〔の特集「戦後思想と批判精神」〕[9]に憤慨しているから。間宮さんが側にいたんだ。

間宮　そう、山口さんと話していた。（笑）

安東　山口君が久しぶりと言うから、おっ、読んでないよ、と言ったんだ。（笑）読む必要がないと。一二月号の沖縄特集〔特集「沖縄が告発する「安保再定義」」〕もダメだと言っていたな、沖縄問題をやっている人が。古いと。

丸山　全部任せたから文句は言えないんだけれど。岩波側に言わせると、そういうのは宣伝部が決めるので、われわれ〔編集部〕はどうもあまり力がないと言うんだ。つまり、あんなバカでかい新聞の広告というのは、僕の趣味を知っている人なら、あんなことはしない。傲慢だけれど、購買者には二種類あって。新聞の下の欄の広告で僕の本が出たな、買おうというのが、僕の大部分の読者なんですね。でかい広告を見て、ひとつ買ってやれという、そういう種類の人もいますよ。作家なんかならそういうことがある。芥川賞なら広告するとそれだけ売れる。しかし、僕の場合はないですね、そういうことは。みすず書房なんてよく知っている。広告もしないで売れているわけです。そういうセンスがないな、岩波には。あるいは、でかくなりすぎちゃって。

小尾　各部門制で、それぞれが独立性を主張して、全体をコントロールするものがないんだ。あれはひどい。先生の〔広告〕に、いくらなんでも。

丸山　〔岩波編集部の〕言い訳だけれど、宣伝部で今年はこれでいくということにした〔と言われると〕、どうもわれわれは何とも言えない、と。おそらく先生のお気に入らないでしょうけれども、と言うんですね。いくら何だってね。僕はもうウンザリしたな。新聞を開くたびに、でっかいのが。ライオン歯磨きじゃあるまいし。（笑）

守田　売れるということを考えても、一面の下のところだけで〔十分〕。変わらないんです。

丸山　広告費だって大変なものですよ。

間宮　時代状況として、先生の著作集を読まなきゃいかんという何かがあるんではないでしょうか。先生からハイエクのコピーを送っていただいて、先生の『集』が出るのをタイムリーだと思いました。岩波の営業用ということもあるでしょうけれど、他方では、岩波としての使命感というのがあるのではないですか。

「校正畏るべし」、伝説の岩波校正部

丸山　吉野〔源三郎〕、小林〔勇〕両氏がやっていた頃の岩波とは違うな。僕はこの頃〔岩波に〕行かないから知らないけれど。

小尾　全然違う。

間宮　今年『世界』四月号に書いたんですが〔「自由と公共性」〕、ゲラを送ってもらったらひどいんです、誤字とか。

丸山　そうなの。しかもそれを当然としている。

間宮　常識的な言葉にもクエスチョンマークをつけてきて、こういった言葉はないんじゃないかと。

丸山　それは〔昔は〕違ったな、査閲が。岩波文庫は誤植がないので昔から有名なの。それが衰えたという点もあるけれど、センスがなくなったな。これくらいあるのは当然だという。『文明論之概略』の時にも感じた（『「文明論之概略」を読む』上・中・下、一九八六年）。上巻は随分ひどいんです、誤植が。ちょっとひどいから、中巻で正誤表を出すと言ったら――伊藤〔修〕君と親しいし、本当によくやってくれるんだけれど――、そういうのを挿むと、欠陥商品という感じになる、と。しかし、歴史的な本の誤植は困るので入れさせた。ある意味では分業体制の悪いところだけれども、編集部の内校が、おろそかになっちゃうんですね。なまじ校正部があるから。今度の広告と同じなんです。校正のほう〔の力〕が落ちているわけ。するとそういう結果になる。戦争直後だけれど、『西園寺公と政局』（一九五〇―五二年）をやったでしょ。本当にびっくりした、校正がしっかりしているのに。梅謙次郎という偉い法律学者の息子さんが御大なんだ。

小尾　トク〔梅徳《うめとく》〕さん。

丸山　大変なものなんだ。さすが岩波だと思った。

小尾　あの人はすごいですね。ああいう伝統が全部消えちゃった。

間宮　一九五八年に『現代思想』という講座が出ましたね。先週渋谷の古本屋で全巻一五〇〇円で買ったんです。見ていたら、校正から何から、しっかりしていますよ。

安東　吉野さんが直接指揮したんです。

丸山　私は「反動の概念」（『丸山集』第七巻）と「日本の思想」（『丸山集』第七巻）を書いています。

安東　僕は小尾さんの『本が生まれるまで』（築地書館、一九九四年）をいただいて。本屋がダメでしょ。それから、つくるほうもダメ。

小尾　ダメだ、ダメだ、と言っても始まらないから、少しでも良くするようにと言うわけ。それぞれがみんな頑張らなければダメなんだ。岩波は昔があまりにも良かったから、目立つわけです。それが残念だ。先生の（『丸山集』）第一回配本の第三巻が出た時に、いちばん最後に出た版を基準にするという原則が凡例に書いてあるんです。ところが、福沢の論文（「福沢に於ける「実学」の転回」『丸山集』第三巻）で石田〔雄〕さんの解説で筑摩から出たやつがある（『福沢諭吉集』近代日本思想大系2、一九七五年）。それで初めのを直してあるのに、それを無視してオリジナルから取ったから誤植がそのまま出ちゃった。あれはひどいなと思って。あれにはまいった。凡例と内容が違うわけ。緑川〔亨〕氏に言ったけれど。

安東　訂正版を出すんでしょう。

小尾　そんなものはやらないでしょう。読者が固定しているから、最後にやるんじゃない。よく知らないけど。

丸山　いやあ、悪口ばかり言っちゃ悪いけれどね。伝聞だけれど、ある人が岩波の社員から聞いたんだ。丸山さんはあんなバカでかい広告を好まないでしょうね、と言ったら、何しろボーナスがかかっているから、と。

小尾　そりゃ、ひどいな。

丸山　こっちが過大評価しているんだけどさ。
安東　かもしれませんね。社会党みたいなもんだ。（笑）
丸山　社会党よりもやっぱり『朝日〔新聞〕』だな、よく較べられるのは。
安東　終わる『世界』に、沈む『朝日』、暗い『〔週刊〕金曜日』、と言うんです。
小尾　ワッハッハハハ。
丸山　戦前は違いましたよ。僕の親父〔丸山幹治〕は『毎日〔新聞〕』だけれども。『朝日』が何を言うかということですね。
安東　最近の『朝日』の社説はいいと思う。この一年半くらい。社説はかなりいい。

編集者不在の時代

丸山　学芸欄はひどいな。
安東　学芸は今あるの？　『朝日』に。毎週月曜日の読書欄もひどいでしょ。
丸山　あれもひどい。
小尾　全滅だね。
丸山　読書欄に関しては、『毎日』のほうがいい。『読売』は知らないけれど。
安東　『毎日』はバットを振っていますから、たまに当たると、飛ぶのがあります。毎回言っているけれど、『毎日』はバットを振っているだけです。ねえ、小尾さん。

丸山　どうしてこんな人に頼むんだろうと思うな。僕に関係したことじゃなくて。そのセンスだな。やっぱり、学芸部記者というのが勉強しなくなった。

間宮　書評というのは、編集部で本を選んでいろいろな人に頼む。今は書評委員という制度でしょ。書評委員を選定するのがまずむずかしいというのがあります。そして、書評委員が本を選ぶ段階で安直な選び方をしますね。

小尾　編集者が編集してないということでしょ。

丸山　そういうことです。責任を書評委員に預けちゃう。

小尾　それが間違っている、基本的に。

間宮　岩波だってそうだと思いますよ。

小尾　編集者が不在になった時代と言ったほうがいいかな。ただ流行と商売だけ。これは営業部だ。編集部がいなくなった。しかし、知的環境というのがそれによって作られるわけだから。そういう責任を取る人がいなくなった。

丸山　僕はそんなに知らないけれど、海外の出版社ではオックスフォード・ユニバーシティ・プレスとガリマールの二つは知っています。そう言っちゃ悪いけれど、それこそ、建物としてはみすずが悪いほうの代表だけれど。（笑）何しろ編集部なんて、ものすごく広い部屋に編集部長みたいのがバンと座っていてね。編集部長が実に面白い。これじゃなきゃ編集はやれないな、と思った。おそらくどんな学者とでも話せるでしょうね、あの調子だったら。インテレクチュアルなんですね。専門家じゃないけれど、どんな問題についても一見識を持っているんですね。インテレクチュアルというものはそういうものです。ジャーナリストはそうじゃなくてはいけない。それを僕は感じたな。ガリマールもそうです。そのかわり、環境もいいんだな。でっかい部屋で、内庭があって。

小尾　ガリマールはいいですよ。

丸山　オックスフォードだったかな、一杯飲みに行こう、と言って。その点は〈日本と〉似ているな。割合、気楽に職場を離れて近所の酒場でビールを飲んでダベりました。本当に面白い。

小尾　日本なら、滝田樗陰(10)と吉野作造の二人でしょ。

丸山　そうですね。

安東　『中央公論』の。

小尾　滝田は吉野さんを世に出した人なの。「出した」と言うとおかしいけどさ。二人のチームワークで大正デモクラシーができた。

丸山　そりゃ、そうですよ。

小尾　社会の性格を決めたんだもの。

丸山　そういうものがおかしくないわけね。長谷川如是閑は『我等』。本当の編集だ。誰に書かせると、如是閑が決めるわけです。そういう意味での編集の権威。大日本帝国の時代には、ある意味では、貴族社会のいいところがあったからね。それが今は全部が売らんかなになっちゃったから。編集もへったくれもないですよ。要するに、売れりゃいいってことになったんだから。

安東　戦後、吉野源三郎さんが『世界』の編集長の時代は。

小尾　そう。吉野さんは仕事をしていた。たいしたものじゃない？

戦時下の編集者、執筆者

丸山　岩波茂雄のえらいところは、ああいう危険人物とされた人を抱えたところ。岩波茂雄はどちらかと言うと、いい意味で国粋主義で、右なんだけれど。僕は個人的には知らない。ある人は、岩波のことを「ホンモノ・ニセモノ感覚」があると。ホンモノは、右だろうと左だろうと良い。ニセモノは、左でも進歩的でもダメ。

小尾　そりゃそうです。河上肇で懲りたからね。吉野さんを岩波が、西田〔幾多郎〕さんに紹介した時に、治安維持法のおかげでこんな有能な財産がウチに入りましたって紹介したんです。治安維持法のおかげです、と。

丸山　たいしたものだね。

小尾　あの時期の編集者〔が優秀なの〕は、治安維持法のせいもある、確かに。

安東　そうですね、三木清が『思想』の編集者だったり、戸坂〔潤〕[11]さんが請われたり。

小尾　『資本主義講座』をやった相川春喜[12]ね。彼は岩波の編集部に入って校正していた。あとで『科学』に移ったけれど。それで辞めて、他の所の編集をやっていた。

丸山　三笠書房の唯物論全書をやっていた。

小尾　あれも理論家だけど、シベリア抑留中に『日本しんぶん』の論説を書いて日本の一般新聞の評判が悪かったけれど。〔岩波の編集部は〕戦争中は錚々たる粒揃いです。

安東　小尾さんは左翼体験はないんでしょ。

小尾　僕は左翼じゃない。

丸山　そういうのは他にもあって、例えば、上智大学。『カトリック大辞典』[13]、つまり、古在〔由重〕さんとか清水〔幾太郎〕さんもそうだけれど、『カトリック大辞典』の編集に来たのは全部左翼。カトリックは権威を持っているから恐れないわけ、左翼や治安維持法被疑者を。だから、どんどん、どんどん使う。国家官僚から完全に独立した権威があったわけです。

間宮　東洋経済〔新報社〕が、清沢洌[14]とか。よく引き取ったと思うんですが。

丸山　清沢洌は戦争中は執筆禁止になりました。自由主義者で執筆禁止になったのは非常に少ない。馬場恒吾、清沢洌、非常に少ない。大体、治安維持法の被疑者なんだけれど、執筆禁止と執筆注意があって、〔東大〕法学部の連中は大体注意なんだ。田中〔耕太郎〕、宮沢〔俊義〕[15]、横田〔喜三郎〕[16]、みんな注意人物。

安東　横田さんも。

丸山　〔横田法学部長に「退学処分」の撤回を認められなかった〕安仁にとっては、非常に……。あれは僕も憤慨しているんだけれど。

教授会を通った〔横田さんの〕博士論文を文部省が認めないんだから。そのくらい睨まれていた。戦争が終わって二年ぐらい経って博士になったんですよ。東大法学部もだらしがないと思う、もっと強く言うべきで。

間宮　先生も睨まれていたことがありますか。学生時代の緑会懸賞論文の、「政治学に於ける国家の概念」（『丸山集』第一巻）だって結構、睨まれたんではないですか。

丸山　正直言って、傲慢な学生でしたね、僕は。つまり、東大法学部は学部を出てすぐ助手になるんですね。というのは、文学部のようにすると誰も助手に残らなくなっちゃう。法学部の学生は売り手市場でしょ。三井とか三菱とかと競争して研究者を採るんだから、いい条件にしないと残らないんです。いきなり助手にしちゃうわけです。で、僕は南原〔繁〕[17]先生のところへ残ったんだけれど。南原先生には〔助手期間を終えた後の〕就職口はないから親とよく相談して来い、といったん追い返されて。親にも言わないで、いいと言われましたと。それはともかく、友だちには傲慢なことを言ったんです。緑会の論文が教授会で文句が出ないようだったら、残ってもいいなんて言ったんだ[18]。今から思うと全く自己批判です。あれは問題にならなかった。ただ、別の理由[19]でブラックリストに載っていたから。あれは不思議ですね。軍隊に取られたらピタッとなくなるんですよ。軍隊と特高は相反するし、軍隊のほうが威張っているの。軍隊は憲兵がやるでしょ。特高は一言半句もない。〔テープ中断〕

……今でもよく憶えているんだ。何しろ、点呼には千人以上来るでしょ。

安東　小学校の校庭かなんかでですね。

川口　先生がしばしば書かれている箇閲点呼ですか。

丸山　そう、箇閲点呼。点呼が終わると中佐か大佐の司令官が、本日はご苦労だった、これで解散する、と。そうしたら、小さな紙切れを副官が司令官に渡すと、〔その紙切れをちょっと見て〕司令官が、このなかにマルヤマシンダンというのはいるか、いたら手を挙げろ、と言うんだ。手を挙げると、お前ちょっとこっち来い、運動場の隅に二、三人立っているからそこへ行け、あとの者は解散、と。つまり、私服の憲兵なんだ。その日は大元帥の下の一兵卒になるんだ。僕は一応、助教授ですよ、その時。それでも、お前この頃なに読んでいるんだ。そういう調子です、一兵卒だから。

普通は違います。牛込憲兵隊司令部へ必ず何月何日に出頭しろ、と呼ばれる。その時は助教授じゃなくて助手だったけれど、〔簡閲点呼の時とは〕全然待遇が違います。ちゃんと応接間に通されて、お茶が出る。やっぱり帝国官吏なんだ。文官。向こうは軍曹か曹長でしょ、僕のほうが官位が上なんだ。(20)今でも憶えています。えらい時代になりましたな、社会大衆党がこんなに出るようになりまして。私たちも社会主義のことを少しあなた方について勉強しないといけない、と。でも、そのために呼んだんじゃなくて、お前が何しているか見ているぞ、ということです。あの気持ち悪さ。何をやるにしても、壁にどこか節穴がちょっと空いていて、ちゃんと見られている。権力から見られているという気味の悪さは、ちょっと想像つかないな。僕は別に〔日本共産〕党員になったわけじゃないし。何にもしてないわけでしょ。唯物論研究会に入っただけで。僕の義理の兄貴の小山忠恕(21)なんか、党員じゃないけれども、家をアジトに貸したのね。

安東　奥さんの兄さん。

丸山　そうそう。家がちょっと広かったから。それでやられた。一高は無期停学ですよ。これは、何をやったか確実に分かっているんだ。家をアジトに提供した。非合法的な会合に家を提供した。僕は唯物論研究会に入ったというだけで、あとはいくら調べても出てこない。あらゆることをやる可能性をもっているわけです。実に面白いんだ。

小尾　可能性への評価のほうが高かったわけだ。

丸山　それで睨まれたの、僕は。だから僕の知っている左翼の学生――党員じゃなくて共産青年同盟と言うんだ、僕もこいつは入っていると大体知っていました――から、お前は不思議だな、なんでそんなに睨まれているんだ、と言われました。本当の左翼が不思議がっている。つまり、向こうから見ると、何も出てこないから余計いけないの。

間宮　先生の軍隊に入る前のことがいろいろな情報として軍隊に行っているわけですね。

軍隊は全然平気。全くなかった。ただ、広島で二等兵から一等兵になったけれど、昇進が非常に遅くて、一等兵になるのに一年くらいかかっている。そのことが関係しているとは思わないけれど、普通は三ヵ月くらいで一等兵になるんですね。

陛下の新兵、三八式歩兵銃殿

丸山　それは分からないですけれど、行っているんでしょうね。ただ、小尾さんのほうが知っているけれど、昇級すると親告というのをやるんです。親告というのは面白い。天皇陛下に対してするんですね。大日本帝国軍隊は親兵、陛下の親兵なんです。僕が朝鮮にいた時に私的制裁の禁止令が出た。その理由は、陛下の親兵に対して手を下してはいけない。実際は全然覚えがなかったけれど。親告というのは天皇陛下に対してやる。だから、親告を受けるほうは立ち上がるの。向こうは大尉だろうと立ち上がる。

小尾　天皇の代理だと思って。つまり、天皇の前でやるのと同じ。

丸山　代理なの。丸山二等兵は何月何日付を以て一等兵に昇進致しました。慎んで親告致します。これ、決まり文句なの。で、普通は、よし、しっかりと軍務に精励しろ、と言っておしまいなんです。僕のは、よし、とかくインテリは自由主義思想にかぶれているから注意せい、と言うんだ。（笑）〔他の人に〕聞いてみたら、こんなこと言われたのは、誰もいない。救いは、言い方に、お前は、というのがない。インテリ一般に対する自由主義にいかれているという、軍人のインテリ観が出ています。

安東　小尾さんは、終戦の時は軍隊じゃないんでしょ。

小尾　軍隊ですよ。内地。いやあ、有能な兵隊だったら南方へ行くところだった。（笑）

安東　位は何ですか。

小尾　伍長かな。学徒動員は将校要員。学徒動員の伍長は最低なんだ。軍曹にもなれない。

安東　運動神経なし。（笑）

小尾　あらゆる意味において、評価はゼロ。

安東　先生は三八銃で、何か。〔訓練が終わった後で〕残されて、三八銃に向かって三八銃様とか何とかやられたらしいですね。

丸山　持ち方が全然なってない！（笑）

安東　やられたらしいですね。

丸山　三八式歩兵銃殿、丸山二等兵は銃の手入れを怠りました。慎んでお詫び致します。それを何遍も繰り返す。僕じゃないけれど、場慣れしている面白いヤツがいたんだ。隣の班だから、そいつから聞いたんだ。それをやらされて、しばらく経ってから上等兵が来て、どうだ銃は何か言ったかと。そうしたら、はい、もういい加減に許してやれ、と言ったと。（笑）たいしたもんだ、これは。上官が思わず吹き出した。吹き出したらもう負け、上官の。

小尾　これは二の句が継げないだろうな。（笑）

安東　そんなことを言う人はいないですよ。（笑）

丸山　上官が、ほんとかぁ、と言った。

安東　それもユーモラスですね。（笑）

小尾　およそ想像を絶した返答だからね。

間宮　軍隊はユーモアが効くんですか。

小尾　いやあ、絶対、効かない。

丸山　全然ダメ。逆なんです。いちばんイヤなのは、殴られる前ですね。わざわざおかしなこと言うわけです。笑うと、笑うとは何だと言って。

小尾　一種のイジメです。笑う状況を自分でつくっておいて、ビンタをするわけですから。

丸山　笑うということはいけないんだから。思わず笑っちゃったら大変です。何を言われても、はい、はい、と。だから、早くビンタを受けたほうがいいですね。ビンタを受ける前のお説教とその嫌がらせ。サディズムだな。日本人民だけじゃないだろうけれど、サディストだと思ったな、あれは。早く殴ってくれと、それで済んじゃうんだから。イジメというのは、今の子どもじゃないけれど、ホントにつらいね。

安東　川口君がいずれやるのかな。『丸山眞男集』の「解題」の「解題」を書く必要があるんじゃない。

そういう時代状況と体験のなかで、ああいうものを書いたという。やっぱり、これからの若い世代になるとイマジネーションが効かなくなるからね。そりゃ必要だと思う。

再び「月報」のこと、『現代思想』『世界』の特集

丸山　情けないのは、概して言うと、「月報」でも外国人が書いたもののほうが面白くてね。文章がいいんだな。あれは情けないね。

守田　他社のことだから余計なお世話ですけれど、先生が言われたのもその通りだと思いますが、先生について以前書かれたものを再録するとか、そういうのを織り交ぜても面白いんじゃないですか。こういう内容を誰に誰に、とやるよりは。組み合わせて編集するのも手かもしれません。そうすると時代の表現みたいなものがさまざまなかたちで出せると思うんです。

川口　『日本読書新聞』とかに出たやっとか。

丸山　ドーアのだって、面白いですよね（「丸山さんとの四五年」「月報1」）。

安東　良かったですね。シャモニのも良かった。

丸山　文章がいいんです。

小尾　外国人には素直に入るんだな。

間宮　日本人が書くと屈折しますね。『現代思想』（一九九四年一月号）の特集なんかを見ると。

安東　生意気言うと、先生の思想と論理がアルゲマイネ（普遍的）なんでしょ。だから分からないん

ではないですか。

間宮　理解してないですね、批判する人が。

小尾　そういうものを活字にして印刷するのは、編集者の問題なんだ。

丸山　だから、誰に頼むか、という問題。

安東　僕は、『世界』の山口〔編集長〕に、もう買いたくないと言ったんです。酒井〔直樹〕は『現代思想』に丸山眞男論を書いているわけでしょ。大体見当つくはずですよ。それにまた頼んでいるんだから（酒井直樹「丸山眞男と戦後日本」『世界』一九九五年一一月号）。佐和隆光さんという方は素直な方で、「月報」に書いたもの（「経済学の中の「日本の思想」」「月報1」）の引き延ばしでしょ（「日本型資本主義と「日本の思想」」）。実感信仰と理論信仰と、僕に言わせれば、もっとヒダがあるような気がするんだけれど。

間宮　経済学をちょっとあてはめて。

丸山　彼は同僚ですか。

間宮　佐和さんは〔京都大学〕経済研究所なんです。

丸山　東大から行った人。

間宮　そうなんです。

丸山　一般に書くものは、まあいいほうだと思いますけれど。

安東　社会時評としてはね。

間宮　お父さんは佐和隆研という仏教美術史家。

安東　現状分析のエコノミストはゼロですよ。ダメ。政治学者だけじゃない。

小尾　学がなくなってソロバンだけになっちゃっている。

安東　本当にひどいですね。

丸山　国際的にはどうなの。

間宮　モデル・数学を使った論文は、国際的な雑誌に書いているんです。その意味では日本の経済学者は国際的になっているんですけれど、僕からすると、社会科学としての経済学ということではダメなんです。重箱の隅をつついたり、n変数をn＋1にしてより一般化するとか、そういった具合です。経済学と言っても、スミスからリスト、マルクス、マーシャル、ケインズと来るでしょ。それから比べても、戦後は社会科学じゃないですね。

丸山　それは、少なくとも、あなたの領域だけれど。いつかあなたと話したと思ったけれど、僕は、ハイエクよりケインズのほうが好きだけれど、ハイエクでも単なる経済学者ではないですね。

間宮　肌合いは合わないんだけれども。

丸山　思想を持っているな。コンサーバティブだけれど。市場主義だし。

小尾　面白いですよ。

間宮　肌が合わないから、読んでいると飽きがくるというか……。

小尾　それはそうだけれど、読ませるところがある。

間宮　『「文明論之概略」を読む』（上、岩波新書、一四四頁）で、ハイエクのこれだけは言わなかったという。

丸山　*The Road to Serfdom* だな。『隷従への道』（創元社、一九五四年）。あれは感心したんです。つまり、ヒトラーが自分たちこそ本当の社会主義者だ、自分たちこそ本当のナショナリストだ、自分たちこそ本当のクリスチャンだ、今ナショナリストと言っているのは贋者だ、今社会主義者と言っているのは贋者だ〔と言った〕。ただ一つ、彼らは、自分たちこそ本当のリベラルだということだけは、言わなかったというんだ。見事だな、ナチの批判として。自分こそ本当のリベラルとは、ヒトラーは決して言わない。寛容という問題があるから。あとのイズムは皆言っているんだ。都留〔重人〕氏と仲の良いアメリカのマルクス主義者、ポール・スウィージーが、非常に皮肉な題（Hayek's Road to Serfdom）をつけた、ぼろくそな書評(22)を書いた。

自然科学の進歩と社会科学

丸山　正直言って、僕は自然科学が分からなくなったな。つまり、想像を絶する発達だか進歩だか分からないが、分子、ＤＮＡとか。僕らが習った時代の科学と全然違っちゃった。僕がついていけないのはそれですね。昔から苦手だったけれども、しかしまあ……。アインシュタインになるとちょっと思ったけれど。でも何を言わんとしているかとなると、量子力学くらいまではニュートン批判だから。ニュートンがカント哲学のモデルになっているから、逆にカントを勉強すると分かるんですね、ニュートン力学の意味は。量子力学が盛んに言われたのは、僕の学生の頃です。不確定性原理とか。あの頃までは、論理的に分かったとは言えないんだけれど、カンで理解した。例えば、不確定性原理というのは、盛んにアンチ・マルキストが使ったんです。それはよく憶えている。歴史的必然論に対して、自然科学でさえ最近はハイゼンベルクの不確定性原理というのがある、と。ニュートン力学の因果律の絶対的な確実性というのが怪しくなる。況んや、人文社会科学では必然性なんていうのは言えっこない。せいぜいプロバビリティ、蓋然性、ということしか言えない、という、非マルクス主義者というか、アンチ・マルクス主義者が多くいた。自然科学を安易に〔人文社会科学に〕持ってくるのは、と言えばそれまでのことだけれど。遺伝子以後は全然分からないな、僕には。

安東　間宮君や川口君が分かる世代なんだろう。

間宮　高校の時が、DNAが出だした頃なんです。昭和三九年の高校の生物で、DNAとかがやっと高校でも教えられた頃です。

安東　高校の教科書にDNAとかが入ってくるんですか。先生が分からないとおっしゃったけれど、経済学に関係がありますか、DNAが分かったか分からないかが。

間宮　以前は自然科学のイメージがついたんです、宇宙とか、生物科学でも。でも、今は宇宙はビッグバンからさらには「ゆらぎ」になっているんです。宇宙は最初は無だった。何もないわけです。無からどうして有ができるかと。そこで、「ゆらぎ」があったというんですね。空間がゆらいでエネルギーの何かをつくって、それから、いろいろガスなどができてと。そうすると、見当つかないんです、そのイメージが。

安東　先生、それが、人文科学とか社会科学に関係ありますか。

丸山　関係があるというか、やっぱり、人文科学は、ずっと自然科学をモデルにしてきましたから。

下手にモデルにするとよくないけれど。それは疑えない、科学である以上。科学は人文社会科学と自然科学とに分かれる。それが、自然科学がああなってくると、分からなくなってくる。特に今のゆらぎとか、あいまいさという概念があるでしょう。

間宮　ファジー。

丸山　そう、ファジー。そうすると、下手をすると日本の思想がいちばんえらいということになる。うっかりすると、変な日本主義が出てきますよ。日本の考え方はたいしたものだ、と。昔から科学なんて不確かなものだと、言っていたというんで。

清水さんは比喩がうまくて、終戦直後の第一回の日本科学者会議――あの頃いろいろな会合があって――の時に清水さんが、比べるのは非常に困難なことだ、と。トラック競技と同じで、実は一周遅れているのが、トップに立っているように見える。もう一周回らないと西洋と競争にならないんだけれど、なまじっか日本が一周遅れているから、あたかもトップに立っているように見えると。その時、近代の超克の例を出した。

小尾　うまいですね。

丸山　清水さんと会って、この人はうまいこと言うなと思って、印象深かった。トラック競技で八〇〇、一〇〇〇、一五〇〇メートル〔と走っているうちに〕、いちばん速いヤツが〔一周〕追い越しちゃうから〔先頭が〕分からない。

間宮　「一周遅れ」のことは、何かに書かれていましたね。

安東　それは、『現代日本の革新思想』（河出書房、一九六六年）で佐藤昇が、先生は社会主義をどう思われますか、と聞いた時に、僕のは散文的な社会主義です、と。トラック競走でインコースとアウトコースのハンディキャップを調整するという散文的な意味でなら社会主義者です、と言われたんです。ゆらぎとかファジーとかになって日本回帰になったら、たまりませんね。

コモンセンスなき社会

丸山　おそらく世界中でそうなっているんだろうけれど、ニュートンからアインシュタインからハイゼンベルクから、ズーッと来ているんで、そこが大事なことだと思うんだ。あいまいさなんて、それだけを取り出せば、そんなものは珍しくも何ともないです。そんなものは昔からあるんで。美的な感覚なんて、みんなあいまいだから。どういうプロセスを経てそこに到達するかというのが大事だと思うんですね。それにしても自然科学のポピュラライザー（popularizer 普及者）、啓蒙といったら困るんだな。あいまいさで森羅万象を説明しようとするから。

安東　哲学的には記号論です。実体からどんどん離れていく。

間宮　日本では、政治の世界というか、政治の空間というのが育たなかったんですね。明治の福沢諭吉とかは政治空間を作ろうとしたんだけれども、やがて日本主義からファシズムになっていくと、それがぺしゃんこに潰れていって、土着みたいなのが出てくるわけでしょ。土着的な要素というのが戦後も続いてきているわけですね。それは必ずしも右というわけじゃなくて、左も土着的なところがあるわけですね。吉本隆明なんかそうだと思う。土着的で左だったのが、徐々に展開していくんです。

吉本は『わが「転向」』（文藝春秋、一九九五年）なんて言っているんだけれど、転向という意識が、もうないんじゃないでしょうか。今問題なのは、戦後生まれの人が近代の超克とか言い始めてるんです。

丸山　ああそうですか。最近のことは知らないんだ。

間宮　全共闘の時は、近代の超克なんていうのは、罵詈。

小尾　基礎教養がないんだもの。しょうがない。

間宮　積み重ねというか、蓄積がなくて、ふっと心情的に、瞬間的にいくことがありますね。

安東　全共闘世代の男性の社会党の政治家のビヘイビアを見てると、政治はオセロゲームだと言うんです。プラグマティズムよりもっと卑俗なんだな。

島田　ある場面がくると、白が急に黒に変わったり、黒が白になったりするゲームです。

安東　政治というのは、それなんだと言うんです。だから、どんどん変わっていいんだ、と言うわけです。

丸山　そういう難しいことよりも、演説ができなくなった。政治の空間がなくなったということです。世界中で日本みたいにひどいところはないんじゃない。第三世界だって、もちろん、英米仏その他の議会の演説を見てご覧なさい。アメリカなんて馬鹿にしていたのに。アメリカの大統領の演説は特に優秀です。聴くに堪える。〔日本の政治家は〕演説ができないんだ、官僚がつくった原稿を読んでいるだけで。戦前の日本に比べてもひどいんじゃない。尾崎咢堂とか、大変なものですよ、帝国議会の演説というのは。

安東　残念だけれど、演説は中曽根〔康弘〕が最後じゃないのか。彼は秘書官とかに書かせているけれど、自分で朱を入れたはず。

丸山　労組もそうですね。太田薫(23)だってちゃんとやれたじゃない？　そうでしょ。

安東　先生、最近の自然科学は、『ニュートン』とか、そういう雑誌をご覧になるのですか。

丸山　『ニュートン』とか見なくても、新聞だって分かるじゃないですか。分からないことは分からない。

間宮　生物学でも昔風の生物学じゃないんです。生物物理だの、生物化学だの、境界領域に入り込んでいる。植物とか動物の目に見える世界じゃないんですよ。

丸山　ある意味で宇宙学だな。地球学を超えちゃって。地球物理学とか、地球科学とか、あるいは、宇宙科学。マクロのほうは、それこそブラックホールの問題とか、ダーッと無限に。ミクロのほうはまた、……。DNAもその一種だけれど。

小尾　マクロとミクロの中間の、生活空間の面が。

丸山　だから、コモンセンスみたいのがなくなっている。それで僕はディスカッションがなくなったと思うんだ。ディスカッションという場が。ディスカッションというのは、そういうコモンセンスの上にできるわけですから。

小尾　自然科学の新しい領域については単行本ができなくなったでしょ。単行本がなくなって、雑誌になり、雑誌もダメになって、マイクロフィッシュになり、今はインターネットかな。あれで情報交換。だから、一般教養とか常識とかコモンセンスがないんです。

丸山　ないね。

小尾 マイクロフィッシュの時、本当にそう思ったな。

間宮 思想にポスト・モダンなんてありますでしょ。「実感信仰」も問題あるけれど、思想に実感がなくなっちゃっているんです。宙に浮いたような。

戦時下の日本——オウム真理教との相似形

丸山 だから僕は、オウム真理教信者に東大や京大の秀才がいるのは、全然不思議じゃないな。普通の言葉が言えないんだから。何かの領域では秀才かもしれないけれど、それ以外の領域では何も判断力がないから。ちっとも不思議じゃないです、オウムに行くのは。しかも、他の人とは話さないでしょ。この間も言ったんだけれど、みんな人ごとみたいに言うけれど、僕は怖いな。

飛躍するけれど、僕の若い時、つまり戦争中は、日本中がオウム真理教になっちゃったようなものなんです。海外で全然通用しないことが、国内ではほとんど九九パーセント信じられている。信じてないヤツはひどい目に遭う。しかも一歩日本の外に出ると、何であんな馬鹿なことをと。つまり、外から見たら信じられないくらいバカバカしいことを、中にいる人は、捕まったり何かした人は別にして、固く信じていますね。他の考え方というのを聞いたことがない。集団の閉鎖性から言ってオウム真理教を見ていると、大日本帝国の戦争中を思い出す、どうしても。

小尾 そっくりですね。相似形です。

丸山 外へ出たら、全然通用しないことなんだから。国内でジャーナリズムなり何なりが言っていたこと全部、神州不滅とか、百年戦争とか。常識がないんです。あらゆる戦争には終わりがあるという、そういう常識がない。

小尾　そういうことが、言われなかった。そういうことを言ったら怒られちゃうから。えらいことになるから。

丸山　あらゆる戦争に終わりがある、と言えなかったですね。お前は反戦主義者だろうと。考えられないですよ。いかに日本自身が変質したか。僕の伯父の井上亀六——母親（丸山セイ）の兄貴です——は僕の親父や長谷川如是閑などと『日本新聞』などで一緒でしたが、僕の学生時代には『大日』という雑誌を発行する、本当の右翼になっちゃったけれど、その伯父が、太平洋戦争が勃発した時に烈火の如く憤慨して、日清戦争でも日露戦争でも、開戦の瞬間にどうやってこの戦争を終わらせるか、を考えていた。百年戦争とか〔言って〕、どうやって日米戦争を終わらせるかを指導者は誰も考えていないと言った。系統から言うと右翼に連なっている伯父が——萩に疎開して戦後昭和二七年にほとんど憤死したけれど——そういうことを言ったのをよく憶えています。

小尾　『政教社の人びと』（都築七郎、行政通信社、一九七四年）の中に井上亀六が出てきましたね。傍の人の批評で、仏様のような人だというようなことが書いてありました。あの本、面白い本だったな。

丸山　政教社は、もっと研究する必要があるんです。もとは三宅雪嶺ですから。親父も如是閑も亀六もみんな雪嶺の弟子ですから。僕の親父とおふくろは雪嶺の媒酌で結婚したんです。政教社は大変なものです。初めは『日本人』で、新聞の『日本』が潰れちゃったんで、両方を合した『日本及日本人』を出した。これがずっと続いて、どちらかというと、右翼という言葉がなくて国粋主義だったけれども。大正デモクラシーの時代でも、なかなか面白い論文があります、『日本及日本人』には。亀六はそれをずっとやっていたんです。ものは書かなくなっちゃうけれど、社主だった。変な話、伯父は思想的に偉いとか何とかじゃないけれど、人格者なんだ。思想的教養というと、九九パーセント仏教でしょうね。家は愛住町の僕の家のすぐ側にある。本は大蔵経ばかりです。僕が中学の時に覚えているのは、眞男、今社会主義とか共産主義とか言っているけれど、全部このなかにある、と言うんです。大蔵経のなかに。ある意味ではそうなんだな。丸山幹治は自由主義者だなあ、と笑いながら言っていました。それは悪い意味ですけれど。〔笑〕如是閑とはもっと遠かったでしょうね、〔如是閑は〕もっと左ですから。井上亀六はアンチ東条〔英機〕でしたね。東条は一官僚にすぎないと。

レーヴィットの一文、ハイデッガーの戦争責任

安東　雑誌『みすず』は島田君に言わせると、ハイブローで読むに堪える唯一の雑誌だと言っていますよ。

小尾　僕は退職しちゃったから関係ないから。

安東　カルチャーとかクルトゥールの方面が非常にレベルが高いそうです。

守田　そんなことはないと思いますけれど。ただ、『みすず』は時代批判を心がけていますし、単行本のテーマや著者とパラレルのものも多いので、結果としてそう見えるのかもしれません。

丸山　ＰＲ雑誌というのは大体捨てちゃうけれど、〔笑〕『みすず』はずっと取っておくからね。ハイ

デッガーの問題とか、いいですよ、着眼点が。

小尾　この間、『みすず』の古いのを出して見ていたんです。そうしたら、カール・レーヴィットがフッサールの思い出を書いているんです、ハイデッガーと関連して（一九六七年五月号「フッサールの思い出」）。なかなか面白いです。レーヴィットはフライブルクに行った時に、フッサールに就いたわけですけれど、助手であるハイデッガーが、バーッと世の中に出て来て、その光に当てられて、自分もハイデッガーに惹かれた。フッサール先生に、君はよくできるのに最近ちょっとおかしいんじゃないかと言われた、というわけです。その時はハイデッガーのほうに惹かれていたけれど、後になって考えると、先生のほうが全然偉いと書いていました。それは、ヨーロッパにプラトンから現代に至るまでの知的伝統ができたということの、偶然性というのかな、地域と関連した、その意味、歴史と論理。これだけは解釈できない永遠の謎であるという、その問題の現代におけるあり方を問うたという意味で。それに真っ正面に〔向かった〕、やっぱり先生は偉い、と書いていたので面白かった。

初めて読んだ時はそんなこと感じなかったけれど、今読んでみると、なかなか良い。フッサールは『ヨーロッパ諸学の危機と超越論的現象学』（中央公論社、一九七四年）という本を、ドイツでは出せなくて、一九三六年に東欧で出したんです。それを仙台にいるカール・レーヴィットのところへ送って、葉書に細かくいろいろ書いて、その手紙を紹介しているんです、レーヴィットが。戦後ハイデルベルクで彼が書いたんです。

間宮　法政大学出版局からレーヴィットの本が二、三冊出ていて、そのなかに回想録もあります（『ナチズムと私の生活——仙台からの告発』一九九〇年）。

小尾　訳が悪いですね。

間宮　そのなかで、面白かったなと思ったのは、マールブルクにいた時にナチが政権を取ると、教員たちが『物理学と国家』とか、『プラトンとナチズム』とか、要するにナチに引っかける講義をやったと言っているんです。講義要綱みたいのが出るわけ。そうしたら、ナチの当局から、専門外のことはやったらいかん、と言われたと、レーヴィットが書いています。ナチは皮肉にも、思想的な擁護者であった、とか。

丸山　あの時は、Deutsche Physik（ドイツ的物理学）とか、法制史に至っては、Deutsche もいけない、Germanische と言うんだ。Germanische Rechtsgeschichte（ゲルマン的法制史）。Rechtsgeschichte Germanische と言ってもいいけれど。Germanische Physik（ゲルマン的物理学）とか Germanische Mathematik（ゲルマン的数学）とかは変なもんですよ。考えられないです。

　レーヴィットがどこかに書いていて面白いと思ったのは、ハイデッガーはいろいろ問題だけれど、ハイデッガー自身はあくまで自分は変なことをしていないと言っているんですけれど、『存在と時間』の、ある版以後、註にあるフッサールを消しちゃったらしい、ナチの時代に。レーヴィットはそれを指摘しています。

小尾　ハイデッガーは、本屋の要求で、と、あとで弁解している。

丸山　僕がアメリカに行った時にそれが問題になっていました。まだ党員証が分からなかった時ですけれど、アメリカで議論していました。ハイデッガーとナチとの。

安東　中公新書で一冊出ていますね。戦争中のドイツの大学かな、そういうもの（山本尤『ナチズムと大学──国家権力と学問の自由』一九八五年)。

丸山　確かに、途中でパルタイとの関係が悪くなっているんだ。それが自己弁護になっている。僕は高等学校の三年でしょ、ナチが天下を取ったのは。一九三三年。非常によく覚えている。ハイデッガーの「ドイツ大学の自己主張」という総長就任演説。非常に抽象的な思考をしている人が、社会科学的なことを無媒介に生々しい現実に登場すると、ああいうことになっちゃうという。

京都学派──社会科学的思考の欠落

間宮　京都学派に感じるんですよ。日本のアジア植民地化はいかん、と言っているんです。しかし、社会科学的な思考がなかったものだから、「八紘一宇」に行くんですね。かつては社会科学的というか、政治とか経済とかでやっていったら違ったと思うんだけれど。何か思想、心情がもろにアジアに繋がっていくんですね。そういうところで石橋湛山を読むと、本当に社会科学的と言いますか。満州を捨てろ、朝鮮を捨てろ、一切を捨てろ、と。取り引きをやれと言うんですね。物を売って買う、これに尽きるということを言う。まさにアダム・スミス的なんです。ところが、「近代の超克」とか「アジア主義」を読んでいると気になるのは、社会科学的なのがないんですね。ドイツもおそらくそうだと思うんですが。

丸山　ドイツもそうですね。京都学派も、ある意味でいちばん中庸的なのは西田哲学ですね。僕は西田哲学の勉強は非常に足りないのですけれど。それが、「夜更けまで又マルクスを論じたりマルクスゆゑにいねがてにする」という有名な歌があるんです（一九二九年）。寝られないと。ああいう抽象的なことばかり書いている人が。

小尾　あれは戸坂潤にぎゅうぎゅうやられたからですよ。その結果の歌です。戸坂は西田、田辺の弟子で、三木と戸坂は京都を追い出されたから、東京のジャーナリズムへ。二人がいなかったら東京のジャーナリズムは……。

丸山　戸坂とか三木清は、一高から京大。一高トップは京大に行くという伝統がある。僕の時もそうでした。特に東大法学部には絶対入らない。無理して東大に行くなら言語。例えば、僕の同級だったら河野六郎というのがいるけれど、彼は言語学で一番ですよ。河野與一の弟です。言語学だったら無試験。一高の文乙トップ。一高から京都という伝統をつくったのが、戸坂と三木なんです。

小尾　西田さんが一晩寝られないという歌をつくったのは、それだけ魅力があったということです。能力が段違いにあった。

丸山　京都哲学というのは、昔は魅力があった。それは東大の哲学に較べれば問題にならない。第二世代の高山岩男(24)とか鈴木成高(25)とかがいけない。なまじっか、ちょっと世界的なことを知っているんです。かえってそれがいけないんです。

安東　間宮さんが言っていたのかな、最近、モラリッシェ・エネルギーを言い出しているのがいるというのは。

間宮　それは松本健一。

小尾　ランケです。戦争中に流行った。

安東　中学三、四年でしたけれど、あれを読めば死ぬ哲学が分かる、とかと言われて買いましたよ、『世界史的立場と日本』（中央公論社、一九四三年）というのを。高坂正顕と鈴木成高と高山岩男。[26]

丸山　高山さんも発哺《ほっぽ》で一緒で、知っているんです。桑原〔武夫〕さんが連れてきた。志賀高原は大体京都なんだ。天狗の湯は大体京都学派。高山岩男も来た。だから、桑原さんなんかと友だち言葉で話す。高山岩男に僕は褒められたの。今、どんな論文を書いているの、と言われて。たいしたことないんですけれども、制度というものが自然に存在するものか、人間が作ったものか、その対立が江戸時代にあって、そのことを書いていると言ったら、えらく褒められてね。いい着想である、と言って。（笑）

間宮　戦前ですか。

丸山　まさに戦争中。『文化類型学研究』（高山岩男、弘文堂書房、一九四一年）なんてのは、まず九九パーセントまでは——立場は学問的には、いくらでも批評できるが——変なところはないです。

間宮　広松渉が、京都学派第二世代の、高坂正顕の『カント』（弘文堂書房、一九四八年）とかは世界に通用するぐらいだ、と言っています。

小尾　あれはいいんだ。コペルニクス的転回とか。

高坂正顕、田中耕太郎、高橋禎二

丸山　高坂さんとは戦争直後に〔一緒になったことがある〕。高橋禎二というツヴァイクを訳した人がいて、その高橋禎二のところで、僕は助手の頃アルバイトをやっていました。月給が足りないものだから。翻訳です。カール・シュミットの「国家・運動・民族」なんてのは、序文（『丸山集』第一巻）を付けて出しました（両洋事情研究会会報、第三号）。それから、「ドイツの章魚《たこ》」（「欧州の章魚——独逸」H・C・ウォルフ著／丸山眞男訳、『手帖』第一三—一五号）。

小尾　あれは面白いですね。

丸山　僕はそれで独ソ不可侵条約が結ばれたのが理解できた。ドイツとソ連は犬猿の間柄だったわけでしょ、もちろん。僕はいろいろな人からよく当たったと言われたけれど、実は僕じゃないんです。「ドイツの章魚」です。独ソ不可侵条約の可能性がある、と。あのジャーナリストはすごい。誰もそんなことは信じない、犬猿の仲だから。結果はまた戦争になっちゃったけれども。独ソ不可侵条約はほとんど信じられなかった。平沼〔騏一郎〕内閣が辞職したんですから、「欧州の天地は複雑怪奇」と言って。内閣を辞職させるくらい大きな出来事だったわけでしょ。それを予言した。それも僕は翻訳した。

戦争直後、僕が復員して間もなく——高坂が高橋とどういう関係なのか、同じくらいの年齢ですから——高橋が僕を近衛文麿のところへ連れて行ったんです。近衛が自殺する一ヵ月くらい前に首相官邸で会った。荻外荘《てきがい》ではなく官邸にいたんです。高橋は近衛と一高で同級なんです。だからよく知っていた。オレ、キミという話し方をしていました。その近衛に、日本をどうするということについて若い人の意見を聞かせたい、というんでしょうね。高坂正顕と田中耕太郎と若い僕の三人と高橋です。四人が首相官邸で近衛に会った。近衛はその時マッカーサーに会ってきたと。で、マッカーサーから憲法改正しないかと言われて、非常に喜んでいました。実は〔近衛の〕戦犯というのはマッカーサーから出たんではないんですね。アメリカ本土のほうから出ているわけです。

小尾　〔ハーバート・〕ノーマンの文章が出て……。

丸山　そうです。それで『ニューヨーク・タイムズ』に社説が出たんです。近衛が欣喜雀躍して憲法草案をつくった。それがまた『ニューヨーク・タイムズ』に出た。

小尾　それが出たから、問題が大きくなった。

丸山　何だ、戦争犯罪人じゃないか、それが新しい憲法をつくるとは何事だ、という社説が出た。これが致命的です。それで一二月に戦犯。日は忘れたけれど、僕は九月末に復員してきたから、会ったのは一〇月でしょうね。

近衛の語る統帥権の独立の実態

丸山　その時に、僕は商売柄、日本の将来とかは話してもしょうがないから、第二次近衛内閣から第三次近衛内閣に代わった時のことを聞きたかった、歴史家として。

戦前は面白いんですね、一人の大臣を首切るためには、首相には首を切る資格がないから、全部天皇直属ですから、いっぺん総辞職しなくちゃいけないんです。松岡〔洋右外相〕を辞めさせるために総辞職して、そのあとまた、近衛に勅命が下って、第三次内閣ができる。その経緯を聞きました。いかに松岡に閉口したかと。

それから面白かったのは盧溝橋事件の始まりについてです。あの時も第一次近衛内閣。つまり、天皇のところへ聞きに行くのですね、一国の首相が。どうなるでしょうかと。参謀総長や軍令部総長が天皇に奏上するんだけれど、内閣には言わないわけだ、統帥権の独立だから。天皇に聞きに行くと、昭和天皇は友だちみたいなものだ、近衛とは。昨日閑院宮《かんいんのみや》〔載仁《ことひと》参謀総長〕が来てこういう話をしたとか。内閣の事項にならない。ひどい制度ですよ、統帥権の独立というのは。そういうあり様なんだ。それで、日支事変は三ヵ月で収めてみせます、と参謀総長が天皇に言う。

川口　杉山元《はじめ》参謀総長のメモが残っていますね（『杉山メモ』原書房、一九六七年）。

丸山　三ヵ月で収めるという、軍部がいかにあてにならないか、という話のついでにそういうことを話した。陛下に聞きに行ったというのは、本当におかしなものだと思ったね。一国の総理ですから。

同時に、今思い出すのは、真珠湾攻撃直後のチャーチルの演説。これは親父の関係で『ロンドン・タイムズ』で読んだんだけれど、その頃一般には手に入らないんだ。チャーチルは、大日本帝国の大本営は、と言って、注意してくれと。日本政府はじゃなくて、not the Japanese government、日本政府がいかに最高の権力じゃなかったか。じつに、日本の政治の、ある意味でのアナーキー性、軍部に対してどうにもならない、そういうストラクチャー（構造）をその一句で言ったんですね。昨日何時何分に日本帝国の大本営が次のごとき声明を発した。米英両国と戦闘状態に入れり。

小尾　日本人が知らないことを、外国人はみな知っている。これは今もそうだ。

高坂の語る「歴史哲学」

丸山　それでまた、さっきの話に戻ると、その時、近衛の話はそれなりに面白かったけれども、それぞれの人が言ったこと、それも面白い。その時、高坂正顕が歴史哲学の話をしました。呑気なんだな。歴史哲学の話。田中さんは、あの人はまたカトリックでしょ。こうなったのは自然法の思想が日本にないからだ。これもまあ、少し深遠すぎる。自然法の思想が日本にないからだというのはどういうことかというと、全部が歴史的に解釈される。いいことはいい、悪いことは悪いという、そういう判断がなくなる。確かに、自然法というのはいかなる時代にも、いいことはいい、悪いことは悪いという、そういう強さはあるの。カトリックで転向した人ほとんどないでしょ。ナチにいかれたのは福音教会。プロテスタントのほうがかえって弱いの。

歴史哲学を盛んに弁護した高坂正顕。それをよく憶えています。なぜ思い出したかというと、戦争中に高坂正顕が海軍に関係していた。矢部〔貞治〕[27]さんが海軍に関係した。海軍は陸軍に比べるとファナティック（fanatic 狂信的）じゃないから、あまりひどい右翼は使わないんですね。それで、京都学派から高坂正顕、東大から矢部貞治を使った。日米戦争が始まった時に高坂さんが言ったことを、矢部さんから間接的に聞いた。この戦争は必ず日本が勝つ、と。それがまた歴史哲学なんだ。ヘーゲルが世界史の発展を三つに分けた。家族の段階、市民社会の段階、国家の段階。国家が最高の段階。米英は市民社会の段階。日本はヘーゲル哲学のいう最高の発展形態〔である国家の段階〕。国家は市民社会の上にある。『法哲学』のそこだけ読めば、日本は米英より上の段階にある、と。そうしたら、海軍軍人がすっかり喜んじゃった。ヘーゲルが予言しているわけなんだ。あれだけカントのことをやって、僕らも著書なんかで教わった、そういう人が、こと世界情勢に関して直接ヘーゲル哲学を利用するものだから、とんでもない結論になっちゃう。京都学派の悲劇だな。

安東 その高坂さんが近衛の前で、敗戦後の一〇月にまた歴史哲学で。

丸山 今度は、こうなるのは当然だと。だからいつもあとからの合理化なんです、事態の。

安東 先生が「近代的思惟」(一九四六年、『丸山集』第三巻)で「又もやその「歴史的必然性」について喧《かまびす》しく囀《さえ》ずり始めるだろう」と。

丸山 あれは明らかにそれを意識した。そのうち、民主主義、めでたし、めでたし、と。

安東 僕は、あれはマルクス主義者に対する皮肉かと思ったんですけれど。

丸山 いやいや。あれは実は京都学派の第二世代。それは高坂さんより高山岩男でしたけれど、頭にあったのは。もっと時局的でしたから。

間宮 それでも京都学派は、戦争中は国粋主義者から攻撃されて。

丸山 末期の段階では、東京堂から『読書人』というのが出ていて、ここに極右がいた。

安東 蓑田胸喜?

丸山 蓑田と似たようなもんだな、イデオロギーは。

小尾 蓑田も書いていますからね。

丸山 蓑田も書いていたかな。哲学でいうと鹿子木《かのこぎ》員信《かずのぶ》(28)とか、そういう連中がいて。これが「惟神《かんながら》」

以外は全部ダメだから。京都学派がまた一世を風靡していた時代だから。いちばん憎まれるわけですよ、当然それは。京都学派を毎号攻撃していた。戦後京都学派が自分たちが被害者、自分たちが抑圧を受けたという自己弁護になるんです、由来から言うと。

間宮　一九四三年一一月に大東亜共同宣言が出ましたね。その案の作成には京都学派が関わった。

日米開戦を不可避にした二つの要因

丸山　海軍はまたずるいところがあって。僕は海軍の責任は大きいと思うけれど。海軍がノーと言ったら絶対開戦できないんですよ。東条を弁護するわけじゃないけれど、やっぱり戦争をやりたくなかった。できたら回避したい。それを不可能にした大きな要因が二つあると思うんですね。一つは、東条に言わせると——これはだらしがないと言えばだらしがないのだけれど——、海軍にノーと言ってもらいたかった。反対という意味じゃなくて、アメリカの海軍に勝つ見込みはない、と。特に石油と鉄がそんなに続かないから、無茶苦茶ですから、合理的に考えたら。海軍は分かっていたわけでしょ。言えないわけですね。嶋田〔繁太郎海相〕だけれど、これは非常に責任がある。

もう一つは、やっぱりハル・ノートだな。ハル・ノートをけなすわけじゃないけれど、アメリカのいちばん悪い面が出た。つまり、公式主義。二年間も交渉をやっているわけでしょ。実際は、暗号電波の解読でアメリカにはみんな分かっているわけです、日本がやるということは。分かっているからルーズベルトでも何でも、何しろ最初に日本から発砲させようという、どうせそうなるのだからというので。ハル・ノートは最も原則的なことを言ったんですよ、一切の日本軍の大陸からの撤兵、無条件の撤兵なんです。現実問題としては受け入れられないし、外交交渉としてはゼロなんだな。〔アメリカの〕政治的リアリズムのなさ。

あれで窮地に陥ったのは、日本の保守、つまり、当時の上層部のリベラルなんだ。これじゃどうにもならない。もう少し、例えば満州における駐兵権というのは、これは今でも問題になっているけれど、ポーツマス条約で認められているでしょ。国際的に承認されているわけです。満州事変後、それを南満州鉄道沿線以北にズルズル出て行ったから条約違反になって、これは問題にならないんだけれど、駐兵権に関する限りは国際的に認められた日本の権利なんです、国際法的に言えば。だから、無条件・即時撤兵、というのは無茶なんだな。満州だけは何も言わないでおいて、他の地域から撤兵せよというのが条件だったら、天皇がどういう反応をしたか。天皇は〔戦争を〕やりたくなかったから。僕自身は、親父が毎日新聞社から帰ってきて、ハル・ノートの話をして、あれじゃしょうがない、あれじゃやるしかしょうがない、と言ったので、日本の自由主義者とはだらしがないものだ、とつくづく感じた、親父に対しては。

しかし、普通の外交交渉の常識から言うと、ハル・ノートは滅茶苦茶なんだな。できないことを挙げる。向こうは全部分かっているんだから。暗号を解読して、日本はやると。遡れば九月六日の御前会議で決めているんだから、天皇に責任がないなんてとんでもないです。大きな責任がある。それはともかく、アメリカがもう少し色よい返事をすれば、何とかなったんですね。

ただ同時に、日本側は上層部も含めてオウム真理教的な面がある。日本側のリアリズムのなさの問題ですね。これは戦後、例えばフレデリック・シューマンが『国際政治』（東京大学出版会、一九七三年）で書いています。何であの時期、一二月八日に日本が開戦したのか分からない。というのは、独ソ戦の形勢が逆転した時期なんですよ。一一月からソ連の攻勢が始まって、完全に形勢が逆転して、ドイツ側がどんどん撤退してソ連側が追撃を始めた、その時なんです。

安東　モスクワに近づいてダーッと引いた。

丸山　引いて、結局負けて。スターリングラードからも撤退した。

川口　一二月八日はモスクワ総攻撃を中止した日ですね。

丸山　全戦線から言うと、どうしてもうちょっと様子を見なかったか。独ソ戦というのが、結局第二次大戦の運命を決するものですから。あれでドイツがソ連に勝っていたら全然違っていました。英仏だけではドイツに対してどうにもならない。まあイギリスはよく頑張ったけれど、ナチを倒す力はないです。独ソ戦で決まるんです。その形勢がちょうど逆転した、その時に、もうちょっと様子を見ようというんじゃなくて、宣戦しちゃったわけでしょ。それが理解できない。良いとか悪いとかじゃなくて、国際政治の立場から見て。シューマンというのはアメリカ人ですよ。それを僕は戦争直後に読んだな。日本側のリアリズムのなさというのが問題になるんです。アメリカはそうじゃなくて、承知の上のリアリズムのなさ。その二つは大きいですね。日本側に立つ瀬がないような回答をハルがした。それから海軍が黙っていた。もちろん、天皇ですね。天皇は九月六日の御前会議で開戦が決まって以降は何も言わないですよ。

安東　丸山の日本ファシズム論は「無法者」を過大評価している、というのがありましたね。

間宮 『世界』の酒井直樹の「丸山眞男と戦後日本」。

こわい無名の読者、もっともっとダベりたい

丸山 しかし、理解という点から言うと、よく読んでいるという意味で、無名の読者のほうが、いわゆる評論家たちより、はるかによく読んでいますね。無名の読者はこわい[29]ですね。いろいろ手紙で聞いてきますけれど。ツボにはまっている。ということは、本文をともかく読んでいる。中学とか高等学校の先生とか、そういう人がよく読んでいる。よく読んでくれる人もあるけれど、かえって、ジャーナリズムで有名な人のはダメだな。それが、シャモニなんかの読んでいるのとの違い。

安東 『現代の理論』で「丸山眞男を読む」という特集をやったら、こんなのやめてくれ、と先生おっしゃったんだけれど、あのなかで唯一先生が、僕、機会があったら会ってもいいな、とおっしゃったのは、早稲田大学政経学部の女子学生です。今、ＮＨＫの記者になっているけれど（後藤千恵「アスカへ――丸山眞男の人間学」）。彼女も初めて先生の文章を読んだんですよ。四回特集を組みました。

丸山 学生もそうですね。早稲田にも慶応にもいたんです。いわゆる丸山ゼミの学生。一部は専門学者になったけれど、多くは社会人になった。時々同窓会をやるんです。よく勉強しているな。

安東 八王子のゼミナールも。

丸山 あれもそうです。同窓会を一昨年までやっていました。箱根で一泊してやるんですよ。そうすると、徳之島から出てくる人がいるんだ[30]。そこで町会議員かなんかやっている。それがよく読んでい

るんだな。こわいですね。
全体としては、無力感だな。安仁の前で悪いけれど、時論というのはむなしいなあ、とね。僕は昔は時論を書いていたけれど、僕がこうなったらいいという方向になったことが、あまりないもんな。
安東　この間、粕谷一希がものすごくペシミスティックなことを言うわけですよ。何のために戦後をやってきたかと僕に言うわけです。僕流の表現で言えば、成金金融帝国主義だからしょうがねえだろうと言ったんですよ。そうしたら、そうかな、と。もう軍国主義には戻らないよ、と僕は言ったんです。
丸山　消去法でいく以外にないですよ。戦前と同じようにはならない。どうなるというんじゃなくて。
小尾　ちょっと、時間がいるんじゃないかな。
丸山　今、いろいろな意味で大きな反動期だな。沈滞とか、精神的頽廃とか。ここのところ、我慢する以外ないね。
小尾　地下水が岩の下をくぐっている時期だと思えばいいんだ。
丸山　やっぱり僕がいちばん良かったのは、こういうことを言うと非常に誤解されるけど、戦中とそれから療養、この二つの時期を持ったおかげで勉強できたということ。つまり、時期が悪かったから、また、外へ向かってものを言えなかった。その間、乏しいけれど多少ながら蓄積ができた。日本の社会というのは忙しいですね。慌ただしくて、苦節する暇がないんだな。諸事簡単にして余暇を持つようにしないと蓄積できないでしょ、研究者なんか。僕も現役時代にそう思ったな。ノーマンに、前にも言ったと思うけれど、何であなたは大学に残らないで外交官になったのと聞いた。そうしたら、だって大学は忙しくて勉強できないと。じつに皮肉でね、本当にそうだ。だからニュージーランドの領事みたいのがいちばんいい、と言うんだ、彼は。外交官としては、やることがほとんどないわけです。

間宮　外交官が書斎に閉じこもって、とノーマンが言ったわけですね。

丸山　不幸だったな、エジプトの大使になったのは。必死になってエジプトと英仏の戦争を防いだんだけれど、それが今度は、アカ呼ばわりされることにもなるんですね。彼が希望したニュージーランドの領事じゃなくて、大学教授どころじゃない、そういう非常に重大なポストに就いちゃって。悲劇的なんだけれど。

大学教授について言うと、みんなそう言います、アメリカなんかでも。大学行政がすごく忙しい。これは組織の必然性なんだけれど、組織が発達すると行政的な仕事が増えてくるんだ。日本はまた、それに日本的な慣行が入るから。勝手に少数の人が決めてもいいんだけれど、ある意味、責任転嫁でみんなに相談して、要らない会議が多すぎるんだな。

逆に言うと、日本の学部長くらい権限がないのは少ないでしょうね。みんな教授会で諮らなければいけない。少なくも東大は。それが実際、大学の自治だった。学部長と二人の補佐がいますね。〔彼らが〕決めればいいのが七〇パーセントです。それ以外に重大なことは学部長会議で決めて、教授会に諮らないです。今から言ってもしょうがないけれど、第一回の機動隊の導入もそうです、大河内〔一男〕総長の。あれも全く諮られない。学部長会議というのは公的な機関でも何でもないんですよ。法的基礎が何もない。事実上のものです。ある朝登校してみたら、いわゆる学生の大きなタテ看で

「機動隊導入さる」と出ていてビックリした。そういう始末です。それから、延々と続く騒ぎになるわけでしょ。それでじつにくだらないことをいちいち詣る。ビジネスがいきなり出てこない。お説ごもっともですが、というのが多すぎてね。

川口　ではそろそろ、先生。

丸山　小尾君とか間宮さんとか、珍しい方とお会いしたのに、僕はどうもしゃべりすぎなんだな。いつもあとでイヤになっちゃう。もっと聞いておけばよかった、と。しゃべりすぎちゃって。また次の機会に。前は人の話を聞く機会が多かったんですけれど。編集者も昔はしょっちゅう家に来ていたでしょ。今は病気なものだから遠慮しちゃって来ないんです。ありがたいけれど。でも、話したい人があるから。もう少し病気の様子が分かれば、やや長期的な目標が立てられると思うんです。そうすれば約束もできると思うんですね。今度みたいに三回も〔予定を〕変えるでしょ。いちいちみんなに連絡しなくちゃ、ということで忙しい人は大変です。

僕は本当は、関西に行ってでもダベりたいですね。特に意見の違った人と。僕は大好きだから、違った人と意見を闘わすのが。安仁なんかよく知っているけれど、旧制高校のいいところだな。南京豆をかじりながら、徹底して議論して。今は、お前とは世界観が違うなんて、不毛な。それでも、何も言わないよりいいですよ。オウム真理教よりいいです。お互いに議論するほうが。どっちが正しいかというんじゃなくて、なるほどそういうアングルもあるんだ、そういう角度からものを見る人もあるんだと、得るところがありますからね。

安東　そういう点では、桑原武夫さんとか鶴見俊輔さんは、そうなんでしょ。

丸山 俊輔君には三年くらい前にわざわざ京都に呼ばれました。俊輔君のグループとダべって愉快だった。そのうちの一人、北沢恒彦氏は京都の市役所に勤めているんですけれど、僕の「反動の概念」だけ読んでいるんです（『思想の科学』に連載、のち北沢恒彦『隠された地図』編集グループSURE、二〇〇二年に所収）。市役所に勤めていてフランス史をやってること自身が感心だと思うんだけれど。あれだけ読んで、他は何も……。

小尾 これまた変わっている人だな。

丸山 そういう変わっている人もいた。この間、中島君のお通夜で久しぶりに鶴見君と会ったんです。

間宮 朝日賞を取った鶴見さんの『竹内好』（リブロポート、一九九五年）という小さな評伝は読まれましたか。

丸山 ええ。

安東 そろそろ、お時間ですね。

一同 どうもありがとうございました。また。

（1） 中島岑夫（なかじま・みねお 1933-95） 筑摩書房編集者。「「忠誠と反逆」あとがき」（『丸山集』第一五巻）参照。妻の中島通子（弁護士）は一九五三年度の丸山ゼミ生。

（2） ロバート・マートン（Robert King Merton 1910-2003） アメリカの社会学者。テンプル大学卒業後、ハーバード大学に学び、一九三六年同大助教授。四一年からコロンビア大の社会学教授を務める。アメリカ社会学の指導的理論家の一人で、社会学理論と経験的調査の相互媒介を企図する「中範囲の理論」を提唱した。『社会理論と社会構造』（一九四九年）など。

（3） キャロル・グラック（Carol Gluck 1941-） アメリカの歴史学者。日本近代史専攻。コロンビア大学教授。『歴史で考える』（二〇〇七年）。参考「理性の情熱」（『丸山眞男の世界』、みすず書房）。

（4） ノーマ・フィールド（Norma Field 1947-） 東京に生まれる。一九七四年インディアナ大学で東アジア言語文学の修士号、八三年プリンストン大学で博士号取得。現在シカゴ大学人文学部東アジア言語文化学科教授。『天皇の逝く国で』『祖母のくに』『へんな子じゃないもん』『小林多喜二――21世紀にどう読むか』『源氏物語、〈あこがれ〉の輝き』など。

（5） モリス（Ivan Morris 1925-76） イギリスの翻訳家・日本文学研究者。第二次大戦で英国軍将校候補生として日本語学習プログラムに参加したのがきっかけで日本研究を決意、ハーバード大学で日本語と日本文化を学び、ロンドン大学で『源氏物語』の文体研究で博士号。一九四五年被爆した広島市を通訳として訪れた最初の外国人の一人となる。一九六九年からコロンビア大学で日本文学を教える（―七三年）。

（6） 何度もやり取りして 『丸山眞男書簡集』第三巻（みすず書房）、書簡No.364―367、372参照。

（7） 書いてあるけれど 「「日本政治思想史研究」英語版への著者序文」『丸山集』第一二巻。

（8） ジョーン・バエズ（Joan Baez 1941-） アメリカのフォーク歌手。ボストン大学在学中から歌い始める。六〇年代半ば、ベトナム戦争が激しくなるなかで、反戦の思想を込めた歌を多く歌うようになり、反戦フォーク歌手として活躍する。"We Shall Overcome"（「勝利を我らに」）はその代表作。

（9） 「戦後思想と批判精神」『世界』六一五号、一九九五年一一月号「特集　戦後思想と批判精神」には、「サンフランシスコ講和・朝鮮戦争・六〇年安保」（丸山眞男、『丸山集』第一五巻）のほか、「日本型資本主義と「日本の思想」」（佐和隆光）「丸山眞男と戦後日本」（酒井直樹）「〈楽譜〉としての丸山眞男」（陳平原）「吉田外交と天皇外交」（豊下楢彦）が掲載されている。

（10） 滝田樗陰（たきた・ちょいん 1882-1925） 明治後期・大正期の編集者。本名・哲太郎。東大在学中から『中央公論』の編集を手伝い、一九〇四年に正社員となり東大を退学。一一年同誌主幹となり、以後新人作家の発掘に力を注ぎ、『中央公論』の基礎を確立した名編集者と言われた。政治、社会思想にも関心が深く、吉野作造、大山郁夫などにもたびたび執筆を依頼。

(11) 戸坂潤（とさか・じゅん 1900-45） 哲学者。開成中学、第一高等学校理科を経て、京都帝大文学部哲学科卒。一九三一年法政大学講師、のち教授。当初、数理哲学や空間論など自然科学の基礎を新カント派の立場から考究したが、三木清の影響などもあってマルクス主義に転じた。三二年三枝博音、服部之総、小倉金之助等と「唯物論研究会」を設立し、雑誌『唯物論研究』を発行。三八年唯物論研究会は解散を命ぜられ、古在由重ら会の主要メンバーとともに治安維持法違反で検挙された。四五年八月九日、長野刑務所で獄死。『戸坂潤全集』全五巻（一九六六—六七年）。

(12) 相川春喜（あいかわ・はるき 1909-53） 技術史家・社会運動家。本名は矢浪久雄。一九二九年学生ストで四高を退学。産業労働調査所、プロレタリア科学研究所で活動後、『日本資本主義発達史講座』に寄稿。『歴史科学』を編集。唯物論研究会に参加。三六年コム・アカデミー事件で検挙、翌年釈放。戦後シベリアに抑留され日本人捕虜向けの『日本しんぶん』の論説を担当。四九年帰国。翌年日本共産党入党。『技術論』『現代技術論』など。

(13) 『カトリック大辞典』 カトリシズムに関する日本で唯一の百科事典。上智大学・独逸ヘルデル書肆共編、冨山房発行。全三巻（一九四〇—四二年）。全五巻（一—四巻、一九五二年、五巻、一九七二年）。

(14) 清沢洌（きよさわ・きよし 1890-1945） 大正・昭和期のジャーナリスト。キリスト教無教会派の研成義塾（長野県穂高村）に学び、一九〇六年渡米。苦学してホイットウォース大学を卒業、現地邦字紙で記者となる。帰国後中外商業新報社、東京朝日新聞社の記者を経て東洋経済新聞社の顧問となる。内村鑑三の影響を受け、リベラルで自主独立、反戦の姿勢を貫いた。『外交史』『暗黒日記』など。

(15) 宮沢俊義（みやざわ・としよし 1899-1976） 憲法学者。一九三四年東大教授。美濃部達吉の憲法学講座の後継者。帝国憲法と日本国憲法との質的相違——君主制から民主制への転換を説いた。丸山は、宮沢の三四年の初講義を聴講しているが、天皇機関説問題が起きた翌三五年からの講義では、憲法第一条から第四条までの説明は省略されたという。『天皇機関説事件』（全二冊）『憲法の思想』など。

(16) 横田喜三郎（よこた・きさぶろう 1896-1993） 国際法学者。一九三〇年東大教授。ケルゼンの純粋法学に基礎を持った実証的な国際法学を展開し、満州事変以降の日本の軍事行動を国際法違反と鋭く批判した。戦後は国際法学界の指導的な立場にあり、敗戦後の新しい政治体制を擁護する法理論家としても活躍。五七年国連国際法委員会委員（—六〇）。六〇年最高裁判所長官（—六六）。『国際法』『国際裁判の本質』『自衛権』など。

(17)　南原繁（なんばら・しげる　1889-1974）　政治学者。一九二五年東大教授、五〇年まで政治学史講座を担当。四五年三月法学部長となり、高木八尺らと重臣への終戦工作を行う。一二月東大総長。貴族院議員として憲法審議にあたり、教育刷新委員会副委員長ついで委員長として教育改革を進めた。『国家と宗教』『フィヒテの政治哲学』『南原繁著作集』全一〇巻など。「南原繁『フィヒテの政治哲学』を読んで」（『丸山集』第八巻）「南原先生を師として」（『丸山集』第一〇巻）。

(18)　残ってもいいなんて言ったんだ　『話文集　続1』二四頁、『丸山回顧談』（上）一五七頁参照。

(19)　別の理由　一九三三年四月一〇日の唯物論研究会創立記念第二回講演会の聴衆の一人として検挙・勾留され、以後思想犯被疑者となった。

(20)　社会大衆党がこんなに出るようになりまして　一九三七年四月三〇日の第二〇回総選挙で、立憲民政党一七九、立憲政友会一七五に対して、社会大衆党は三七議席を占めた（一九三六年二月一〇日の第一九回総選挙では一八議席）。

(21)　小山忠恕（こやま・ちゅうじょ　1914-98）　ゆか里夫人の兄。小山磐の次男。一高で丸山と同級。東大卒。一九三八年日本興業銀行入行。七〇年日本経営システム社長。七三年興銀データサービス社長。

(22)　ぼろくそな書評　スウィージーの書評は最初、一九四四年に *Left News* という雑誌に匿名で書かれたものだが、丸山が読んだのは一九五三年刊行の *The Present as History*, Monthly Review Press に収められた書評だと思われる。

(23)　太田薫（おおた・かおる　1912-98）　昭和時代後期の労働運動家。元日本労働組合総評議会議長。阪大卒。宇部窒素（現宇部興産）に入り、一九四六年労組委員長。五〇年合化労連委員長、五八年から総評議長（—六六年）。太田ラッパとよばれ、事務局長・岩井章とともに総評を指導し、春闘方式を定着させた。六四年レーニン平和賞。

(24) 高山岩男（こうやま・いわお　1905–93）　哲学者。京大哲学科卒。第三高等学校、京大文学部助教授を経て、教授に就任。西田幾多郎、田辺元、高坂正顕、西谷啓治、鈴木成高等と京都学派を形成。戦後、矢部貞治に招聘され拓殖大学教授に就任。のち神奈川大学、日本大学、東海大学などで教鞭をとる。大東亜戦争を美化した『世界史の哲学』（一九四二年）で、公職追放。『高山岩男著作集』（全六巻、二〇〇七―〇九年）。

(25) 鈴木成高（すずき・しげたか　1907–88）　歴史学者。西洋中世史専攻。一九二九年京大卒。三六年三高教授、四二年京大教授。『ランケと世界史学』『歴史的国家の理念』などを刊行、三高や京大の学生に多大な影響を与えた。第二次大戦中は西田幾多郎、田辺元門下の哲学者と交流した。四七年京大を退職、五四年早大教授（―七七年）。座談会「世界史的立場と日本」や「近代の超克」に出席。『封建社会の研究』（一九四八年）など。

(26) 高坂正顕（こうさか・まさあき　1900–69）　哲学者。京大卒。西田幾多郎に学ぶ。一九四〇年京大教授、四一年同大人文科学研究所所長。戦争擁護の論陣をはり四六年公職追放。解除後、関大教授・京大教授、東京学芸大学長を歴任。六六年中教審特別委員会主査として「期待される人間像」をまとめた。『高坂正顕著作集』全八巻（一九六四―七〇年）。

(27) 矢部貞治（やべ・ていじ　1902–67）　政治学者。一九三九年東大教授。近衛文麿のブレーンとして新体制運動の推進に努力し大政翼賛会の役員を務めた。四五年一二月東大教授を辞任、一時公職追放された。解除後、早大教授。拓大総長。『政治学』『矢部貞治日記』四巻など。

(28) 鹿子木員信（かのこぎ・かずのぶ　1884–1949）　大正・昭和期の思想家。海軍機関学校卒。海軍中尉で退役して哲学を専攻。東大講師を経て一九二六年九大教授、同法文学部長。二七年ベルリン大学客員教授として日本学講座を担当。四一年ナチスドイツに招かれて「皇国学」を講義。第二次大戦中は言論報国会事務局長。敗戦後A級戦犯に指定され、公職追放処分。『日本思想の哲学』『皇国学大綱』など。

(29) 無名の読者はこわい　『自己内対話』二七一頁。

(30) 本巻二五二頁・註（2）参照。

天安門事件と人民解放軍、近代日本の立憲主義、原点としての戦後民主主義――丸山眞男先生を囲む会　一九八九年七月

一九八九年七月九日、丸山は自宅に近い西荻窪のこけし屋で初めて開かれた「丸山眞男先生を囲む会」第八回目の懇談会に出席した。「丸山眞男先生を囲む会」と自称したグループについては、今井壽一郎「押しかけ弟子と丸山先生」(『丸山集』第一二巻「月報12」)などを参照されたい。『手帖』では第二五号に一九八八年一一月二七日に行われた第七回の記録(『話文集3』に「「自粛の全体主義」のさなかに」の表題で収録)、第四一・四二号に一九九三年七月三一日に行われた第一三回の記録、第六一・六二号に、一九九一年八月四日に行われた第一二回目の記録(『話文集 続2』に「現代の中国と日本・『シュピーゲル』事件・『昭和天皇独白録』」の表題で収録)、第五二号に一九八八年六月一九日に行われた第六回目の記録(『話文集 続2』に『著作ノート』から長野オリンピックまで」の表題で収録)、第六九号に一九九五年八月一三日、最後の会合となった第一四回目の記録(本巻に「『著作集』と『講義録』、社会連帯主義、ガン患者として」の表題で収録)を載せている。

懇談会は、午後三時前から夕食をはさんで午後八時三〇分近くまで行われた。出席者は檜垣眞澄、服部巍洋《たかひろ》、長坂勉、川口重雄、今井壽一郎の五人である。

以下の記録は、長坂・服部両氏から提供されたカセットテープ、DVDをもとに復元したものである。出席者の校閲をいただいた。テープ、DVDの収録は丸山の了承を得ているが、公表を予定したものではない。公表にあたり出席者および故今井壽一郎夫人・史子氏の了承を得ている。『手帖』には未収録で、今回初めて公表する。

初めて、西荻窪のこけし屋で

檜垣〔眞澄〕 吉祥寺は元々は寺があったんですか。

丸山 よく分からないですが、吉祥寺《きっしょうじ》というお寺が元々本郷にあって、明暦の大火（一六五七年）で寺と門前町が焼けた後、焼け出された門前の住人などに江戸幕府が土地を与えたのが始まりで、移り住んだ人々が吉祥寺村と名づけました。どういうわけだかお寺の多い街ですね。最近と言っても、もう一〇年以上前からですが、デパートが集中しちゃって、相当広範囲の人にとって、ここがショッピングセンターですね。家永〔三郎〕君の奥さんなんかもここに買い物に来たりする。

川口〔重雄〕 〔家永先生のお住まいは〕練馬区大泉学園町でしたね。

丸山 そうです。練馬の人たちなんかはよくここに買い物に来る。そういう意味では、ショッピングで都内に出る必要はないんです。ホテルは東急イン、〔吉祥寺〕第一ホテル。もうひとつ、割合フランス料理でいい所があります。近鉄〔デパート〕の反対側に交通公社があって、その向かいの二階にフランス料理の店がある。割合うまいです。ただ、吉祥寺はヤングの街でしょ。ヤングは味よりも、要するに騒げばよいわけです。やたらに〔ヤング向きの店は〕あるんですけれど、〔味のいい店は〕ないんです。鴨料理でちょっと有名なのが、鴨屋。二階は個室で日本間です。だからすぐふさがっちゃうんです。そこはうまいですね。

（服部の持参したビデオカメラを見て）僕は最新兵器を知らないんだ。みんな持っていますね、最近は。井の頭公園なんか行くと、みんな持っている。今に、おぎゃあと生まれた時から死ぬまで……。

長坂〔勉〕　写真に代わって。

川口　中学校の入学式に親がみんな持って来ています。

長坂　運動会とか。両親が離れていると、東京で子どもをビデオで撮って送ると非常に喜ぶ、成長の過程が分かるということで。

丸山　亡くなったような場合、写真は動かないから、ある年月が経てば平気になるでしょうけれど、ビデオは動くからかえって辛い。動くと生きているようでしょ。そういうことがありますね、ビデオには。あまりに真に迫っていて。

みなさんに、六〇年の会の会誌に書いたもの（「昭和天皇をめぐるきれぎれの回想」、一九八九年二月、『丸山集』第一五巻）を差し上げようと思ったら、家永君が早くも川口君からもらったということでビックリしちゃって。ほとんど配らないから。たまたま家に来て話題になった人に差し上げているんですが。みなさんだと広まらないからいいんだけれど、マスコミの人には特に用心しているんです。

今井〔壽一郎〕 どうもすみません。遅刻してしまって。

丸山 遠いところを、どうも、今井君。

今井 お元気で何よりです。

丸山 結局、川口君からみんなのところへ行っているんですね。

川口 実は、高木〔博義〕さんからできあがる直前の一月ぐらいにお手紙をいただいたんです。先生に言うとまたきっとお叱りを受けると思って、黙ってやるしかないなと。〔笑〕何部要るかというので、一部いただければあとはコピーをとりますからと言いましたら、どうせ作るんだから、ということで。

丸山 高木君がたくさん作ったんです。六〇年の会のメンバーは非常に少ない、ゼミみたいなものですから。高木君の個人負担じゃないかと思うんです。だからみなさんに僕の方から何かの機会に、極力限定しながら、お配りしようとは思ったのです。こういうインフォーマルなサークルで、しかもあまり波及の恐れのないということで。

川口 送らせていただいたのは、この会のメンバーと、あと、家永先生と大学の時にお世話になった鹿野〔政直〕先生、安東〔仁兵衛〕さん。安東さんはすぐに例の調子で、感激したと電話をかけてこられた。〔笑〕安東さんは、あの時は都議会議員選挙(1)のことで頭が一杯で。

檜垣 選挙に出られたのですか。

川口 いいえ。社会党推薦・無所属で出られた生活者ネットワークの女性候補を応援している。

丸山 彼は個人的野心がないから、人脈がすごく広いんです。社民連だけれど、社民連とも距離を置いているし、すごく人脈が広いんですね。公にはダメだけど、共産党でさえ個人的には。彼は除名された身だけれども、安心して話せるわけ。利害がないから相手に警戒心を抱かせないの。テメエに野心があると警戒するけれど、その意味では彼は徹底している。周旋屋と自ら称している。僕はいつか教えたの。周旋というのは今非常に悪い意味でしょ、土地なんかの周旋なんて。坂本龍馬は周旋という。非常にいい意味です。薩長連合なんか周旋なんです。〔安仁が〕そりゃいいことを聞いた、と自ら周旋屋を名乗っている。（笑）いろいろな人的リエゾーン（連携）をつくるということに、レゾンデートル（存在価値）を感じている。彼は元来アジテーターだから本当は自分でやった方がいいんだろうけれど。真夜中の三時か四時頃、土井〔たか子社会党〕委員長から電話がかかってくるらしいです。ほとんど一方的に、困るのよ、なんてかけてきて。ちょっと度外れているけれど、結局愚痴なんですね。トランキライザーですよ、と彼は言っているんだ。（笑）可哀相に土井委員長にはそういう相手がいないのね、全くプライベイトに愚痴をこぼす人が。ああそうですかと、彼は専ら聞き役で。

長坂　土井さんにしてみれば思い余るから、三時、四時でもかけるんでしょうね。安東さんが衆議院で東京第四区（渋谷・中野・杉並区）で立候補されて。あれはもう何年前ですか。その時入れた覚えがあります。

川口　一九七九年ですね。

丸山　あの時から社民連と距離を置いていますね。具体的には統社同（統一社会主義者同盟）の書記長だったのが最後だったんではないですか、実質的な政治活動をやったのは。統社同というのは、全共闘系のフロントです。内ゲバに絶対反対したので、学生に除名された。彼が全共闘に厳しいのはそれからですよ。連合赤軍〔事件〕以後、みんな、オレは元々内ゲバに反対だったと言い出した。あれは戦争中の知識人と同じだと。戦争が終わった途端に、元々オレは戦争に反対だったんだと。何も言わなかったヤツが急に言い出したのと似ているると、彼が言っていた。学生の活動家の世話をして、パンツまで奥さんが洗っていた。彼も若いのが好きだから。そういうのに裏切られたわけですね。また今、彼らが来ているらしいけれど、あの時は気の毒だったな。

天安門事件から一ヵ月後に——戒厳令と武力制圧

丸山 最近、激動が続いているから、僕が何か言うと、みなさんに初めからある印象を与えるといけないから、みなさんの間で意見が違ってもいいから、率直に言ってください。中国の情勢から都議選に至るまで、天下国家について、昨日か一昨日の放言に至るまで。(笑)みなさん、あるいは、みなさんの周囲で、どういうふうに言っているかということを。

ご承知のように、あの(天安門事件)後はいろいろな会に引っ張り出されて。非常に辛かったのは中国人留学生〔との会合〕ですね。中国人留学生で知っている人がいるんです。若い方は大学院生、上の方は中国の大学院を出て、日本の大学で博士論文を書いている。中国に帰った人の中には指名手配になった人もいます。

今井 女性の研究者(區建英)はまだいらっしゃいますか。

丸山 あの人はまだいます。彼女の友達グループもそのひとつです。指名手配された人はもっと偉い人。五〇代で、一昨日新聞を見たらその人が指名手配された中に入っているのでビックリしました。

〔新聞に〕名前が出ているから言いますが、李澤厚という人です。著書が『中国思想史』。立派な学者です。行方が分からないんです。どこかで地下に潜っているんでしょうけれど。ある人が通訳してくれて、一ヵ月半くらい前、かなり長く話しました。彼は大学教授で思想史の人ですから、中国の現代の情勢とかじゃなくて、日中の思想史の比較とか、転向とか、朝鮮を含めた思想および文化の比較についてです。国際交流基金の招きで来日したんです。国際交流基金は外務省、文部省、大蔵省の三つの省がやっている。それで、海外からいろいろな人を招くわけです。だから、別に変な人じゃない。基金が全部お膳立てをして、こういう学者に会いたいという向こうの希望に従って。そういう中に僕が入っていた。基金の人が一人ついてきました。通訳した人は前から僕がよく知っている、近代中国史の専門家です。あとで先生と同じような意見じゃないですかと言っていました。リベラルだなとは思いましたけれど、指名手配まで行くと思わなかった。

方励之は、個人的には知りませんが、前から睨まれていました。方励之より奥さん〔李淑娟〕の方がさらに睨まれているんです。奥さんが相当アクティブで、今度かなり指導的役割を演じたという話もあります。方励之の論文の翻訳が『ニューヨーク・タイムズ』（*The New York Review of Books* 掲載の China's Despair and China's Hope, 一九八九年二月二日号と思われる）に載ったのを、僕は読んだんです。今年の一月頃かな、非常に面白い。あの人はすぐにアメリカ大使館に逃げ込んだんですね。彼の思想は前から分かっていますが、李澤厚という人までやられるとはね。おそらく他にも……。僕は一九八一年五月に中国社会科学院の招待で中国に行ったわけです。有沢〔広巳〕先生が会長の、日中人文社会科学交流協会が一年毎に招待し合う。その第二回で行ったんです。中国社会科学院がいちばん睨まれているの。真っ先に軍隊が入っている、北京で。政治学者で厳家其という人がいます。彼も非常に早く名前が出ていました。中国社会科学院政治学研究所長、彼は李澤厚——李澤厚は哲学者ですから——よりももっと睨まれている。捕まったかな、非常に早くから名前が出ていました。僕は戒厳令の最中に軍隊が中国社会科学院に入ったということを聞きましたから、危ないなと思ったんです。かなり社会科学系の人には会っているんです。その中にいたんでしょうけれど、厳氏のことは覚えていない。

川口　先生、向こうで会われたか、こちらに来られたか、朝鮮族の宋さんという方をご存知ですか。社会科学院の教授らしいんですけれど。実は、去年の七月に「丸山眞男と戦後日本思想」という論文を書かれた宋先生のお弟子さんに当たる呉〔暁林〕さんという方が、中国社会科学院の図書館でこれ〔『増補版　丸山眞男著作ノート』〕を見たんだそうです。虫がいいと言えばいいんだけれど、向こうにないものがあるので、コピーを送ってくれないか、本を送ってくれないか、という手紙が来たんです。それでまず手に入らないものは、対談とか座談会なので、それを全部コピーして送ってあげたんです。去年の七月に向こうの大学を出て、そのまま大学に残りたかったけれど結局残れなくて、中国の銀行に入ったらしい。卒業後もずっとその宋先生と一緒に読書会をやっていらして、今年の四月に日本に来たので会ったんです。その時、むしろ天皇の自粛問題で日本人は、と批判されたんですね。その時に中国はどうなるかという話をして中国に帰られた。その後、学生運動が昂揚した五月に一度だけ手紙をもらったんですが、そのあとは何にも来ないんです。それで、一度だけ、検閲されてもかまわないと思って、季節の便りみたいのを出したんですけれど、返事が来ない。

長坂　その方の先生が宋さんですか。
川口　そうです。その先生が丸山先生にお会いしたと。ちょうど丸山先生が中国に行かれた時に。
丸山　そうですか。そうかもしれない。何しろ人数が多いので。忘れちゃったけれど。
今井　その時は、先生。何日ぐらい行っておられたんですか。
丸山　全部で一〇日かそこら。そのうち三日間入院しちゃったんです、熱を出して。桑原〔武夫〕さんが団長で、有沢先生は国賓扱いですから、別格。それで、人民大会堂で向こうの幹部と会って、その時は鄧小平氏は出て来なくて、出て来たのは薄一波。今度の、強硬派ですね。文化大革命で失脚して復活したんです。劉少奇夫人も出ていました。年は取っていたけれどきれいな人でね。主として薄一波氏が話しました。一九四九年の革命以後の中国の経済発展の状況を時代別に略説しました。僕は文革をどういうふうに評価するかと思ったんです。新中国成立の初めから、大躍進の段階はこうで、プラスはこうでマイナスはこうで、とずっとやって、文革一〇年の空白と。空白ですからね。ちょっと驚いたけれど。それで、後にこうなったという。
長坂　一言で片付けた。
丸山　そう、一言でね。自分も被害者ですから。それが今回は大強硬タカ派になっちゃって。
今井　率直に言うと、非常にがっかりした。ショックでしたね。文革はあったわけですけれど、古いアジア主義者・大アジア主義者的な人たちでも何となく中国のシンパですから、左翼も右翼も含めて、われわれの世代は。何か見てはならないものを見たという感じで。自由主義経済の導入みたいなかたちでやってきた。あれがやられたということはないんですかね。

丸山　結果論としては、それも一つの理由ですね。しかし、非常にプルーラル（多元的）な要因があると思います。評価は後でしますけれど、僕なんかは二重の驚き。最初は戒厳令で驚いた。戒厳令発令自体が予想を超えた出来事でした。その次に、これは史上稀に見る戒厳令だと思いました。つまり、戒厳令下でデモがずっと続いている。これは、考えられないんだ、僕らの前提では。戒厳令とは軍事独裁であって、日本でも戦前はありましたけれど、[2]一切の自由権が停止されるんです。国民の権利はゼロになる。国内戦時状態なんです。それが、今回はますますデモが広がるわけ。他方、兵隊もいる。僕はそういう意味で史上稀に見る戒厳令だと言っていた。戒厳令はショックだけれど、ある意味では、寛容な戒厳令。で、今度はいきなり武力制圧でしょ。しかも、機関銃乱射。放水とか催涙ガスぐらいは分かるんだけれど、いきなり戦車で機関銃乱射。極端から極端なんだな。事柄の表面的なことだけを言えば、二重のショックです。

檜垣　確かに結果的に寛容だったのですけれども。そうしかできなかったのか、ないしは、権力が意識的にそういうふうにやったのか。どちらなんでしょうか。

今井　権力の引っ張り合いになっていたんじゃないですか。

丸山　それは、いろいろな説があって。党内抗争がトップレベルでずっと続いていて、結局何も措置が執れないという。ただ事態のこれ以上の発展を阻止するという要素は幾分かはあるけれども、同時に戒厳令に賛成した方の中でも、脅かすというのかな、脅かして、だんだんにデモを引かせる。実際にだんだんデモは減っていたわけです。本当は望ましくないけれど、やっぱり戒厳令が効いて。ところが、その時にやったんです、武力制圧を。だから余計理解に苦しむわけです。どうしてもう少し状況の変化を待てなかったのか。それがミステリーの一つ。何かの力関係の変動があったのか。もう一つは、やや中国当局側に寄った見方で言えば、デモが減ってくる頃から挑発者の活動が目立ってきた。実際死体を吊したりとか。初めは僕は非暴力傾向がよくこれだけ続くと思ったのだけれど、最後は、どっちが悪いという評価は別として、そういう要素が出てきて急激に変わっていくことになる。いろいろな可能性が考えられて、分かりませんね。

長坂　学生指導者側からすると、一部の跳ね上がりはあったかもしれませんけれど、囲まれた時に武力も何もないから抵抗しないで引き上げるという方針だったらしいですね。ですから、学生としても、一度手を引くべきだという判断があった。にもかかわらず、ということがありました。

丸山　テレビでも、涙ながらに学生が人民解放軍兵士を説得するという場面もあったし、それから学生と兵士が笑って握手するという場面もあったし、解放軍の兵士も何か困ったような顔をして歓迎するわけにもいかないし、さりとて怒るわけにもいかないという場面も映っていました、確かに。

檜垣　テレビを見ていてビックリしました。軍のトラックに学生なんかが食料品とか果物を、いっぱい差し入れしているんですね。どういうことなのかなと。

丸山　確かに差し入れをしていました。だから、出先の兵隊とは何かがあるなとは思いました。もう一つの仮説は、ある上層部と文字通りの出先との食い違いが、ある段階になって厳命が出て、組織だからそれに従わなければいけない。いろいろなおかしな点がある。例えば外国公館に、いくら流れ弾にしても、銃弾を撃ち込むとか、常識を超えているんです。と言うことは、よほどレベルが低い、解放軍の。一体何を教育してきたのか。国際法の初歩原則さえ知らないということなんです。そういうレベルの低いことをやっていることの分からなさですね。まだいろいろなミステリーがあります。

今井　装甲車が突っ込んで来ましたね。あれで初めて殺人の問題が出てきたんですけれど。先生がおっしゃる挑発ですね。あの前にデモ側の方で殺人があったんでしょうか。殺人ということではどっちが先だったかということと……。

丸山　それもあります。先後関係。ただ、装甲車に学生が乗り移って、という例もあるんですよ。装甲車をどうやって分捕ったのか、それも分からない。装甲車の上で万歳している映像もありますから。ですから、必ずしも装甲車対学生じゃないんです。みんな逃げちゃったのか、よく分からない、そこのところは。

今井　長野県議団が知事も一緒にちょうど五月一二日から一八日まで中国に行きまして。張家口市と姉妹都市の関係があるんです。一八日、人民大会堂で中国共産党ナンバー2の人に会った。その時は例の「自由の女神」はなかった。あれが逆に言うと、気になるんです。

丸山　それは急速に立ったんです。

今井　一八日に帰って来て、デモだというけれど、火炎瓶を投げるようなことは全然なかったということで、感心していたんです。「自由の女神」が立った時に、アメリカとオーバーラップして気になったんです。先生がお会いになった大学の先生たちは、やはりマルクス主義ですか、方向的に。

丸山　李澤厚氏なんかははっきりしないんです。学生レベルは、前から感じていたのですが、これいいのかなと思うほど自由なんですね。フランスやアメリカの大学生と話すのと何ら〔変わらない〕。普通はこちらが非常に気をつけるんです、共産圏の学生と話す時は。

朴正煕政権下の韓国の学生・知識人

丸山　それから、共産圏とは全く逆だけれど、東大では僕がいる時から韓国の学生を預かったでしょ。もうへとへとなんです、博士論文の指導で。普通は、君たち勝手にやれ、というふうなんです、僕は。教え込むというのが嫌いだから。大体の方向は言うけれど、あとは自分で考えて書け、という方なんだ。韓国の学生は、何週間かに一度、先生指導して下さい、と。よく勉強するから、拒否するわけにはいかない。ものすごい時間を割きました。その代わり、僕も勉強になりました。朝鮮の儒学史は、正直言って、初めて勉強しました、学生を指導するために。でも、気を遣ったですね。知らないうちにもう、へとへとになるんです。

それからもう一つは、韓国政府から東大が一番睨まれていたんです、朴〔正煕〕政権時代に。相対的にラディカルだから一番狙われた。法学部だけで何人捕まったかな。大変でしたよ。二人、死刑宣告されました。僕が辞めてからあとも朴大統領に助命嘆願をして。それから、同期の大学院生なんかが助命運動のために韓国まで行きました、僕の演習の院生が。そういう調子でしょ。密告者がいるわけです、韓国の学生の中に。お互いに疑心暗鬼になっちゃって。僕に対してはみんないいんだけれど。あいつは怪しいという話になっちゃうわけ。凄まじいものですよ。僕自身も多少学生時代に体験あるけれども、それをはるかに上回る凄さですね。僕も学生の頃からの若干の一般的示唆を言ったことがあります。みんなが集まった時に、最もラディカルなことを言うヤツを一番警戒しろと。それは大体挑発者だと。現実に最もラディカルなことを言っていたのが、向こう〔韓国〕に行って捕まりました。容疑は北朝鮮に行ったということです。僕らはみんな彼が死刑にならないように大騒ぎしたのです。石田雄君は勤勉で、ゼミに出てくる学生の出席を取っていた。出席を取るのは義務じゃないんだけれど、メモしていたわけです。それがあればアリバイになるわけです。そうしたら、捕まったのが春休みなんだ。ゼミがないの。結局アリバイが提出できないわけです。今でもミステリーですが、結局彼は釈放された。今は政府に近いところでバリバリです。才気煥発型で、博士論文は「韓国における民族主義運動」です。直接の指導教授は坂本〔義和〕君です。結局死刑にならなかった。よくは分からないんだけれど、僕が直接指導していた人は、どうもあいつは前から危ないと。つまり当然用心するような集会で相当ラディカルなアクションをやると。普通なら用心するのに、彼は遠慮なくやるので、どうもああいうのは危ないと言っていました。

もう一人は死刑判決が出て、結局——それは自分で言っていたから本当なんでしょう——韓国CIAと連絡をつけたんです、何かのコネで。それで、ハーバードに留学というかたちでの国外追放で、今は大学教授になっています。凄まじいものです。国際政治——〔留学生の専攻は〕国際政治が一番多いんです——の坂本君の学生でハーバードに行く前に挨拶に来ました。坂本君が連れてきたんです。僕の演習にも出ていて、よく知っていました。いろいろな話になって、朴があらゆる暴力的手段で人民を抑圧しているように見えるけれども、僕の体験だとそうじゃないんで、困るのは知識人だけ。批判的知識人が、独裁者と人民の間でサンドウィッチになっているんだ、ファッショというのはみなそうだと。ドイツの圧倒的多数はハイル・ヒットラーで、一握りのヤツらが、独裁的に文字通り人民を押さえつけるということは、二、三日は別として長期にわたっては絶対できない。必ず人民独裁なんだ。困るのは、数から言えば絶対少数の批判的知識人だけなんだ、と言ったら、坂本君に先生、そんなこと言わないでくださいよ、と怒られた。そうしたら、彼が、その通りです、先生、韓国の実態はと。困っているのは、本当に批判的な一握りの学生および知識人だけなんだ、と言っていました。思わざる反応で、僕は自分の戦争中の体験からそう言ったんですけれど、あの当時、そんなことがあった。

八〇年代半ばから始まっていた中国の自由化の動き

丸山　体制が違うからいろいろ違う点はあるけれど、非常な警戒感があって、今の中国留学生とちょっと似ているところがありますね。去年、国際文化会館で一回会合をやって〔「儒学・近代化・民主主義——中国人留学生の質問に答える　第一回」『話文集4』〕、その時は随分〔留学生が〕出席しました。二回目は例によって僕の健康状態でキャンセルしたんです。今年の会合は留学生がちょっと遠慮したい、もう少しメンバーを厳選してというので、五、六人に絞りました〔「天安門事件の後に——中国人留学生の質問に答える　第二回」『話文集4』〕。一橋〔大学〕の博士課程の人が多い。天安門事件の前から接触があったわけですね。実際にデモを見ても、八六年から続いているんです。天安門事件だけがばかにクローズアップされちゃった。それだけ見ても分からないです。八四、五年からの知識人・エリート・〔共産党〕党員を含めての、大きな自由化の動向の文脈の中で、そのクライマックスが天安門〔事件〕

ということなんです。だから文字通り、政治的軍事的な衝突の原因にある思想的動向とかは長期的に見ないといけない。それはちょっと想像を絶するんですね。中国の現指導部を擁護する気持ちは一〇〇パーセントありませんが、ただ、これでいいのかなという気はしました。つまり、何て言うのか、「春の目覚め」みたいなものです。初めて知った自由の喜びみたいなもの。だから、福沢諭吉から丸山眞男に至るまでなんてものじゃないんですよ。デリダとか、フーコーとか、日本と同じ。ポスト・モダン、ポスト・構造主義が怒濤のように入って来ている。マルクス主義どころじゃないんです。ポスト・モダニズムの記号論・言語論。怒濤のように流れ込んでいるんです。みんな面白い、面白い〔と言って〕。いちばんつまらないのはマルクス主義。(笑)同じことばかり言っていると。初めて解放された知的好奇心というのかな。だから僕も自由に話ができて良かったけれど。いいのかな、中国は思想的にどうなっていくのか、見当がつかなかった。方向としては歓迎すべきなんだけれど、ある意味では、禁断の木の実を食べた喜びみたいなのがある。そういう長い背景の中で考えなければいけない。それはどっちでも言えるんです。

この間、大学で教えた、朝日〔新聞〕の記者に会ったら、彼は、挑発の方ばっかり言うんです。今ほとんど世界の新聞では、学生の自発的運動だと言うけれど、周到に張り巡らされた反革命の計画があって、天安門だけじゃなくて、全国に一種の地下組織みたいのがあってお互いに連絡を取ってやっている。これに党幹部が堪忍袋の緒を切ったと。彼は是認しているわけじゃなくて、事態の説明なんです。彼は、コミュニストでもないしマルキストでもないんですけれど、そういうことを言うのは、天安門だけを見ているから。そういう要素もあったかもしれないけれど、一九八五、六年から、ずっとそういうことが続いていて、党幹部が黙っているということは、常識から言って、ほとんど考えられない。非常に大きな思想的な動向というのがあって、それに党幹部の腐敗とか官僚主義とかコネ人事とか、それと汚職がひどいわけ。そういうのがずっと続いているわけでしょ。それらの全部に対する反撥があるんで、反革命で学生大衆を動員しようとして、何十万、何百万という学生を——労働者も含むわけですけれど——、その反革命の組織が動かすということは、到底考えられないです、常識的に言って。文革否定から始まる自由化の動きというものの全体の流れは反革命の陰謀とかでは、到底説明できない。一つの潮流なんじゃないかと、その人には言ったんです。

いろいろな長期的な展望とかを見なきゃいけない。新しい中国の建設と発展に対して非常に同情的だった人でも、あなた〔今井〕じゃないけれど、ガッカリしたわけでしょ、多かれ少なかれ。中国の留学生の、ガッカリの仕方は、他人の国じゃないから、最もできる人なんかは——あえて言えば僕らは傍観者で、その立場から言えば、行き過ぎじゃないかという見方がします——、孔子様がマルクスに代わっただけじゃないか、あとは何にも変わっていないという、極端なペシミズム。どうなるか見当がつきません。さっき一握りの知識人が上と下から押し潰されてサンドウィッチみたいになっていると言ったけれど、先進資本主義国における知識人の占める役割と全然違いますから、第三世界というのは。これは明治の日本と思えばいいわけです。国家を建設していくエリートでしょ。先進資本主義国では評論家みたいなもので、それでも弾圧されたわけです、戦前においては。まさに思想問題という象徴的な言葉が示すように。中国をはじめとする第三世界では、国家建設にとって絶対に必要な分子ですから。それが、あれだけ体制離れするということは、えらいことなんですね。学生大衆の動きによって党の権威が揺らぐなんて生やさしいものじゃない。はるかに深刻なんです、事態は。

今井 体制が揺らぐ、反革命だと言って、非常に危機感を持っていますね。

丸山 権力の方は、もちろんそうですね。思想的な締め付けをやるでしょう。文革否定以後に対する反動がどこまで行くのか知らないけれど、当分続くでしょうね。では、締め付けてどうするのかと言うと、締め付ける方も分からないんだ。どこまで締め付けたらいいのかが。おそらく安定と治安の確保。かつての日本の中国に対するのと裏返しじゃないですか。つまり、政経分離だ。政治的思想的締め付けと経済開放。うまくいくかどうかは別ですよ。もう文革時代の鎖国に帰れない。経済だけは、どんなことがあっても、開放政策。しかし、あれだけの事件の後にうまく使い分けられるのか。西欧だって資本主義国だから、儲かればいいという要素はありますよ。だけど、本当の「西」――と言うとおかしいけれど――はそんなに単純なものではないです。フランスのミッテラン大統領が「ああいうことをする政府に未来はない」と言ったのは最大級の言葉です。これは一国の元首としては行き過ぎだな。僕があの時思い起こしたのは、日本は「国民政府（蔣介石政権）を対手とせず」という近衛〔文麿〕声明。あれで近衛は自らの手足を縛っちゃったんです、もちろん意味は違いますが。フランスは原則をじつに明確にするんですね。だけど、経済封鎖とかそういうことはやらない。具体的にどうするかは全く別問題。しかし原則ははっきりさせた、フランスは。西欧はどこもそうなんです。日本みたいに原則を言わないで、もそもそしているのと対照的なの。日本政府は、例えば、中国とは特別の関係にあるからと言うでしょ。あれは実際滑稽なんで。つまり態度としては、日中戦争を侵略戦争とあえて言わないで――家永君があれだけ頑張ったにもかかわらず――、韓国と中国から文句が出て、大騒ぎして初めて侵略というのを認め、それから後でも、後世の歴史家に任せるとか、竹下〔登〕が。ああいう曖昧な言い方をしているでしょう。(3) 侵略戦争だとはっきりさせるのを避けたことと、今度のはっきりとは弾劾しないこととは、基本的に共通している。中国は特別の関係にある、西欧と違って迷惑をかけているのだから配慮する、というのは大ウソなんだ。精神的な配慮としては実に共通していると思う。基本的な価値判断は避けるの。ミッテランをこっちの端へ置くと〔反対の〕こっちの端なんです。〔テープ中断〕……六〇年安保の時は、今度の中国と非常に似ているんです。六〇年安保の時の雰囲気を言うと、学生とか市民とかが直接行動をすることが何にしても好ましくないというのが、日本の政府・財界・官界の支配的見解。ヘルメットも被らず、棒一本持たず、素手で何十万という市民と学生が連日国会の前へ押しかけたんですよ。全く無防備で。その全く無防備のところへ、まあ戦車じゃないからまだいい、というだけのことであって、機動隊がぶつかってくる。同じなんですよ。それに対して、七社共同宣言というのが出て。七社共同宣言は、われわれは暴力を排除すると言ったんです。僕は、最近の大新聞は何を言っているのかと思った。

長坂　あの有名な「その事の依ってきたる所以を別として」ですね。

丸山　そうそう。要するに、議会の中でこちょこちょやっているのが議会政治で、大衆が動くこと自身が議会政治のルールに反するという、驚くべきセンスなんだな。民主主義というものの、理念と運動の面を全然考えない。制度の面しか考えない。

全共闘の学生と大いにやりあった時に、戦後民主主義なんていうのは、と言うんで、戦後民主主義とは何を言うのかと聞いてみると、現実の日本の政治そのものを戦後民主主義と言っているんだ。現実と違う理念という発想がない。自民党・財界・官界の首脳部も大体そうだと思うんだ。戦後民主主義というのは今の現実のことを言っている。今の政治的なもののどこまでが民主主義的であって、どこまでが民主主義的でないかというのは、現実そのものが民主主義なら、問う余地がないわけです。〔現在の日本政府にとって〕本当は好ましくないわけ、学生が非暴力であろうと何であろうと、あんなにデモをすること自身が。さりとて、共産政権はなお好ましくないから、けしからんと。あらゆる世界中の共産党政権に対してそう思っている。中共に対しても本音はそうです。さりとて学生も困る。本心は困っているんだと思うんだ。それで明白な価値判断ができない。これは絶対、民主主義的な権利である、人権の抑圧に対して絶対許すべからざる、とはっきり言えないんだ。はっきり言ったら、あの運動全体を肯定することになっちゃうから。そういう原則的なものの考え方がないと思うんです。それが端なくも暴露されたことが、僕は非常に面白かったですね。それはやっぱり、フランスやアメリカと基本的に違うところです。

天安門事件の底流――中国社会に定着した人権意識

今井　先生、今日は中国の話を随分聞かせていただきましたけれど、考えて見ますと、先生の中国への発言は割合少ないですね、文章の上では。筑摩書房の『講座中国』で、座談会（『講座中国　第五　日本と中国』「シンポジウム日本と中国」桑原武夫・杉浦明平・小田実・丸山眞男・貝塚茂樹）をかなり長くおやりになりましたね。

間違っているかもしれませんけれど、津田左右吉先生の『シナ思想と日本』〔岩波新書、一九三八年〕なんかを学生時代から読んできたのですが、中国に対して冷たいと言いますか、素っ気ないという感じがしていたんです。先生はその座談会で、割合中国と肌合いが違うということを、発言されたことがおありでしたね〔「私は知識人が口で言っているほどほんとうに〔中国に〕感覚的に、親近感があるかどうか疑問だと思うな。少なくとも私の中にはハッキリ申してないですね」二六二頁〕。基本的人権ということについての西欧的な感覚と違うのかなと捉えたんですけれど。中国の感覚は日本と異質という感じがされますか。

丸山　僕はそう思っていたんです。そう思っていたから、僕は革命的な変化が起こったと思った、ここ四、五年。彼らが言っているのは、人権なんです。中国の伝統からは何ら出てこない。今度の幟《のぼり》旗のなかに「天賦人権」があった。おそらく自由民権運動を学んだんじゃないかな。彼らは実によく勉強しています。彼らの偶像は福沢と〔中江〕兆民なんですね。植木枝盛もありますけれど。明治維新の続きとしての自由民権、それをよく勉強しています。日本の学生よりもよっぽど勉強しています。僕は、ヨーロッパに発生した、それこそフランス革命を起源とする人権意識が、そこまで中国にも定着している――もっとも胡適まで遡ると五・四〔運動〕なんです。五・四まで行かないといけないんですね。革命的な変化だけれど、それが一時的に挫折したと。僕の基本的な見方は、そうです。現在の状況を絶対化すると、あまり変わってないな、と。今の中国の留学生のペシミズムがそうなんです。昔の中国停滞論、中華帝国なんです。基本的には何も違っていないんだ。社会変革は何も行われていない。中国共産党は決してそれをやっていない。――圧倒的にそういう見方です。こっちがちょっと待ってくれ、というぐらい。

僕の感覚を問われれば、アジア主義に対する基本的抵抗があります。福沢にも書いたけれど(4)、福沢の脱亜論だけがばかに有名になっちゃったんです。非常にプロポーションを超えて有名になっちゃった。一つの社説にすぎないわけ。しかも、脱亜というのは具体的には、清帝国と李氏王朝なんです。清帝国と李氏王朝と連携して日本がヨーロッパ帝国主義を防げるのか、というのが具体的課題なんです。それをいかにも、西洋文明を採れという福沢の主張と結びつけて——親友だけれど竹内好に責任があると思うけれど——、あれから「脱亜入欧」がばかに流行りだした。日本はその路線を歩んだ、と。そうすると、戦争中の福沢の扱いは全く理解できない。配属将校が慶応を罵倒して、慶応は汲々として福沢の国権論だけを押し出して、福沢は決して自由民権論者じゃないんだということを懸命に言おうとした。お札になったのは戦後が初めて。民主主義だから否定するわけにいかない。

国体論ぐらい福沢と感覚的に違うのはないんだ。そして、国体論の本質は決して偏狭な日本主義じゃないんです。つまり、「よきをとりあしきをすてて〔外つ国に劣らぬ国となすよしもがな〕」（明治天皇）なんだ。今の中国〔も、そう〕。ヨーロッパからもらうのは経済とか技術とかテクノロジーとか、中体西用論というのがあるんです。「体」は絶対、マルクス主義であって、これは動かせない。で、「用」だけ採ると。日本の国体論もそれなんです。国体を中核にしてヨーロッパの文明の必要なものだけ採る。これが富国強兵のイデオロギーであって、断じて脱亜入欧じゃないんだ。全く驚くべき誤解がある。むしろ「大東亜戦争」に至る、大東亜共栄圏以下の論調は全部アジア主義の上に乗っかっている。いかにそれが歪曲されたイデオロギーであろうと、ほんとにそう思っているんだから、彼らは。松井石根大将——南京攻略の時の——が、これは、ぐれた弟を懲罰する兄貴の行為だ、と言うんですよ。決して敵に対する戦争ではないと。それが彼らのイデオロギー。全部アジア主義なんだ。僕はかなわないと思った。それに対する反発がありました。

それから、前にも言ったように、発生論と本質論とは違うんで、人権は発生は西欧だし、キリスト教とも関係あるだろうけれど、それが普遍的な理念であれば、何も西欧に限定されることじゃない。だからこそ、第三世界は全部人権の理念によって西欧帝国主義に叛逆しているわけです。思想というのはそういう意味を持つわけです。どこに生まれようとそれが武器になるわけ。第一、キリスト教はオリエントに発生したんで、ヨーロッパで発生したわけじゃないでしょ。今日、キリスト教がヨーロッパの伝統じゃないという人はないですよ。日本だけなんだ、日本に発生したものが日本の伝統で、ヨソから来たものはそうではない。ウチとヨソ、というのが強いのは。逆に、ヨーロッパぐらい大胆に、異質的なものを採ってきて自分の伝統にしちゃったところはないです。大体キリスト教世界自身にとってはギリシャ・ローマ文明が異教ですから。古典文明は全部異教なんだ。七、八世紀の大変な思想的闘争です、ヘレニズムと妥協することが。一二世紀の終わりから、アリストテレス哲学を初めて受容するんですよ。トマス・アクィナスが大規模にアリストテレス哲学を受容して、あの壮大なスコラ哲学が出るんですね。もちろんいちばん上にはキリスト教の神様が来るんだけれど、その下の聖トマスの哲学は全部アリストテレス。異教なんです。つまり、ゲルマン蛮族は数世紀かかって、心を空しうして異教の哲学、文学、芸術から学ばなければ、今日のヨーロッパはないんです。それで言うならば、これから先の問題、僕はいないから見ることができないけれど、二一世紀の第三世界の運命は、第三世界がどこまで心を空しうして、古代ギリシャ・ローマからの膨大なヨーロッパ文明の蓄積を学ぶかにかかっています。そうでなければ第三世界はだめだな。近代国家の原理そのものがいま破産に瀕しています。破産に瀕していますけれども、その中にある、例えば人権とか自由とか、学び始めたばかりだからやっぱり大変ですよ。日本でさえ、明治維新に経済的自由という観念だけ広まったけれど、自由民権時代に主張されたことが、当然のこととして承認されるのは、今度の戦争後です。それぐらい、自由と人権の思想というのは根を下ろすのが困難なんです。だから、僕は第三世界に根を下ろすのは大変だと思うな。

歴史をロングレンジに見る——中国社会の不可逆的変化

丸山　さっきの中国の留学生の問題になりますと、ペシミズムに対して引き算をしてみたらどうかと。〔中国の〕歴史過程は僕よりあなた方の方がよく知っている。中国革命について、一九四九年の革命以後の、これもだめだ、あれもだめだ、と言うと、何にもなくなっちゃうのかと。つまり、シャッポに孔子様がいたのがマルクスが来たというだけであって、あとは昔の中国がそのまま続いているのかどうか。そういうことから問題を始めたらどうかと。引き算をしていくと、ある変化——不可逆的な、つまり、もはや元に戻りようのない変化——が起こっているということは誰も否定できない。

僕は正直なところ、今まで中国革命の社会革命的成果というものを過大評価していた。しかし、では四九年の中国革命は何だったのか。つまり、国民的統一と国民的独立、ナショナリズム的革命。これをナショナリズム的革命と見ますね。マルクス主義の範疇だと、ブルジョア革命とかプロレタリア革命とか、話がややこしくなるの。あれは西欧の発展から出てきた歴史概念であって、明治維新も講座派と労農派の論争では理解できないです。どっちもいい点があって、どっちもおかしな点があって、ブルジョア革命か絶対主義の自立かという論争でしょ。マルクス主義の範疇を適用するわけです。例えば、僕が習った岡〔義武〕[5]先生なんか、民族主義革命と言うんです。ナショナリスト・レヴォリューション。これは英語圏では普通の範疇です。マルクス主義だけが、そんなのはないと。革命はブルジョア革命とプロレタリア革命のどちらかだと。ところが、第三世界の革命は全部ナショナリズム革命なんです。ということはどういうことかと言うと、帝国主義の羈絆から解放されて国民的統一と国民的独立を達成する革命。日本でいえば明治維新です。これは、統一は廃藩置県ですね。幕藩体制の三〇〇近くあった藩独立国家がなくなって統一ができたでしょ。独立の方は、植民地化されたことはないんだけれども、少なくも領事裁判権と関税自主権を回復するには、明治の大半の年月を要しているわけです。明治の終わりまでかかっていますね、完全独立国家になるには。しかし、課題としては明治の初めからの切実な課題でしょ。安政条約によって押しつけられた不平等条約の撤廃、具体的に言えば、領事裁判権の撤廃、それから居留地──横浜とか神戸とか──で外国人が罪を犯しても、日本には裁判権がないわけ。明治維新以後でさえそういう状態が続いた。しかし、ご承知のように東アジアでは日本だけが植民地化を免れた。そのちょうど正反対が中国です。

中国は孫文が言ったように、多植民地化。孫文がうまい言葉を言った。つまり、〔植民地化より〕なお悪い、最悪だというんだ。インドはイギリスの植民地化。大体、アジアの国々はどこかの国の植民地にされている。それに対しては、〔植民地化した〕帝国主義国は全責任を負うというんだ。ところが〔中国は〕多くの帝国主義国にちょっとずつ植民地化された。中国の半植民地化に対してどこの帝国主義国も責任を負わないというんだ。日本もその中に割り込んでいるわけ。大変なんですね、半植民地化・多植民地化からの解放というのは。具体的にいうと上海なんかに行くとよく分かります。ここはイギリス租借地だとか、ここはフランス租借地、ここは日本。もちろん、領事裁判権も関税自主権もない。辛亥革命以後、まもなく国民的統一が失われ、軍閥が各地に割拠して中国が麻の如く乱れたわけです。とにかく統一国家ができて、一切の治外法権とその他帝国主義国が持っていた特権が中国からなくなったのは、四九年の革命なんです。これが不可逆的な変化ではないだろうか。例えば、極端に言えば、今度の騒ぎがどんどん進んで、中国が動乱になったとします。そうしたらかつての二一ヵ条条約のように、この隙に山東地方を取っちゃおうとか、できないですよ。不可逆的変化が起きている。もはやいかなる帝国主義国家と言えども、中国からまた租借地を得るとか、領事裁判権を獲得するとかは不可能。これは歴史的な変化なんです。第三世界はいまあらゆる帝国主義の軛から解放されて統一と独立を獲得しつつある過程なんです。それが、ほとんど軍事独裁によって行われている。第三世界に軍事政権が多いのは第一段階なんですね。

孫文は三つに区別した。軍政・訓政・民政。第一期は軍事的独裁。第二期は訓政——教育的独裁、民主主義へ教育する過程、しかしまだ民主主義じゃないんだ。上から民主主義を国民に教えていく過程。第三期に民政。これで民主主義になるんです。そういう風に孫文は、非常にリアルですね、中国革命の目標を立てたわけです。僕は今度のを見て分かるんです。中国はまだ教育独裁と軍事独裁とが混合しているような面があるわけです。だから、なかなか民主主義に行かないというのは当たり前なんだな。当たり前といえば当たり前です。歴史というのはロングレンジに見なければいけないと、僕がしょっちゅう言っている所以です。そういう意味で、中国の留学生に、あなた方はもっと自信を持ちなさいと言っているんです。

二〇世紀における世界史に残る出来事は二つある、一つはロシア革命、一つは中国革命。ロシア革命はその後スターリン独裁を生んだとかいろいろあったって、世界最初の社会主義革命。これは残る。中国革命は第三世界が帝国主義から解放されるモデル、これを初めてやった。国民的統一と独立というナショナリズム革命を第三世界で初めてやった。ノン・ウエスト（非西欧）というと日本が最初なんだな。明治維新もその角度で見ないと分からない。尊王攘夷論からずっとそうなんです。だから国権論が優越してきちゃうわけです、ナショナリズム的革命の続きだから。国権論と民権論のせめぎ合いがあって国権論の方が優越してくる。なおさらもっと、はるかに悪い条件の下で革命をやった中国で、国権論の優越は当たり前なんだ。共産党であろうがあるまいが。そういう展望が必要なんじゃないか。今のような非常にペシミスティックなことが起こっている段階では。

フランス革命八〇年、明治維新五〇年

丸山　ちょうどフランス革命二〇〇年だから、つらつら思うんだけれども、バスチーユ牢獄襲撃が一七八九年でしょ。三色旗が国旗になったのが一七九四年。ラ・マルセイエーズが国歌になったのが一

七九五年。王党派、ロワイアリストというのがあって、王党派が現実の政治的意味を失ったのは、第三共和政以後、一八七〇年なんです。第三共和政になって――その後もイデオロギー的にはあるけれど、王政復古というのは問題にならなくなる――、共和制が初めて落着する。第三共和政になって、フランス革命が初めてやっと〔落ち着く〕。それまでは、テルミドール反動から始まって、ナポレオンの軍事独裁、帝政になり、また倒されてブルボン王朝が復活し、ブルボン王朝がまた倒されて七月革命になり、ルイ・フィリップ王政が倒されて、今度は四八年二月革命になり、二月革命からナポレオン三世が出てきてクーデタをやって、一種の人民独裁の始まりですけれど、これが普仏戦争で敗れて第三共和政でしょ。そうすると、一七八九年から一八七〇年まで、一世紀はないけれど、革命が落ち着くまで八〇年かかっているわけ。そのくらい革命というものは、長期的な展望で見ないと。それまではジグザグやって、最終成果がそこで落ち着く。

同じことを明治維新について当てはめると、僕は講義ではやるんだけれど、明治維新はいつからいつまでなのかと。これは大議論なんです。〔始まりは〕大体、早ければ明和・安永の頃（一七六四―八〇年）です。明和・安永の頃に設定するのは、福沢はあの頃からぶつぶつ不平を言うのが出てきたと、『文明論之概略』の中で書いています（『文明論之概略』には「天明文化の頃」〔『福沢諭吉選集』第四巻、八五頁〕とある）。狂歌とか諷刺とか、体制に対して反逆できないけれど、いろいろなのが出てきたという。それが幕末になってだんだん力――福沢の言葉で言えば、「人民の智力」――が向上してきたと。智力と独裁との闘いだというのが、福沢の維新観でしょ。それは別として、〔福沢の言う維新の始まりは〕早すぎるんだけれど、天保の大塩平八郎の乱（一八三七年）ぐらいから始まる。大体、幕藩体制の崩壊期です。天保ぐらいからロシア・イギリスの外圧がありますね。一気に促進したのがペリーの来航（一八五三年）です。残念ながら、日本は外圧が決定的な意味を持つんだ。それから尊王攘夷論でしょ。志士の時代。初めは尊王敬幕論――天朝を戴いてその下に幕府を置き、その下に藩を置くという構想――だったんだけれど、それが潰れて西郷隆盛なんかのクーデタで戊辰戦争になるでしょ。戊辰戦争になって結局幕府が壊滅する。で、京都を中心とする、ラディカルな志士グループとラディカルな――激派公家と言うんですけど――岩倉〔具視〕なんかを中心とした寡頭勢力による独裁体制ができるわけです。これによって廃藩置県までのラディカルな変革が行われる。ここで国民的統一が初めてできる。さっきの話じゃないけれど、不可逆的な変化が起こった。一八六九（明治二）年の版籍奉還と一八七一（明治四）年の廃藩置県と似たようなものだと思うけれども、えらい違いなんです。版籍奉還の段階では誰も予測してないんです、大久保利通なんかの手紙を見ても分かります。革命というのは、すべて坂道を滑り落ちるようなもので、予測できないんです。次々と予測できない事態になって、革命が自己運動を起こして発展していくんです。だから、滑り落ちるように版籍奉還・廃藩置県でしょ。版籍奉還の時は昔の殿様がみんな藩知事になるわけです。廃藩置県になって完全に藩がなくなるでしょ。それで一八七五（明治八）年に立憲政体の詔勅が出るでしょ。で今度は自由民権運動でしょ。

自由民権運動とは何かと言うと、裏切られた革命なんです。トロツキーなんだ。つまり、維新の精神が有司専制になっちゃったじゃないかと。五箇条の御誓文の「万機公論に決すべし」に帰れということなんだ。〔五箇条の御誓文と〕全部一致しているのは自由民権運動で、維新という革命が裏切られた、万機公論じゃないじゃないか、有司専制になっちゃったじゃないか、というのが自由民権運動。明治維新の続きなんです。明治維新後に自由民権運動が起こってきたというのは間違いないんだ。ほとんど一連の過程なんです。明治一四年の政変というのは非常に大きいんです。大隈〔重信〕派が、三田〔慶応義塾〕派が廟堂から全部追われる。フランス革命で言うと、テルミドール反動なんです。非常に大きな転機です。明治一四年の政変の前の自由民権運動の最高調期に岩倉具視の有名な手紙がありまます。「フランス革命の前夜と雖も斯くの如くならざるべし」。これはちょっとオーバーだけれど、権力者はそう思っていたわけ。それで一気にクーデタを断行して大隈を首にする。福沢と近かった伊藤〔博文〕と井上〔馨〕が裏切って、薩摩に付く。だけどそのままじゃだめなんだな。それで一八九〇〔明治二三〕年に国会を開設するという詔勅を出すわけです。期限まで決めている。出さなきゃどうなるか分からないから。それから北海道官有物払い下げ問題——これは汚職だ、官僚と癒着した政商・五代友厚と官僚との——、これを中止にするわけです。今のリクルート問題じゃないけれど、北海道開拓使官有物払い下げ問題が有司専制攻撃の絶好の口実になるから、しょうがない、中止にしちゃう。一方では進歩派を全部追っ払っちゃって、他方では、汚職を止めて国会開設を約束するということになるわけです。で、今度は一八九〇〔明治二三〕年の帝国議会開設でしょ。これを僕は明治維新の終了と見るんだ。天保から始まった大革命が明治二三年まで来るんですね。ここで初めて、今でこそいろいろ言いますけれども、東アジアで初めての立憲政体ができる。これは画期的なことなんです。

立憲主義として不完全な明治憲法

丸山　みなさんに渡した「昭和天皇をめぐるきれぎれの回想」に書いたけれど、その点はちょっと家永君と意見が違うんです。僕は戦前の体制を帝国憲法体制と思わない。僕自身が大学に入るまでに知っていたのは第一条だけです。「大日本帝国ハ万世一系ノ天皇之ヲ統治ス」だけ。あとは大学で憲法の講義を聴いて初めて知ったわけです。法学部と経済学部の学生は憲法必須だから知った。大学でさえそうでしょ。一般の国民は憲法を全然知らないんです。全然教えないです。ちょっと知っているのは、第三条の「天皇ハ神聖ニシテ侵スヘカラス」。あとは教えないの。だから僕はビックリしたな、憲法の講義を聴いて。いいこと書いてあるなと思ってね。「法律ノ範囲内ニ於テ居住及移転ノ自由ヲ有ス」「法律ノ範囲内ニ於テ言論著作印行集会及結社ノ自由ヲ有ス」、以下ずっと書いてあるんです。それから、「法律ニ依ルニ非スシテ逮捕監禁審問処罰ヲ受クルコトナシ」とあるんだ。いいなあと思ってね。僕自身が捕まったことをけしからん、憲法違反じゃないかと思った。一応全部書いてある、自由権を。それは「法律ノ範囲内ニ於テ」とか、今の憲法に比べると非常に制限されています。だけど、自由権そのものが全然行き渡ってないわけ。だから、尾崎咢堂の講演に非常にショックを受けたわけ。「陛下といえども一指も触れることが出来ない」。ビックリしたな。咢堂の考えは自然権としての私有財産権なんです。もともと私有財産権を持っていて、それを実定法ができて、保障しかつ制限する。つまり実定法以前にある権利なんですね。そもそも持っている権利を今度は実定法でどうするかというのが、初めて憲法に出てくる。やっぱり、自由権という考え方の基礎には自然権がある。それは、だんだん忘れられちゃうけれども、フランス革命がそうですし、人民主権から出てきたものですから。その前の社会契約説が全部そうでしょ。自然権としての自由権である。それで社会契約によってそのうちのどれだけを放棄するか。ホッブスみたいに絶対主義を主張した人はそれを全部放棄する。全部放棄して国家絶対主義になる。もしその約束を解除すると自然状態になる。各人が自然権を持っているというのは、絶対的な権利を持っているのだから、極端に言えば、隣にいる人を殺したっていいわけ。社会契約を解除されたら自然状態になるというのがホッブスの説なんです。絶対個人主義の基礎の上に、あの国家絶対主義ができているんです。ホッブスというのは非常に面白いの。あれは近代国家の基礎なのね。国家主権の絶対と個人主義の原則をはっきり出したのはホッブスが初めてなんです。

それはともかくとして、ホッブスから始まるロック、スピノザ、ルソーと受け継がれる社会契約説というのは、みんな自然権としての自由権から始まっているわけです。社会契約説というのは、そもそも個人が社会を契約で作るということでしょ。基礎には個人があるわけです。やっぱり自由民権時代の人は本能的にそれを知っているわけ。その後の自然権なんてのは、実定法的な権利だけなんですよ、制度化されちゃって。ちょうど今の民主主義と同じで。全部制度化された権利しか知らないわけ。人間が人間として持っている権利――福沢が非常に苦労して訳したアメリカの独立宣言のようなあいう考え方は、福沢の時代には、当たり前なんですね。だから、独立宣言の訳は、「之〔天が人〕ニ附与スルニ動カス可カラザルノ通義ヲ以テス」。自由・財産・幸福を追求する権利と書いてきて、「他ヨリ之ヲ如何トモス可カラザルモノナリ」と結ばれているんです。これは実に、unalienable Rights不可譲の人権。それをどうやって分からせるかというので、彼は非常に苦労して、生まれながらにして権利を持っている（「動カス可カラザルノ通義ヲ以テス」）と書いて、そのお終いに「他ヨリ之ヲ如何トモス可カラザルモノナリ」との二つで不可譲というのを表している。いかに彼がよく理解しているか。同時に、うまい訳です。「他ヨリ之ヲ如何トモス可カラザルモノナリ」というのはすごくうまいですよ。自然権というのは普通だったわけ。それを尾崎咢堂は、自由民権、福沢の弟子ですから、体質として持っているわけ。僕らの時代にはなかった。もう一つ、悪い影響を与えたのが、マルクス主義なんだな。特にエンゲルスです。ブルジョア的自由平等はみんな歴史的に発生したものであって、ブルジョアジーのためのものだと力説するわけです。自然権としての自由権なんてないんですよ。そんなものは幻想にすぎない。『家族・私有財産・国家の起源』で、全部ブルジョア的歴史的な理由によって、封建制打倒の中から生まれてきたものだ、という歴史的説明になっちゃうから、自然法的な権利というのがなくなっちゃう。そういう一種の歴史主義というもので僕らは洗礼を受けていたから、咢堂の言葉を聞いたときに目からウロコが落ちる思いをしました。

大日本帝国憲法の元になったプロシア憲法が表見的立憲制――エンゲルスが言ったんです――、これは絶対主義のイチジクの葉だという有名な言葉があるんです。だけど逆に読むと、イチジクの葉でも覆っているんだ。（笑）ヌードじゃないんだ。やっぱり覆っているのです。プロシア憲法と言えどもフランス革命の洗礼を受けている。だから自由権の規定がずらりと並んでいる。僕はイチジクの葉だというエンゲルスの言葉から、あんなものはインチキだと思った。フランス革命と比べれば制限がある。けれども、フランス革命の洗礼を負ってできたもの。いわんや、東アジアでは全く未知です。

ここで先ほどの話に帰るのです。東アジアで初めて立憲体制を作った。その立憲主義たるや、非常に不十分であるというのは、天皇の大権がかなり広範で、内閣の補弼事項は非常に限られている。ですから、明治憲法は民主主義としてじゃなく、立憲主義として不完全なのです。例えば、「国務各大臣ハ天皇ヲ輔弼シ其ノ責ニ任ス」(第五五条)という規定があるんです。そして「天皇ヲ輔弼シ其ノ責ニ任ス」る範囲が国務なんです。これが国政の全てに及んでいるならば立憲主義なんです。必ずしも国務大臣が議会によって制止されることを要しないの。立憲主義と議会主義ないし民主主義とは違うわけです。立憲主義とは絶対主義の君主の権力が法律によって制限されていること。しかもそこでは、権力分立の原則が行われること、これが立憲主義なんです。権力分立は、一応司法権の独立が認められたから、立法・司法・行政の三権は分立しているわけです。

統帥権の独立、立憲君主ではない天皇

丸山　いちばん大事なのは、宣戦・講和の大権、統帥大権というのが、全く国務の外に置かれたということなんです。これを足場にして軍部独裁というのが、日本の場合にはできるわけです。明治憲法にはどこにも内閣という言葉は出て来ないです。憲法上、内閣という集合体はないんですね。「国務各大臣ハ天皇ヲ輔弼」す。結局、明治憲法の体制というのは、天皇を置いて、その下に国務各大臣が直結するわけです。その中に、もちろん、陸軍大臣・海軍大臣も入る。しかし、大臣と全く別に、参

謀総長・軍令部総長というのがあるわけです。これは憲法に一言も出て来ない。これは、「天皇ハ戦ヲ宣シ和ヲ講シ及諸般ノ条約ヲ締結ス」（第一三条）、それから、「天皇ハ陸海軍ヲ統帥ス」（第一一条）。天皇自身が直接統帥権を持っている。これは国務の範囲外なんです。参謀総長も軍令部総長（一九三三年までは軍令部長）も——参謀総長は陸軍、軍令部総長は海軍——憲法上の存在ではない。国務各大臣と違うんです。つまり、天皇が作戦・用兵をする時には参謀総長と軍令部総長が天皇にアドヴァイスする慣習ができたんです。今度の国会での天皇の戦争責任をめぐるやりとりでつくづく思ったのは、憲法の知識がないなということですね。「立憲君主だったから」というんです。こと軍隊については立憲君主ではないんです。天皇親率の軍隊なんです。つまり、国務大臣の補弼を要しないの。「国務各大臣ハ天皇ヲ輔弼シ其ノ責ニ任ス」とあるから、その裏が天皇無答責なんです。国務大臣が国務についいては全責任を負うから天皇は無責任ということになるんです。軍隊については全く別。「天皇ハ陸海軍ヲ統帥ス」とあるんです。それだけなんです。ということは、天皇が国務大臣の輔弼を経ないで直接陸海軍を統帥する。したがって、二・二六の時に、「朕自ら〔近衛師団を率いて〕之を討伐す」、あれが明治憲法なんです。

長坂　責任が天皇に帰するということですね。

丸山　天皇に帰するということ。だから立憲君主ではない。そこがイギリスなんかと非常に違う。立憲制だったら国務があらゆる領域に及ぶ、陸海軍を含めて。立憲制の例外が他にもっとたくさんあります。行政大権、緊急勅令もありますけれど、いちばん大きいのが統帥大権なんです。それを基盤にして軍部独裁ができる。だから美濃部〔達吉〕先生が言ったことは、明治憲法の非常に忠実な解釈なんですけれど、美濃部先生も統帥大権はどうにもしょうがない。ただ編制大権と二つあるんです。作戦・用兵に関するものが統帥大権なんです。もう一つ軍の編制に関する大権がある。「天皇ハ陸海軍ノ編制及常備兵額ヲ定ム」（第一二条）というのがあるのです。これも天皇大権なんです。一般国務の外。ただ、陸海軍の編制、例えば、二〇個師団を持っているとか、海軍はどれだけとか、それから常備兵額、軍事費はどれだけとか。具体的に統帥権が問題になったのはロンドン海軍軍縮条約でしょ。あの時に、参謀総長と軍令部長の反対を押し切って濱口〔雄幸《おさち》〕首相が軍縮条約を締結したわけです。もちろん陸海軍大臣も賛成して、つまり濱口内閣が全部賛成して。それが統帥権干犯問題なんだ。その時も美濃部先生が言うには、純粋の統帥大権なら国務大臣の関与を許さない。しかし、軍縮というのは、予算、財政に関係してくる。編制大権の場合には、参謀総長・軍令部総長だけが天皇を補弼するんじゃなくて——本当は輔弼でもないんですけれど——、一種のアドヴァイザーになるんじゃなくて、予算に関係する以上は、国務大臣としての首相、陸海軍大臣が当然関与する。予算というのは、衆議院の権力がいちばん強いわけです。帝国議会の下でも予算先議権というのはあって、予算だけは貴族院より先に衆議院に出さなきゃいけない。そもそも議会政治の由来からいって、no taxation without representation 代表なければ課税なし、ということから議会政治は始まっているわけでしょ。だから課税というのがいちばん重要なわけ。したがって、財政問題が中心なんです。財政に関することは、これは国務だ。したがって国務大臣も関係する。そうすると、美濃部先生の解釈だと、参謀総長と軍令部長が反対しても天皇を補弼する多数の人がこれを通したのだから、統帥権の干犯ではない。これが美濃部先生の明治憲法の解釈なんです。これは明治憲法を最大限にデモクラティックに解釈した説。そうも解釈できるんです。しかし、美濃部先生のは、ややデモクラティックに解釈しすぎている面がある。やっぱり、統帥大権・編制大権が国務の全く外に置かれているというのが、まずいんですね。しかも、軍令というのが出る[7]。軍令で参謀総長と軍令部総長が、憲法には出てこないけれど、作戦・用兵について関与する。それから侍従武官長[8]ですね。侍従武官長が侍立するんです。明治憲法はその点は致命的な弱さがある。

　前に言ったように、自殺する一ヵ月くらい前に近衛さんに会ったんだけれど、近衛さんがいちばんこぼしたのが盧溝橋事件の後のことです。なんにも分からないんです、勃発後。どうなるか見通しがつかないわけです。閣議で陸海軍大臣に聞いても分からない。天皇から教えてもらうのですね。天皇のところへ行くと、昨日杉山〔元《はじめ》陸軍大臣〕が来てこう言ったとか、〔閑院宮載仁《かんいんのみやことひと》〕参謀総長が来てこう言ったとか。大体三ヵ月で終わらせるつもりだと。一度天皇のところへ行って下がってくるわけです。天皇は私的に近衛と仲がいいから話すわけです。首相と陸相、参謀総長が連絡を取り合うことが全くないわけ。それが統帥権の独立の実態なんです。あれだけ重大な、日本の運命を左右する軍事的衝突について内閣総理大臣が全く「ツンボ桟敷」に置かれているわけです。そういう体制になっている。それは明治憲法の致命的に弱い点です。だから、立憲主義として不完全なんです。ところが、国務大臣の輔弼、したがって、天皇無答責という立憲主義的原則、君臨すれども統治せず、というのは、一般国務については明治憲法で妥当しているわけです。だから、美濃部先生は、戦後になって、明治憲法は歪曲されたのであって、あれを正しく適応すればいいじゃないかと、〔憲法改正に〕絶対反対なんだ。しかもマッカーサーの司令部が考えた憲法だから、余計先生のナショナリズムが反発した。先生の言うことも無理はない。歪曲されて、明治憲法で保障されている自由権すら踏みにじられてきた歴史なんです、あそこ〔「きれぎれの回想」〕に書いたように。明治憲法の理念じゃなく、明治憲法を踏みにじって軍部独裁が成立したという面が随分あるんです。統帥権は確かにまずいです。乱用される基盤が明治憲法にあったと言えるんです。

他の面では、自由権の保障なんてメチャクチャでしょ。例えば、戦前の刑事訴訟法でも逮捕されたら翌日の未明までに釈放しなければいけない。僕は捕まった時にすぐに〔六法全書を〕見ました。ちゃんと書いてある。そうでなければ勾留の手続きを踏まなければいけない。勾留の手続きを踏むと二三日、勾留になるわけ。その間に起訴か不起訴かを決めなきゃいけない。起訴になると今度は初めて未決監に移されるんです。ところが実際はたらい回しで、警察〔の留置場〕に何百日もいるわけです。警察の前で放して、すぐ捕まえるわけ。無限に延長するわけです。その間に殺されるわけですね、小林多喜二その他。だから、治安維持法で一人しか死刑にならなかったというのは、とんでもない。一番ひどいのが警察なんだ。だからみんな早く起訴してくれと言う。未決監へ移されると、第一、シラミや何かいないし、留置場よりははるかに清潔なんだ。いちばん閉口するのはシラミ。それから拷問。未決監へ行くとその二つがなくなる。ところが、実際は何百日も思想犯を〔留置場に〕入れておく。全く刑事訴訟法に反しているんです。人権の保障が法律上あるにもかかわらず、空文化されている。大日本帝国憲法の時代には人権の保障がなかったかというと、全然そうじゃない。法律的にはちゃんとあったにもかかわらず、それを踏みにじっている。明文上の規定では言論・出版・結社の自由はあっても、学問の自由なんて全然ない。さっき言ったように僕らにとっては、憲法というのは驚きだったです、いいことが書いてあるということで。

中国の立憲主義、中国革命、人民解放軍の六〇年

丸山　僕が中国に呼ばれて行った時は、ちょうど文革の後で、みんな法治時代が来る、法治時代が来ると言って、それは面白かった。あなたの言う法治ってどういう意味かと聞いたら、どんな権力者でも法律に従わなければいけない、法律の前では全ての人が平等だと。つまり、立憲主義なんだ。これは画期的なんです、中国の伝統では。それさえないんです。民主主義というのは、その先ですから。立憲主義の場合には、例えば、国務大臣が国務の全範囲に渉って君主を補弼する場合でも、国務大臣は、議会から選ばれないで君主が任命することが可能でしょ。そうすると、議会制民主主義じゃなくたって、立憲主義があり得るわけです。で、今度は民主主義の段階になると、アメリカ的大統領制の仕組みとかイギリスの議会制民主主義の仕組みとか、いろいろあるわけです。今学習が始まったばかり。しかし、遡るとどこにあるかというと、やはり五・四〔運動〕ですね。僕は本当にこの二、三年中国の若い人と接してきて、ああ、また五・四が始まったと思った。あれは本当の意味の文化大革命なんです。五・四は直接的には、日本の山東省のドイツ利権をめぐる二一ヵ条条約の……〔テープ中断〕……反日、反帝国主義というものが五・四運動の始まりなんですけれど、やがて胡適、陳独秀なんかが出てきて、これが文化大革命になるわけです。胡適の有名な白話運動、つまり、口語運動、古典漢文じゃなくて口語体で文章を綴る、文学作品を作るという運動ですね。それから、思想的に言う

と、プラグマティズムが入ってくるんです。五・四運動の時に最も影響があったのは、ジョン・デューイとバートランド・ラッセル。五・四運動の思想的な指導者はデューイとラッセルなんです。ブルジョア民主主義の思想革命は五・四から始まる。その時に科挙制度が廃止される。科挙制度は古典漢文で試験するわけです。それを廃止する。何千年続いてきた中国の知識人と官僚が癒着した体制というものが、そこで初めて変わってくる。今までの古典学習主義と違って、デューイの問題解決的思考法ですね。学問というのはプロブレム・ソルビング problem solving の方法——問題があればそれをどう解決をしていくのがいいかということで、学問は発展していく。実験というのがそこにくっついてくる。非常に新しい学問観。教科書があって、孔子とか孟子とか四書五経とかの聖典を暗記するだけじゃない学問観があの時初めて導入されたんです。あまりに早く、それがマルクス主義に移行していく。陳独秀はまもなくマルクス主義者になります。

それから、国共内戦が始まるでしょ。中国国民党と中国共産党の争いというのは、簡単に言うと、どっちが中国の国民的統一と独立を掌握するかの争いなんです。共産党の方がそれを掌握したということですね。名前から言って、国民党は民主主義・民生主義でしょ。ナショナリズムとデモクラシーの結合というのが孫文の課題でしょ。共産党はマルクス主義ですけれど、本来のイデオロギーからすれば、ブルジョア革命を受け継いでいるわけですから。結局、帝国主義に蝕まれているから、まず帝国主義を追っ払うということが共通の課題です。孫文がいちばん初めに打ち出した連ソ容共、ソ連と一緒になって容共政策を打ち出すわけです。そこで国共合作が始まるわけです。なぜ孫文が連ソ容共を打ち出したかと言うと——もちろん彼のナショナリズムがあるんですけれども——、ソビエトは革命ができるとすぐツァーリズムが持っていた一切の特権を撤廃する。治外法権、租借地、その他の特権を無条件で撤廃したんです、レーニンが。これはたいしたものです。歴史的なことです。革命当初にはソビエトは革命の精神をそれだけ持っていた。それに孫文が非常に感激した。当たり前なんです、みんなやられているんだから、ほかの帝国主義国には。だから、連ソ容共。そのくらい国民党と共産党というのは国民的統一と独立で、ナショナリスト・レヴォリューション、民族独立革命、民族統一革命、という共通の課題を担っていたわけです。それが結果として共産党によって達成された。そして春秋の筆法を以てすれば、日中戦争というのは決定的な役割を果たしているんです。日中戦争なしには、共産党の権力掌握はないんです。日本がそれに貢献したという意味じゃないですよ。それは歴史のアイロニーです。人民の自己武装が毛沢東の立てた戦略で、それを農村を中心にしてやったでしょ。都市のプロレタリアートの蜂起というのは二回も失敗して、蔣介石の大弾圧を受けているわけです。コミンテルンの方針に全く反して毛沢東が立てた都市の包囲作戦。これは軍隊が都市を包囲するという意味じゃない、人民に武装させるわけです。人民の自己武装による抵抗という反帝国主義作戦です。それが同時に革命路線になった。ですから人民解放軍（紅軍）が果たした役割というのは八〇パーセントくらいあるということなんです。これがソビエト革命との違いです。ソビエトは労農軍です。やはりプロレタリアートの比重がかなり大きいわけです、特にペトログラードその他の都市では。赤軍はトロツキーが組織したんだけれども、これはゲリラではない、ちゃんとした軍隊です、初めから。これがツァーリズムの軍隊および革命を押し潰すために踏み込んできた資本主義国の軍隊と闘ったわけです。共産党とプロレタリアート、それにトロツキーの作った赤軍が一緒になった。簡単に言うところがロシア革命です。

ところが、中国ではプロレタリアートがほとんどゼロに近い——今日だって非常に少ないけれど——、農民が七〇パーセント以上でしょ。しかも、ブルジョアジー自身が民族資本じゃなくて大体買弁で、各帝国主義国とくっついているわけです。民族ブルジョアジーの成長というのがほとんどない。内発的なブルジョア革命の条件が、ほとんどゼロに等しいわけです。そもそも共産党というのは人民解放軍なんです。八路軍にしても、南の方の新四軍にしても。日本の軍隊との戦いでゲリラ戦を通じて膨張していくわけです。だから、人民解放軍即共産党と言ってもいいんです。軍の持っていた圧倒的比重なしには中国革命は考えられない。だから非常に不幸なことなんだ、今度のことは。あれを普通の国家の組織された軍隊と見ては間違いです。中国の留学生が言うには、一〇年ほど前の軍の現代化から悪くなったと言うんです。あれから軍隊が普通の組織になっちゃった。それなしには考えられない。ある意味では皮肉なんだな、中国の人民解放軍の歴史というのは。軍隊という暴力装置の一方の極から他方の極へ、わずか四、五〇年の間に走り抜けたということなんですね。

こっちの極には、ゲリラ——日常生活している住民が自己武装しているのがゲリラ、アメリカがベトナムで手こずったのがそれです——は、住民の自己武装だから、焼き払っちゃう以外にないです。枯れ葉作戦をやる以外どうにもならない。日本軍がまさにそれをやったわけ。軍隊だったらやっつけられるけれど、ところがそうじゃない。それで焼き払っちゃうとそこに居るわけにいかないから、日本軍は撤退する。するとまた帰ってくるわけ。同じことの繰り返しなんですね。日本軍は点と線しか占領していない。面を占領していない。というのは、面には人民がいる。人民が武装しているわけです。その武器たるや、実に劣悪なんだけれど、ハオ〔竹内好〕さんから聞いて非常に面白かったのは、日本軍が負けたりして武器を遺棄していくと、これが優秀な兵器になる。ベトナムも同じらしいな。最新の武器からすると非常に遅れているんだけれど、ゲリラからするとすごく優秀な武器らしい。今まで三八式〔歩兵銃〕ぐらいしか持っていないのが、もう少し近代的兵器を手に入れると俄然威力を発揮するんですね。もう一つは国民党との戦争で、国民党が敗退すると、アメリカが国民党に大規模な援助をしている武器がそっくり手に入るでしょ。急速に武装能力が高まるわけです。要するに、人民の自己武装という、ゲリラの基本、これが文字通り人民解放軍になっている。もう一方の極には、人民と全く遊離した官僚組織の一端として、国家の暴力装置としての軍隊がある。だからこっちからこっちへ駆け抜けたと見ないと、最近の事態は分からない。なんで解放軍とあろうものが、人民に銃を向けるのかと。武器が違うだけで、機動隊が無差別に一般市民に対して鎮圧するというのと同じことをやっているんです。

今井　プロ化しちゃっている。サラリーマン化している。

丸山　そうそう。完全な普通のサラリーマンになっている。一つは、現代化でテクノロジーの近代化を図って、思想教育を忘れているんですね。思想教育がいかに疎かになっているか。思想教育というのは何もマルクス・レーニン主義だけじゃなくて、国際法の基本知識さえ教えていなかった。

長坂　デモに参加していた人たちが、人民に銃は向けないということもアピールしたし、ああいうかたちで討論もしたというのは、彼らにしてみれば人民解放軍のそういう歴史があるから、〔銃を〕向けないだろうということを考えたんですね。

丸山　そうなんです。今井君だけじゃなく、それこそ考えられないほどの失望です。全く予想外。自由に福沢とか何とか言い、もうマルクス主義はダメですよと言っていた連中が、人民解放軍は信じていた。まさかですよ。これは実に悲劇だな。

長坂　われわれが自衛隊とか機動隊を、あれは国家の暴力装置だと思っているのと違う認識を持っていたわけですね。

丸山　持っていた。いわんや、帝国軍隊とは全く違うと思っていた。

檜垣　それと、軍隊の行動がバラバラでしたね。あれはどういうふうに見たら。

丸山　軍隊だけじゃなくて、中国は企業に適正規模があるように、政治単位としてデカすぎるんだな。だから、僕は二一世紀には連邦制になると思いますけれど。統一国家を形成する過渡期においてはしょうがない、帝国主義をやっつけるためには。だけど、地方的な割拠というか、ローカル・カラーの違いは、メンタリティから風習から全く違うでしょ。言葉さえやっと北京官話で強引に統一したということで、あとは通じないわけですから。僕の通訳した人さえ、大明寺という鑑真和上の寺に行ったときに、住職が出てきて話したら分からないという。「先生それじゃまるで小田原評定じゃないですか」というくらい日本語はうまいんだけれど、方言は分からないと。都市と農村のいろいろな落差も想像を絶するんじゃないですか。昔の秦——始皇帝の秦——の時代だけれど、「日出でて作《な》し　日入りて息《いこ》ふ……帝力何ぞ我に有らんや」（『十八史略』）と。大多数の者にとって今でもそうなんだな。その方が普通なんだ。天安門だけじゃない、成都とか有名な都市ではみんな騒ぎが起こっていたけれども、わしゃ知ったこっちゃない、何か学生がゴチャゴチャやっているらしいという、二千年前の中国と変わっていない。

ビアンコの『中国革命の起源　一九一五―一九四九』――共産党革命の神話

丸山　東大出版会から、著作で、坂野〔正高〕君が訳した〔ルシアン・〕ビアンコの『中国革命の起源　一九一五―一九四九』（一九八九年）という本が出ていて、今度の騒ぎで初めて読んだけれど面白かったな。原著は一九六七年に出ているから、直す必要があると著者も言っていて、多少直しているんですけれど、それでいろいろな事実を教わった。つまり、共産党革命について神話がかなりあって、僕らもスメドレーとかエドガー・スノーの『中国の赤い星』とかを読みましたが、ああいうものによって僕は過大評価した点がありますね。中国には富農と中農がなくて貧農と極貧農があるだけだ、という孫文の有名な言葉があるんですが、僕はものすごい地主がいて、それを毛沢東の革命がひねり潰したと思っていた。ところが、僕の教えた若い中国研究者から聞いたんだけれど、富農の規模に、本間様――日本の東北の大地主――みたいなものは中国には一人もいなかったと。富農といっても大体たいしたことはない。そこからビアンコなんですけれど、名望家というのが別にいるんです。ビアンコは中国農村の階級を名望家・富農・中農・貧農と区別している。名望家というのは、清代までの中国で言うと科挙試験を受ける層。これはもちろん地主なんだけれども、ある場合には富農の一番大きな人よりはちょっと小さい。中農よりは上らしいけれど。富農と並ぶ、潜在的科挙層なんです。辛亥革命後に科挙が廃止されても、役人になったりするのは、そういう層なんです。名望家がいるというのが日本と非常に違うところ。

軍閥の争いにしろ、国共の争いにしろ、日中戦争にしろ、戦っているどっちかの軍隊が入って来ると農民は逃げちゃうわけです。しかし戦況によってまた帰って来る。そうすると必ず名望家層と農民との間に争いが起こる。名望家は直接耕作者じゃないから、農民の逃げた土地をまた小作人におろす。農民には、お前は一度逃げたんだから資格がなくなっていると。農民は俺の土地を返してくれと。そういう争いがすごいんですね。階級闘争が細分化されて激烈になる。そこに内戦と外戦が加わるでしょ。みな利害がくっついているから、それをどういう勢力がうまく摑むかによって、戦局が非常に違う。単純に地主と小作がいて、うまく毛沢東が小作を摑んだというのと大部話が違います。殺し合いなんです。どっちが勝っても、敵についたヤツの殺し合い。軍閥同士の争い、国共間の争い、日本軍と国民党の争い、日本軍と八路〔軍〕との争い、全てについてそれが言えるわけ。権利が不明確だから、これは力で解決する以外にない。すごい殺し合いです。みんな多少武器を持っているでしょ。殺すという感覚が全然違うんだ、日本人と。ちょっとしたところでもの凄い殺し合いですね。それが無数に起こっているわけ。極端に言うと〔天安門事件は〕その継続で、機関銃みたいなものでバァーと撃っちゃうなんていうのは何でもない。大衆に対する殺戮という感覚がないんじゃないかな。統一国家で国家が暴力を独占しているのに長く慣れているわれわれにとっては、ちょっと想像を絶する。ビアンコの本を読んで初めて分かった。これでは人権感覚もヘチマもないです。

川口　楊尚昆という国家主席が、この体制を守るためだったら百万人ぐらい死んでも構わない、と。

丸山　あれは暴言じゃないの。ちょっとした戦闘で何万人皆殺し。向こうについているから皆殺しにしないと、自分の〔権力が〕確立できない。人民を含めた皆殺し戦争になっている。それが何十年か続いた。もちろん四九年以後はないですよ。しかし、文革の時はひどい。知識人と党員の間の殺し合いはすごいですね。向こうへ行って、初めて分かった。日本にいると三角帽子なんかで、ちょっとかなわんなあと思ったけれど、あんなに武闘があるとは思わなかった。本当に殺しちゃうの。知識分子だろうと学生が殺しちゃう。日本の大学紛争なんて全然ケタが違う。だから、殺すという感覚が全然違うんじゃないかな。そういう背景を考えないと。決して是認するという意味じゃなくて。

あの事件の後で僕はシカゴ大学教授の入江昭君に会ったんです。アメリカに来ている中国人の留学生はじつに優秀だと言うんです。文革以後受け入れた中国からの留学生——いちばん優秀なのはアメリカへ行って、次が日本。シカゴ大学大学院の留学生で最も優秀なのは中国人で、最もダメなのが日本人（笑）だと言うんだ。入江君の名前は出さなかったけれど、僕は區さんを元気づけるために、シカゴ大学の教授がそう言っていた、もっと自信を持てと〔言った〕。そうしたら、區さんが、先生はそんなことを言われるけれど、問題はエリートにどれだけ優秀なのがいるかじゃない、国民大衆のレベルが、知的文化的レベルがどれだけ上がるか、これでなければ同じことだと言うんです。ちょっと極端なんだけれど、日中の間で知識人の役割は違うという話もしました。つまり、中国には知的中間層がいないんです。

それは、遡ると江戸時代の問題になるんだな。近代日本は江戸時代の文化的遺産を受け継いでいる。江戸時代には平民の文化水準が非常に高くて、権力の文化水準よりもむしろ高かった、という変な体制です。儒者にしても戯作者にしても、ほとんど平民儒者あるいは平民芸術家によって、江戸の文化が生産されたわけでしょ。前近代社会でこれほど文化の水準がズーッと下降して、一般民衆のレベルが高かったというのは、西欧にもないんです。そういう点は日本の非常にラッキーな遺産だった。新中国になったって圧倒的に文盲率は高いですから、容易なことじゃないんですよ。ドーアに言わせると、大体幕末時代に識字率は三〇から四〇パーセント。これは異常に高いんです、ヨーロッパの近代国家、帝政期に比べて。村に幕府の高札を立てるでしょ。高札を読めなきゃ話にならない。どんな村にも読めるヤツがいる。つまり、上層農民はみんな字が読めたということです。『夜明け前』に出てくるような草莽の国学というのはその層です。平田国学の、真面目に尊王攘夷を信じているような連中は、神ながらの国に本当になると思った。これがみんな「裏切られた革命」なんだ。急に開国になるものだから、実に悲劇だけれど、気が狂っちゃった。『夜明け前』の青山半蔵です。名主・庄屋層は各村のインテリです。しかも農民と密着していて遊離していない。寄生地主じゃないんです。文字通り、農業耕作について農民の技術的指導にも当たっている。地主・小作の分化はあったけれど、本当に銀行などの不在地主が出てくるのは明治の後半です。大多数は在村地主です、日本の場合には。

明治の後半期でも、政府が勧農政策をやるんですけれど、技術指導を地主がやっています。悪く言うと、醇風美俗論の美化になるんですけれど。大正になると大分違ってきているけれど、農村の階級闘争というのは中国のようにはない。中国の場合には、農民反乱というのが王朝を倒しているわけです。反乱型でしょ、これは伝統があるんだ。しかし反乱型というのは、今の主を倒しても建設ができない。騒擾型だから。つまり、倒して新しいものを作るんじゃなくて、自分たちはいつまでも下にいて、ただ王朝が代わる。それが繰り返されてきた。人民の一種の抵抗権みたいな伝統はあると思う、中国に。だけどそれは、革命権でもないし、特に問題なのは、個人の人権と全く無縁だということです。

政治・社会・文化――革命の三つのレベル

丸山　僕は、今度いろいろ考えたけれど、フランス革命は一世紀近くかかっているし、日本の革命も半世紀以上かかっている。そういうふうに革命は長くかかるものだ、それがセトル（settle 落ち着く）するにはそのぐらいかかるものだということ。それから政治革命のレベルと社会革命のレベルと、文化革命というか、あるいは精神革命――精神革命と言うとちょっと狭いですけれど――、その三つのレベルを区別しなければいけないと思うんだ。ある種の革命では文化革命が非常に先行して、それから社会革命が来て、最後にトドメを打って政治革命が来るというかたちもあるし、政治革命が先行して、それから文化革命が次いで、社会革命がその次に来るとか。レベルを分けないといけないと思う。そうすると、中国の場合には、さっき言った通り、反帝独立闘争ですから、ナショナリスト革命・政治革命として日中戦争によって急速に進行した。文化革命は五・四から始まったけれど、その後内乱と日中戦争によって遅々として進まず、そして、本来文化革命をやるべき文化大革命が、およそ非文化大革命になっちゃったということで、非常に遅れている。社会革命は農地改革もやったけれども、さっき言ったように政治単位としてデカすぎるとか、いろいろな原因があって、エドガー・スノーが言うほどうまくいっていないと思うんです。正直言って、僕が想像していたのは甘かったですね。それを中国人留学生が僕にさかんに言うんです、過大評価だ、実態はそんなに変わってないですよと。僕はそこまで分からない。彼らは今の事態に圧倒されているから、逆に過小評価している面もあるかもしれない。

かなり軍事的な面が多いです、中国革命には。長征もそうですね。長征も非常に美化されていたけれど、僕がアメリカに行った時に、トロツキストの中国研究者がいて。トロツキストだからソビエトは全然ダメで、毛沢東路線も全然認めない。お前は長征の犠牲はどれだけあるか知っているかと。どこまで本当かどうか知らないけれど、ちゃんと数字を挙げて。驚くべき犠牲なんですね、長征というのは。

今井　従軍した人ですか。周りの……。

丸山　従軍した人と周りの。殺しながら進んで行くという、残酷極まるものだったというんだ。要するに、共産党を存続させるためには手段を選ばない。僕は、それは言い過ぎだと思うけれど。戦争の相手についたヤツに対しては容赦なかったと思うけれど、軍規が正しくて、人民のものは一つといえども財産は奪わないというスノーが言っていたようなことは本当だったと思う。というのは、インテリじゃない僕らの同世代は、たくさん中国へ行っているでしょ。全部八路軍に感心している。イデオロギー的偏見はないわけ。すごい軍隊がいると、松代の僕の亡くなった従兄弟が八路軍のことを言うんです。国民党軍とは段違い。中国の東北へ行った人はソビエト軍・日本軍・国民党軍に対して群を抜いた紅軍の規律厳正を言っていました。僕はそれは事実だと思う。それは驚くべきことだけれども、同時に戦争ですから、向こうについたヤツはみな殺しちゃう。平気でやったと思う。それから漢奸、帝国主義がさんざん中国人を利用してきた。中国共産党の首脳部は、反革命というのは祖国を裏切る、とピンとくるんです。そういういろいろな背景、歴史的瞬間の重みを考えないと分からないですね。

戦時共産主義の延長としての現代中国、ポル・ポト

今井　外交的にもどうも気に入らないのは、カンボジアのポル・ポト政権の大量虐殺を支持している。

丸山　ビアンコを読んだ第一の感想は、ちょうど天安門の後だったから、戦時共産主義が中国でも続いているなということです。それは僕にはポル・ポトと重なっちゃったんだ。あれほどひどくはないだろうけれど、もっと長期にわたって戦時共産主義が続いている。つまり、国共内戦の時代、それから日本帝国主義との戦争。それから後は対外戦争はないけれど、文革みたいのがあって、やっと治ってきたというところであって、実際は、半世紀以上にわたって戦争が続いてきた。その上に築かれた共産主義だということです。

今井　私も戦争に行っていますからリアリズムは分かるんですけれど、闘うヒューマニストと言いますか、何か甘いんですけれど、彼らにロマンがあったような気がしていて。

丸山　いや、それどころじゃないんだな。僕はやっぱり昔の中国を知っているから。あらゆるシナ通の見通しは、永久に軍閥が合い争う国だと。僕がシナ通を信じなくなったのはそれです、ほとんど外れた。国民的統一を予言していたのはほとんどいない。政治家の中では幣原〔喜重郎〕さんがほとんど例外的でしょ。国民党による統一という展望を持って、これからは国民党を相手にしなきゃいけな

いと。あとは、長年張作霖——東北に地盤を持っている軍閥——を手なずけてきて、張作霖が言うことを聞かなくなったので殺しちゃったんです。殺しちゃったから息子の張学良が反発して国民党に近づいた。これが西安事件です。画期的なんです。西安事件であんなに戦争していた国共が、蔣介石を監禁して無理矢理協定に調印させた。西安事件がなければ国共統一戦線はないんです。その一年後に日中戦争が始まったわけですから。筋書き通りにできているんですよ。

戦時共産主義の継続という要素、それから、漢奸とか外国帝国主義の手先による内政干渉、これらが生々しい記憶であるという、そういう背景を考えないと、そもそも理解できない、今度の反応が。ただし、また中国共産党のドグマによって思想統制できるとは到底思えません。李澤厚もマルクス主義を国是とすることを捨てるとまでは言わなかったな。だけど、日本流にいうと国権よりも民権を重視しなければいけないということを盛んに言っていたし、自由民権運動の路線を日本でなぜそれが敗れたか、それを学ばなければいけないと盛んに言っていました。中国留学生の若い人について言うならば、もっとマルクス離れがはっきりしているし、複数政党制まで言っています。共産党を打倒しなければどうにもならないと。多くの〔政党の〕うちの一つならいい。共産党独裁を打倒しなければどうにもならないというのが、僕が接触する中の圧倒的多数ですね。それから、方励之に僕が引っかかっているのは、社会主義経済そのものの否定なんです。非常に面白くてほとんど賛成なんだけれど、『ニューヨーク・タイムズ』に載った文章（本巻七一頁参照）で、彼は改革の中で、ザ・フリー・エコノミー the free economy と言っている。僕はこれはいくらなんでも、行き過ぎなんじゃないかと思った。free economy というと、今の言葉では資本主義と同一視されているんです。経済活動に対する国家の介入を緩和するとか、市場原理をもっと導入するとかなら分かるんです。だけど、the free economy は capitalist system と解釈されてもしようがないんだ。僕はそれでは問題が解決されないと思います。実際は資本主義自体が free economy じゃないし。ただ、現実はそこまでいっている。

今井　中国の幹部の顔を見ていると、長老の連中は鍛えられた顔をしていますから、一種の威厳がありますけれど、若い首相クラスの連中は、割合すべすべした、新しい時代の人間だという感じがします。少し変わってくるんじゃないでしょうか。

丸山　大きく見ればそうです。しかし僕は、逆に革命の生き残りの方がまだ、革命の原点を持っているんじゃないか。李鵬を見てご覧なさい。完全にテクノクラートの顔ですよ。あれは東大秀才だ。（笑）革命家の顔じゃない。軍の近代化というのはそうだと思うんだ。テクノクラートばかりだと思う。そうすると、革命の原点というのはどこかに行っちゃうんじゃないですか。もちろん、日本の自由民権なんかを勉強しているのがもっと大きくなって、枢要の職を担えば何かが変わってきます。そうなれば、革命を理解しながら、そのマイナス面を乗り越えていく。だけど過渡期には、文革の反動の悪い面——文革がテクノクラートを全面否定したものだから、ああいうのが出てきたと思う。しかもコネでしょ。中国のことをよく知っている人ほど、いかにコネの人事がひどいかと。ちょっと想像を絶しています。例えば村長が死んで次の村長を誰にするかという場合も、どういうふうにして人事を決めるかと言うと、八〇パーセント以上コネ。日本の場合もコネがあるけど、五〇パーセント以下だというんだ。五〇パーセント以上は、やっぱりメリトクラシー（meritocracy 実力主義）というのか、有能なヤツをもってくる。日本の場合、なぜそうなったのか。他方東アジアは全部コネの社会なんです。

全部共通している。

日本のデモクラシー――派閥、談合、根回し

丸山　日本の派閥というのは、西欧には分からないですね。説明するのにいちばん困った。どうして派閥があるのか。「ハバツ」は、日本語としてみんな知っているんです。政界だけじゃなくて至るところに派閥がある。僕は逆にどうして、あなたの国には派閥がないのかと。イギリスに行って労働党関係者に随分聞きました、派閥があるんじゃないかと思って。ないですね。政策で決める、政策で分かれる、政策とイデオロギーですね。人間関係〔で分かれる〕というのはないんだ。僕がヨーロッパへ行って、改めて日本を感じたのは、派閥が一つと、それから総会屋ですね。あれも分からないんだな。株式会社は世界中にあっても、総会屋というのはないんですね。

檜垣　日本だけですか。

丸山　総会屋の〔有無は〕解決〔の仕方〕とも関係してくるんですね。ヨーロッパ的な考え方がそのまま日本には当てはまらないと思うのは、ヨーロッパ的な考え方だと暴力による解決かディスカッションによる解決かということなんです。暴力による解決がだんだんディスカッションによる解決に変わっていった過程なんです、議会政治その他を見ても。日本は暴力による解決が支配的とは言えないわけです。しかし、ディスカッションによる解決は、教授会を見てもあんまりないんだな。で、僕は談合による解決という言葉を使う。

長坂　根回しとか談合とか。

丸山　根回しと談合をしなければ教授会の人事は必ず失敗する。一応、大学の教授会は知性のある人が揃っているんだけれど、それでも、本当のディスカッションによる決定じゃないな、あれは。重大な問題はあらかじめ根回し、それから関係者と談合するということをやっといて、その結果を教授会に出せば、多少はいろいろ異議があっても、まあ通ると。

檜垣　教授会でもやっぱりそうですか。

丸山　まあそうだな。だから僕は談合による決定という言葉を使う。どう見ても、あれを、ディスカッションによる決定とは言えない、残念ながら。大学紛争みたいな大事件になるとディスカッションになるけれど、極端に言うと決裂の一歩手前のような。経済学部では灰皿が飛んだというんだけど。最も緊張するとそういうことになっちゃうわけ。ディスカッションはディスカッションだけれど、本当のディスカッションでもないんだ。対立意見があって、ここまではあんたの意見に承服すると、ここから先はまだだと、そういうふうにいかないわけです。つまり、ディスカッションというのはパスウェイジョン（persuasion 説得）で、説得し説得されるという関係が日本ではほとんどない。それじゃ暴力による決定かというと、これはもういちばん少ない。西欧は暴力がまたすごいです。弾丸（bullet）に代わるに投票（ballot）という言葉のシャレで。decision-making by bullet 弾丸による解決から decision-making by ballot 投票による解決へと言うんです。弾丸やギロチンがすごかったから。相対的に言えば、日本は昔から暴力が少なかった。明治維新もそうです。それが革命の不徹底といわれる点なんだけれど、徳川慶喜が公爵になっちゃうなんて西欧では考えられない。アンシャンレジームの最高責任者がギロチンどころか、公爵になっちゃうわけでしょ。

今井 事を荒立てたくないというか、自分の主張をしない。丸く収めたいという気持ちがありますね。

丸山 丸く収めるというのが、日本のデモクラシーの解釈。それじゃなければ暴力沙汰になっちゃうから。談合と根回しを否定すると暴力になっちゃう。

今井 その時の大勢に従う、大勢順応主義が非常に強いですね。議会なんか特にそうです。

丸山 だから非常に見通しがつきにくい。大勢というのは自分が作り出すものじゃなくて、ソトから来る。いわゆる客観情勢で、見通しがつきにくい。突如としてソトから来る、教科書問題みたいに。長年ウチからやってきたのが突然変わるのです。

総中流意識の変化の兆し、消費税、社会党

丸山 今度のリクルート問題もそうだと思うんだ。突然変異で見通しがつかない。こんなに汚職に怒らない国民はないと思った、僕は。戦前はもっと怒ったんですよ。汚職だと〔選挙で〕大体負けたの。その内閣は必ず倒れた。あれだけ汚職があっても自民党支配は続いているし、今の若い人というのは……〔テープ中断〕……つまり戦前以下なんだ。今の事態を当たり前だと思っている。だから逆に言うと、最近の変化がどうして起こったのかというのが、説明困難なんです。

今井 学生が全然動かないですね。

丸山 世界で稀です。デモひとつないでしょ。考えられない、そんなの。〔ローレンス・〕ローウェル

という政治学者の今世紀初めの有名な世論の図式があるんです（『丸山眞男講義録　第三冊　政治学』四七頁以下）。若いうちはラディカルで、歳をとるとだんだんコンサーバティブ〔保守的〕になる、それはなぜかを説明しているんです。これは世界中の傾向なんだ。だったら、若い時から保守的だとどうなっちゃうんだと思ったな。世界に稀なる現象なんです。保守的というよりアパシー〔無関心〕なんだ。社会的政治的無関心。結果的には保守的なんだけれど。関心を持たない、そもそも。

長坂　一つ考えられるのは、日本の教育制度。とりわけ社会科教育的な要素。これは一つの要因にしかすぎないと思いますけれど。

服部〔巍洋〕　それとみんなリッチになりすぎちゃって、ハングリー精神が全くなくなっている。充足感があって、怒りを忘れた国民になっている。

丸山　それは非常に大きいと思いますね。それがちょっと変化してきたんじゃないですか。つまり、総中流意識が。一つの大きな転機になったのが地上げだと思うんです。あれでマイホームがほとんど夢になっちゃった。手に届かなくなっちゃった。ここで初めて格差という。主婦レベルで言うと、例えば、電信電話〔会社〕の株を売買して財テクをやっていた主婦にとって、未公開株でボロ儲けなんて考えられない。なんだ、冗談じゃないぞと、ここで怒るわけ。自分が財テクをやっていたから逆に、そんなうまいことをやっているとはなんだと。そういう意味の怒り。それから、間接税である消費税が直接的効果を持った。毎日、毎日買い物に行く。すると毎日、毎日タックスペイヤー意識が起こる。これは絶大な効果があると思う。初めてタックスペイヤー意識を掻き立てた。すべて大きな変化というのは、一つ一つをとると、みんな前からある。それが偶然一緒になると化学反応を起こすんです。

服部　例の三点セットで一気に国民の不満が爆発した。

丸山　宇野〔宗佑首相〕の女性問題なんていい例ですよ。昔から政治家の女性関係がいい加減だというのは誰も知っている。やっぱりタイミングが悪かった。

今井　ただ、受け皿がないんです、社会党がダメになっているから。地方が特にひどい。本当に悪くなっている。

丸山　保守の方がまだいいでしょ。

檜垣　この間、テレビ朝日で、久米宏さんが社会党はどうすんや、と土井たか子さんに聞きはって。土井たか子さんは戸惑うてはりましたね。消費税の改革問題で。

今井　勝ちすぎてかえって困る。

丸山　僕も、社会党は急遽、経済白書を作れと。学者を集めて、実行されなくても、少なくとも統計的数字を利用して。学士院で大内力君の報告を聞いたんです。彼は農業保護政策なんです。豊富な統計を使って各国の食料自給率、それから自給を保持するための対策、いろいろ言っていた。僕はあれを聞いていて、消費税も困るけれど、一番困るのは自由化に対してどう対応するのか。つまり、天下の大勢である自由化に対して、カッコいいことばかり言っていて済む問題じゃないです。農民に対する大打撃ですから。それじゃ保護政策でどこまで行けるのかという。これは大変な問題だと思う。いかにして泥をかぶることを納得させるかという問題。これはタイミングの問題で、もちろん選挙対策で早く出した方がいいけれども、具体的には参議院選(9)の直後に出した方がいいと思うな。というのは、参議院選までは怒りは続きます、おそらく。参議院選で――どの程度負けるかは別として――自民党が負けるのは明らかでしょ。今度の参議院で負けて、自民党はかなり思い切った変革をやると思う。参議院選で負けて初めて危機感を持つんじゃないかな。そうすると、そこで初めて立ち直るんじゃないか。社会党はそれに代わる信頼がないから。ないことについては、僕はマスコミも責任があると思うけれど、自民党は参議院選のあとに、急速に立ち直る可能性がある。この都議選の逆風みたいな勢いというのは参議院選までは続く。その後何もやらなければ、これはダメですよ。来年は衆議院選を控えているでしょ。かなりメスを入れるんじゃないか、政治資金やその他について。じゃ、国民の方はどうかというと、根っこはまだ自民党支持だから。今の状態に憤慨しているというのが圧倒的でしょ。つまり一種のお灸を据えると言うのかな。その方がまだ多いから。できるかできないかは別として、参議院選のあとに社会党は、外見的にでも非常に具体的な資料に基づいた経済政策、教育、財政その他の白書を出すべきだと。

今井　きちんとした人に書いてもらわないとダメですね。社会党を囲んでいた先生たちが遺憾ながら大分離れています。政策的な助言をする方も少ないですし、層が薄い。

丸山　書記局がまたダメらしいんだな。

今井　労働組合が完全に団体個人主義になっていますから。組合のボスがアガリで〔選挙に〕出てくるという。理想主義もヒューマニズムも全然ない、それこそ人権問題も含めて。

檜垣　参議院選で自民党が負けて、野党にやってみいと言われたら野党はできるんでしょうか。

丸山　僕はそれは大丈夫だと思う。ということは、社会党は何もできないから逆に、やってもいいんです。さっきマスコミがいけないと言ったのは、政局の不安定と政治的不安定とを混同している。政治的不安定というのは社会的不安定の関数なんです。日本に社会的不安定となる原因はほとんどない。政治的には安定している。実際には官僚が中心である。自民党がなぜ政権担当能力があるかと言えば、官僚が自民党と癒着しているからです。高級官僚は長年担当しているからほとんど癒着しています。純粋な自民党自身に政策立案能力というのはないんです。社会党にもそれはない。〔官僚の〕上に乗っかるだけなんです。逆に僕は、社会党を真面目に支えてきた層が、〔政権党に〕仮になったとして、何もできないじゃないか、という反動の方が怖い。実際何もできないです。政策決定権を持っているのは大蔵省その他の官僚であって、これを動かせるかというと、動かせないです、社会党は。また、動かす能力もないです。それでもまあ、理想主義的なことを言ったり、防衛費の歯止めをしたり、その点ならできるでしょう。しかし、非常に失望して、また自民党に戻るということもあると思います。それでも、政権は交替するんだという、そういうことを国民が知ること自身が非常に大きな政治的訓練になる。それから、長期政権は腐敗すると。政権は頻繁に交替した方がいい、と思いますね。

それから、二大政党というのは擬制、フィクションであって、ヨーロッパの大多数の国では複数政党〔多党制〕ですから。それで政権交替はしばしばです。しかし政治的不安定はない。だから、政局の不安定が即政治的不安定になるというのが、自民党および既成事実に慣れてしまった国民の間の一つの神話であって、僕は、政局はうんと不安定になった方がいい。例えば、今の為替相場を見ると分かるけれど、一時的には乱高下するけれど、結局落ち着いちゃうんです。相場はよく知っている、たいしたことないということを。それにしても、反動化は食い止められます。教育その他、反動化が相当ひどいから。その意味ではまだやる余地があります。実際に国民生活に関係する根幹のところは、あまり変わらない。変わらないことに対する失望が起きるんじゃないですか、逆に。それでも僕はいいと思うんだ。失望が起きても、一度替わった方がいい。とにかく替わってごらんなさい、何にもできないですよ。おそらく連立政権でしょう。何もできないけれども、悪いこともしない。消費税の代わりの財源をどうするかは大変な問題だけれど、そこで一つのデッドロック。それと、自由化でしょうね、すぐデッドロックがくるのは。僕はこれで躓いたっていいと思うな。国民が考えますよ、問題が難しいと。農民も本当は九《ク》・六《ロ》・四《ヨン》と言っているように[10]、不当に利益を得ているんだ。ただ、専業農家と〔兼業農家とは〕区別しなければいけない。専業農家はあまり減っては困る。世界の大勢は、どの党が〔政権を〕取ったって動じないです。むしろ僕はそれによって国民の政治意識が成熟すると思いますね。このわずか数ヵ月を見ても、それこそ女性蔑視発言と逆に、マイクの前で非常にいいことを言いますね、地方の女性が。

今井　しっかりしていますね。

丸山　それこそ久米宏の隣にいた政治学者より、よっぽどいいことを言っている。例えば、その政治学者が二つ問題があるという。一つは自民党の腐敗と政治改革をサボったこと、もう一つは自民党の政権があまり長いんで国民が飽きちゃったというんです。第二の理由は、説明にならないんですよ、どうして今飽きちゃったのか。だって何十年でしょ。どうしてこの段階で飽きたのか。僕は飽きたんじゃないと思うんだ。第一〔の理由〕と連動して、つまり、長期政権が腐敗を生むということを知ったんです、国民が。長続きしているからああいうことになるということを知った。これは驚くべき政治意識の成長です。これはイデオロギーじゃないから。どんな政党であろうと長く権力を担当していると腐敗する、ということを国民が知ったということは大変なものだと。一種の流行で女性人気〔おタカさんブーム〕というだけじゃない。何か地殻で変化が起こっています。

社会党が権力を取るとなったら、極端に言えば、大学卒業の――大学卒と言ったってたいしたことないけれど、それにしたって――人がどんどん社会党に入るというようにならなきゃダメなんですよ。ということは、社会党の側でそれだけ優遇しなけりゃダメだ。労組の官僚制を変えなければどうにもならない。それはあなたがよく知っているだろうけれど、一種の悪循環なんだ。その悪循環〔を変えるに〕は権力を取らなければダメです。権力を取らせる以外にないです。自民党と高級官僚がなぜ癒着したか、〔それは〕多年権力を取っているから。公務員の政治的中立というのはいま完全に空文化しています。特定の政党を支持または反対してはいけないんだ。支持してもいけない、そんなことは誰も知らない。反対してはいけないことだけ知っているんだ。本当に中立ということをいえば、支持してもいけない。政権がしょっちゅう替わればそういう事態になるわけです。

原点としての戦後民主主義

丸山 昭和天皇の死を契機として、いろいろな点で、戦後民主主義の原点復帰現象が起こっていると思うんだ。例えば、戦争直後の時期を別として、主権在民ということを最近ぐらい言われていることはない。それは戦争直後の復活なんですね。昭和が終わるでしょ。昭和天皇は半生を明治体制の下で過ごしている。半生を戦後体制で過ごしているでしょ。どうしても、昭和時代の回顧となると、否応なく、戦後日本がどうして始まったかということを論ぜざるを得ない。それで盛んに主権在民、新憲法の制定。今の憲法は象徴天皇制だと、こういうイメージなんです。象徴天皇制というと、昔からそうだと。明治体制だけがちょっと例外なんだという、驚くべきことを学者先生が言っている。これは、主権在民を抜かしたらそうなる。実際、君臨すれども統治せずでしょ、長く武家時代を通じて。後醍醐天皇は政権奪還失敗したけれど。主権在民を抜かすと、昔から君臨すれども統治せずが伝統だったという神話が成り立っちゃう。そうすると、日本国民の自由に表明した意思によって究極の統治の形態が決定するというポツダム宣言は無に帰するわけです。あれがいちばんもめたわけです、ポツダム宣言受諾の時に。

非常に面白いんですけれど、外務省は「日本国民の究極の政府の形態は」と「政府」とわざわざ訳す。form of government だから、政府じゃないんです。政府だと行政府になっちゃうでしょ。正確には「統治の形態」で裁判所も議会も全部含めたものをガバメントという。それから、日本政府が八月一一日に連合国に送った回答に「天皇の国家統治の大権を変更せざる条件の下に」というのがあったんです。それに対して連合国はノーコメントで、またポツダム宣言を繰り返して、form of government は the freely expressed will of the Japanese people（「統治形態は日本国民の自由に表明せる意思により決定せらるべきものとす」）。天皇の国家統治の大権、これが日本の支配層の言う国体なんです。ところが、天皇の国家統治の大権と言うだけでは不明確なんです。連合国に送った英文の原本を見ればよく分かる。sovereign position だったかな、とにかく天皇が sovereign であることを変更しない。つまり、天皇が主権者であるという地位を変更しない、それが連合国により拒否されているわけです。

国体を変更したというのは明確なんです。天皇主権が否定されて人民主権になったわけでしょ。これを誤魔化している。ポツダム宣言を受諾したことが国体変更になるという南原〔繁〕(11)先生の説が正しい。そうすると、天皇が主権者でないということを、ポツダム宣言を受諾した瞬間に日本国政府が受け入れたことになっちゃう。宮沢〔俊義〕(12)先生の八月革命説はそこから起こっているんだ。八月革命説がいいかどうかは別として、国体の不連続というのは明白なんだ。ところが、国体は天皇と国民が一体となって、家族的な国家を維持するとか何とか言っているでしょ。それで分からないわけ、主権問題というのは。マッカーサー憲法〔草案〕でも、日本国政府が最後まで回避したのは sovereign will of the people という言葉なんです。あれを「日本国民至高の総意」と最初は訳したんです。「天皇の地位は日本国民至高の総意に基く」。これじゃ主権がどこにあるか分からないじゃないか、と連合国が言ったので、「この地位は主権の存する日本国民の総意に基く」。本当は「総意」もないんです。will of the people のみです。

今井 確かにそういう意味では、原点に戻って見直したというか、再確認したというプラスはありましたね。

丸山 その続きの面もあるんだ。われわれはヴォウト（vote 投票）によって主権的意思を表明するんだというのは、誰でも知っていますね。主権在民はまだいいとして、滑稽なのは政党の名前があるでしょ。あれも終戦直後とよく似ているの。あの頃三〇〇いくつでしょうね。

今井 似ていますね。雨後の筍のように出ました。

丸山 吹き出すんだ。〔政党名が〕二行にわたる長いのもありました。

今井　いわゆるプロと言われる政治家連中のレベルが低い。人材のなさですね。ですから、終戦直後と同じで、素人たちが気楽に出て、平気だということです。私も地元で市長選とか市会議員の補選とかで盛んにそれを言っているんです。女性なんかももっと気楽に出てもらって。素人の方が良識があるわけで、政治の改革なり推進力にいいと思うんだけれど、そこがなかなか思い切れない。なにしろ地方政治の議員のレベルなんていうのは、驚くべきものですから。勉強もしないですから。全く行政と癒着しています。

丸山　さっきの談合じゃないけれど、自民党も社会党もリーダーシップがないんですよ。圧力団体の集合体なんだ。労組が最大の圧力団体だから。イギリス労働党だったら党執行部が絶対の権力を持ってどこから立候補するかというのを決める。地元と全く関係ない。どこへ飛ばされるか分からない。役人の異動と同じで。

今井　この間選挙制度を調べてみたら、八割は地元じゃないそうですね。

丸山　地元じゃない。全部党執行部が決める。党執行部はすごい権力を持っている。社会党の中で出世していくルートがあるからいけない。

今井　県庁に議員を「先生」と呼ぶのを止めろと申し入れをしたんです。そうしたら県の方は言わなくなったんですが、議員同士で先生、先生と一層徹底して呼ぶようになった。特に驚くのは、社会党から出てきた若い労働組合の一年生議員までお互いに先生、先生とやるんです。

丸山　たいしたことないから逆に、権威主義になる。(笑)

今井　古い人は、「君」とか「さん」で、決して先生なんて呼ばない。一年生議員たちが先生と呼ぶのは権威主義もいいとこ。政治の世界に出てきている人間の、私を含めてですけれど、お粗末さといいますか、ひどいです、左右両翼を問わず。それでも、保守の方には時々若い者で、一つの意見を持ったり、ものを書いたりできる人がいますけれど。素人が出てきて、気楽に議会をもう一回構成し直す時期ですね。ミニ政党に自覚が出てくれば。

丸山　ミニ政党がうんと出てくればいい。

今井　社会党だっておタカさんがいなくなったら、全く魅力ないですから。

檜垣　個人的な魅力を持っていますね。

丸山　対外向けだけらしい、土井委員長というのは。だから〔安仁に〕愚痴をこぼすんでしょう。看板だけになっているから。三、四日前の各党の討論会を見たんだけれど、人はいいらしいんだけれど一番迫力がないのが山口〔鶴男〕書記長だったな。

米ソ冷戦の終焉と世界の多元化

丸山　外圧じゃないけれど、世界状況は大変な時代が来ると思います。自民党支配が崩れることは分かっていても、あとがどうなるかは分からないというのと、ちょっと似ている。米ソ二極構造が崩れることは間違いないんです。二〇世紀の最大の特徴は、二〇世紀後半は米ソ超大国の世界支配ということなんですね。言葉を換えれば、冷戦構造。日本の政治家は大体イマジネーションがないから、これが永久に続くと思っているわけ。だから、どっちへついた方がいいとか、そういうことしか出て来ないわけです。急速に崩壊すると思いますね。ECがいちばん早く出るでしょ。伝統があるから。

つまり、東欧というのは、戦後の冷戦によって作られた体制ですから、無理なんです。ヨーロッパは一体であって、もし線を引くとすれば、昔、飯塚〔浩二〕さんが言っていたけれど、北欧と南欧の差の方が大きいですね、文化的その他いろいろな意味において。東欧と西欧〔の区分〕は何ら根拠がないです。本来の歴史的伝統から言えば、東欧と西欧が一体化する。具体的に言うと、ソ連の支配から離脱するという、これは避けようがないです。ゴルバチョフは利口だから、大勢を見通しているというだけで、今度のワルシャワ条約機構首脳会議でも、多様な道を認めて、軍事介入をしない、と言っているでしょ。本国がたいへん困難な状況だし、もちろんマルクス主義のドグマは捨てないし、一党独裁は、なかなかだし。ある不可逆性の変化が起こったのです。ソ連の東欧支配の終焉ですね。

それから、アメリカについて言うならば、さしあたりは、中南米支配の終焉ですね。中南米がアメリカの支配から離れてそれぞれ独自化する。他の地域よりも、中南米は伝統があるんです。スペイン文化その他。第三世界の特色は持っていますけれど、例えばアフリカなんかに比べると、はるかに国作りがしやすいわけです、長年の相当高い文化の水準があるから。それから、相対的に民族的な同質性があるということ、アフリカに比べると。アフリカは部族が寄り集まっているから、どうにもならない。中南米はいろいろな方向があります。キューバみたいなものもあるし、軍事独裁とかいろんな方向があるでしょうけれど、将来アメリカの支配から離脱するでしょうね。

つまり、世界の多元化ということは、まず予言して間違いないですね。多元化した世界の中で日本というのはどういう位置を占めているのか。西側諸国の一員じゃ、これは冷戦時代の言葉ですから。

西側諸国の一員というのはまだ当分は通用します。特に中国があんな事態になって、なおさらいかにももっともらしいけれど。いずれそうも言っていられなくなる。経済面ではとっくにそうだけど、日本というのは一体何をするのだということが問われているでしょ。日米関係とか、日ソ関係とか、日中関係とか、そういう放射線的な世界像が崩れるんです。これが、島国だからどうにもならないほど強いんだな。外務省の役人もそうです。東アジアにおける日本の役割とか、世界における日本の役割とか、そういう発想が出て来ない。グローバルな関係における日本の位置を考えないで、日米関係はどうなるだろう、日本とECはどうなるだろうという、自己中心的に延びているんです。

川口 社会科の教科書はみなそうなんです。最後は必ず世界と日本というタイトルで終わるんですが、書いてあることは日米体制とか、放射線的な、まさに先生がおっしゃったような話なんです。今後のことは何もなくて、世界と日本となっていて、あとは国際化というフレーズを使って書く。

丸山 世界と日本ということ自身が、世界が日本の外にあるということで、これは鎖国・開国以来の伝統なんですね。(笑)

川口 先生がいろいろな本でお書きになっていることは一体何だったんだろうと。

丸山 日本は世界の重要な一員なんだ、と口では言います、演説では。だけどもどうにもならないんだな、転換しないと。

服部　熱帯雨林の問題、あれは商社がひどいらしいです。特にマレーシアとか東南アジアの熱帯雨林を伐採している元凶は、日本の商社であるということで。低賃金で、現地の人じゃなくて中国人とかフィリピン人を連れてきて、自然林をバッサリ切って、あとはほったらかしです。ひどいものです。

丸山　政治倫理はみんなピンと来るんだ。と言うのは、誰でも政治というのは暴力を含む権力と関わっていると知っているわけ。それだけに、政治と倫理の問題の所在は割合、本能的に分かる。ところが、企業倫理と言うと、それは何だと。賄賂をやってはいけないというのは企業倫理じゃない。当たり前です。例えば、教育機関だっていけないわけでしょ。賄賂を取って入学させちゃいけない。特に企業倫理とは言えないわけです。企業倫理とは何なのかと。つまり資本主義の前提に立つ限り、企業倫理とは何なのかという問いを、どうしてもっと企業の中で問題にしないのか。言葉だけ企業倫理と言われる。

長坂　掛け声だけに終わらないような、中身を伴うものという意味ですね。

丸山　資本主義経済ですから、利潤による生産でしょ。簡単に言うと、儲けるためには何をしてもいいのかということ。それなら何をか言わんやで、倫理の登場する余地はない。もしそうじゃないとすると、儲けることを生産の動機とする経済でどこに歯止めがあるのか。

長坂　メルクマールがどこにあるのか。

丸山　そう。それが企業倫理の問題なんですね。数学のようには答えが出ないけれど、例えば、適正利潤とか、中世以来の不当な利子の禁止とか、企業の社会的責任とか、非常にやかましいんです。アメリカなんかは今でもそうです。ソーシャル・リスポンシビリティズ social responsibilities というのは常識になっています。具体的には難しいけれど、問題にしなければいけないと思うんです。行政指導という――企業に任せておくと勝手なことをやるから、役人がやめとけとか、ドル買いをやるなとか――そもそも役人が言うというのが、おかしいんだな。内発的に自制的にやる。そのプリンシプル〔原則〕。まさにこの機会に、政治倫理が問われているついでに企業倫理が出てきたわけです、リクルート問題とともに。僕はいいチャンスだと思うんです。

逆にみなさんに訊きたいんだけれど、何でリクルート問題が出てきたのか。やり方そのものを見ると、海外進出した日本企業が現地の役人を買収して、そこの権力と癒着してうまいことをやっているのと同じ。あれはやり方がまずいというわけで、リクルートだけがばかに目立っちゃった。この前も言ったかもしれないけれど、あれは成り上がりだから、ああいうことをやったと、堤〔清二〕君が言っていました。そういう面があるかもしれないけれど、根本を探ると、もう少し根が深いんじゃないかと。日本の資本主義は国家権力によって育てられたものだから、日本のブルジョアジーに権力に対する自立性がなかったんですね。パーティ券も大多数は防衛意識で、お隣さんがやるからウチもやらないとまずいという。そういう意味では企業者の主体性というのはないんじゃないかな。そこがアメリカの実業界との最大の相違、政治に対する自立性の意識ですね。しかしご承知のように、アメリカの資本主義だってものすごく国家に依存しているわけです。実際に管理資本主義――役人という意味じゃなくてマネジメントの意味――です。それは金融だけじゃないです。農産物その他を見たって、レッセ・フェールじゃないですよ、かなり大きくコントロールしています、連邦政府が。だけど精神は違うんだな。

長坂　政治と経済の自立性という問題は僕には大きすぎますが、企業の倫理的な問題という、最小の問題。これは当社（住友商事）——総合商社という範疇でしか分かりませんけれども——では、少なくともお題目はあります。ただしそれは、実態が伴う、ないし実態が伴うように努力するということじゃなくて、現在の社長とか管理者からしてみれば、有り体に言うと、新聞記事にならないような形。それが唯一の行動パターンですね。それから総会でもめない。少なくとも当社で言えば、この二つをいちばん首脳陣が気にする。非常に神経を使います。

卑近な例でお話ししますと、今やっている『二・二六』という松竹映画に当社が一億円投資しているんです。三年くらい前からの企画で、上映画面に当社の名前をクレジットで入れるかどうかが、変な話なんですが、社長以上、会長を含めて問題になったんです。なぜかと言いますと、映画ができ上がるまではどういう内容か全く分からないので左からの抗議は可能性がある。しかし右からの攻撃——こんな映画を作ってとか、天皇の取り扱いについてとか——が全く分からない段階で、単に一億円出しただけで、製作責任も何もないんですけれど、非常に上が心配して、結局、住友商事があの映画に一億円を出したという事実自体をできるだけ知らしめない、というのがトップの判断です。それはひとえに会社に右翼の車が並ばない、ないしは赤旗が立たないようにという事なかれ主義。映画の良い悪い、ないしは、お金を出した以上やるべきだという、そういう議論じゃなくて、何かまずいことがあって国会や新聞で叩かれることがないように、ということです。

丸山　そっとしているのがいいんだ。それは非常に面白い。そもそもどうして『二・二六』という映画を作ることになったの。

長坂　映画産業に進出すること自体はいろいろな商社がやっています。一つは日本の既存の映画産業が、松竹にしろ東宝にしろ、自前で映画を作って自分で配給するというパターンがもうできないんです。彼らは何をしているかというと、人が作った映画を自分の小屋（映画館）にかけて、配給業務的なところでサヤを稼ぐ。相当な利潤を稼ぎます。自分で出資して映画を作りませんから、その映画がこけても、映画会社は自分の腹は痛まない。そういう中で、ビデオ産業がレンタルなんかで二次三次的に利用するので、トータルで収入が確保できるという諸々の判断があって、商社とか最近では銀行とか証券会社が随分映画に出資しています。実際はそんなに儲かる仕事じゃないんですけれど。一つ当たると大きく儲かるという夢もありますので、単純にお金を投資するよりも当たれば大きい分だけ、ということもあります。

丸山　ただ資金を貸すというんじゃなくて、どこまで干渉するかというようなことは。

長坂　それはケースバイケースで。『二・二六』の場合に限っていえば、お金を出すだけです。住友商事で、去年『AKIRA』というアニメーション映画に出資しました。講談社が出している高校生以上のコミックで、非常に人気があるんです。この時は講談社、毎日放送とかと制作の段階からいろいろと企画に参加しました。所詮われわれは素人ですからあんまり細かいことは言えません。

丸山　マーケット・リサーチは、やらないわけ。個別審査というのか。

長坂　現状では、そういう企画を受ける、受けないという受動的なところがあります。今アメリカ向けの映画を同じような観点から考えているんですけれど、アメリカの場合、マーケット・リサーチが確立しています。日本の場合非常に遅れていて、マーケット・リサーチ一つできないんです、映画界には。作って、かけてみて、初めて当たるかどうかが分かる。しかも日本では映画人口そのものが落ちていますので、いわゆる、カン頼りの世界ですね。

異質的なものとの対話、不思議な国日本

今井　先生と鶴見俊輔さんが池田成彬さんに、戦後しばらくの座談会で質問された時〔「池田成彬氏に聞く」『思想の科学』第四巻一号、一九四九年〕に、先生が、長い間金融事業に従事されていていちばん大事なものは何ですか、と質問されたら、池田さんが、信用ですと。具体的に言えば、あそこに誰がいるということがすべて、と言っておられました。そのあとで鶴見さんが、永遠に変わらないものは何か、と質問されました。それは嘘を言わないことだと。企業、特に銀行の場合は、企業倫理というと信用を言うんです。ところが実際にお金を運用する時は、強きを助け弱きを挫く。普通と逆なんです。つまり、大きい企業ほど信用が大きいということです。潰れないし。しかし今の企業は少しケジメを外しすぎている。ウェーバーの賤民資本主義と言いますか、極悪非道な昔の高利貸しとほとんど変わらない。経営者のモラルもずいぶん悪くなっているように感じます。

丸山　日本経済が、さっきの国際化じゃないけれど、世界的に非常に大きな地位を占めてくると、少なくもある階層以上のビジネスマンは国際的に話し合ったりすることが増えてくると思うんです。そうすると、今までのように、私のところではこういうことをやっています、それ以外のことは知りません〔とは言えませんね〕。何も教育とか政治とかではなくて、日本経済の全体の構造とか動きとか機

能とか、もっと大きく言えば、世界経済。それについてポリシーと言うか、それを聞かれた場合、日常会話で、普通に話せるような人が出て来なければいけないと思うんだ。長坂君のような人が。（笑）直感だけれど、日本の企業人というのはちょっと狭いんじゃないかと。

長坂　以前先生からお手紙をいただいた時に、あなたみたいに会社に入ってからも文化から卒業しない人は、希有な存在です、とお褒めの言葉をいただきました。まさにあの状況が少なくとも私の周りでも多数です。確かに学生時代と違って仕事はハードですし、仕事に対する責任とか勉強とかも当然必要です。しかし、それで満足してしまっているということが一つ。それから、ゆとりがなくなっている。典型的な例ですが、新聞も日経だけしか読まないとか、政治的な話題をする場合も、選挙結果がどうとかいう程度の話が面白いとか。一流大学を出ていますし、確かにビジネスマンとして優秀だと思いますが、問題意識がない。問題意識があれば、忙しくても意識だけは持続しますから。

丸山　もっと初歩的な原因があると思います。それは、パーティとかサロンとかが見識を広げる役割をしていないということです。僕はアメリカでつくづくそう思った。どこで企業人なんかと知り合うかというと、パーティなんです。そういう所へ行くと、女房となるべく離れなければいけない。知っている人とはなるべく話さない。全然知らない人と話す。そうすると、〔異業種の〕いろいろな人を知ることになるわけです。日本でクラス会なんかに出て、企業に入った昔の一高の秀才なんかと話すと、その話の狭いこと。極端に言うと、この間のゴルフでどうしたということになっちゃうわけ。アメリカは日本よりディシプリンが厳格だから、〔仕事中に〕友だちが来たからちょっとお茶飲みに外に出るなんてできないです。そういう点はすごく厳しい。ただ、パーティが多いでしょ。そうすると、耳学問だけれど刺激が非常に大きい。自分が今やっていることと違ったことを耳にする機会が多いし、しゃべらざるを得ないということがあるわけ。ある意味では他律的な要素だけれど、日本はやっぱり鎖国なんじゃないか。学界も鎖国だけれど、各職場も鎖国なんじゃないか。国会対策委員会と似ている。自分たちの仲間だけで集まって国会をどうするとかいう永田町の論理は、自ずとそこから出て来る。異質的なものと接触する機会が非常に少ない。日本の場合には、同質的な会合が多すぎる。そうすると、ナアナアになっちゃうし、長期的な展望より明日のメシをどうするという話ばっかりになっちゃう。研究者でさえそうなんです。僕が助手の頃は、助手になると共同研究室に入る。大部屋なんです。隣は民法の来栖〔三郎〕[13]さん。僕の向かいにいるのは野田〔良之〕[14]君、これは外国法なんだ、フランス法です。それから、左に商法の人がいて。政治の辻〔清明〕[15]君は隣の部屋。もうメチャクチャなんです。そういう人たちと日常的に話して、飯を一緒に食いに行ったり。非常に良かった、今から考えると。僕が辞める頃から違ってきた。政治の中でも、例えば、政治学史——僕らのように政治思想史——をやっている人と、現状分析をやっている人は、ほとんど話をしない。選挙速報でよくテレビに出てくるようなコンピュータを使って予測するような人とはほとんど交渉がないんです。

長坂　同じ政治学であっても。

丸山　況んや法律においてをや、況んや経済においてをや、でしょ。本当にどうなるかと思います、日本の学界というのは。極端に言えば、思想史と政治学史とでさえ、なかなか。〔東大に〕政治理論研究会というのがあって、僕は出ないけれど、ひと月に一度会合があって、そこで会うぐらい。例えば政治理論研究会と政治学研究会の人がディスカッションする機会はないでしょうね。世界的にそうだろうけれど、〔日本は〕すごいんです、専門的分化が。他方、サロンみたいなのは何もない。

四年くらい前に、講義の義務がないということで引き受けて、〔カリフォルニア大学〕バークレー校に行ったんです。そこで、プロフェッサーが代わりばんこで僕を家に招待するわけ。自分の家がデカいということが絶対的な条件なんだけれど。ウサギ小屋ではどうにもならない。僕を呼ぶでしょ。すると、歴史の人も、宗教学の人も出てくるし。そこで一晩過ごす、それだけで大変面白い経験です。英語がまずいから談論風発というわけにはいかないけれど、とにかく面白い。それをみんな教授の自宅でやるわけです。僕を晩飯に呼んでくれて教授の家族と僕とで食う。パーティと全く峻別されていて、晩飯が終わった頃、みんなぞろぞろやってくるわけです。それからお酒とつまみが出てワァワァダべるわけ。それでみんな車で帰って行く。ああいうのは日本には全然ないです。むしろ、向こうから来た人がそういうのがないことにビックリする。これは住宅事情もあって、家でやるわけにはいかないんだけれど。それこそ、世界の日本になった時に、僕がいちばん考えるのはそのことだな。その視野の狭さ。例えば、ゴルバチョフがフランスに行ったら千人の知識人と対話するでしょ。誰がいますか、日本の政治家でフランスの知識人と話ができる人が。ゴルバチョフに限らず、共産圏の指導者は大体そうだと思います。共産主義体制ではトップに立つのは知識人が多いから。前に言ったけれど、僕がフランスに行った時、サルトルとドゴールが『ル・モンド』で論争しました。そういうのが普通の光景だということ。中曽根〔康弘〕が知性を誇っているけれど。（笑）日本では政治学者と論争する、況んや文学者と論争するなんて考えられない。学者がそうでしょ。近い将来、日本は不思議な国だということになるんじゃないかと思うんです。

ちょっとお会いしたい人のために、東京女子大同窓会幼児グループ

今井　先生、今日はどうも長時間にわたり。

丸山　僕は冬がダメでしょ。いわば冬の三ヵ月は、冬籠もりというか、冬眠期なんだ。どこにも勤めていないにもかかわらず、いろいろな用事が多い。いちばん多いのが面会ですね。昔なら一日に二、三人こなしたけれど、今はなるべく毎日続かないようにする。そうすると何かしょっちゅう追われているようで。「人は何のために生きるか、ちょっとお会いしたいという人のために生きる」という格言を作ったんだ。(笑) 日本人はまだいいんです。くたびれているからあと二週間延ばしてくれとか言えるわけ。外国人がいきなり飛んで来て、あと一週間、東京にいるからその間にと、そういうのはどうにもならない。それが意外に多い。

それと、思想史の業《ごう》なんだ、思想史の原罪みたいなもの。つまり、範囲が曖昧なんです。抜き刷りとか、寄贈図書とか。伊藤仁斎、荻生徂徠ならまだいいけれど、カントあり、プラトンあり。そうかと思うと、イタリーのファシズムの研究、ナチの研究。かつて書いたものだから、相変わらずやっていると思っている。スターリニズムも。森羅万象でもないけれど、純粋自然科学を除くと、みんなそれぞれ力作で。いちばん困るのは、一言ご感想をという。読むのが大変なんですよ、実際は。

今井　先生の感想をいただきたいという気持ちは分かりますけれど。

丸山　今朝電話がかかってきたのは、学習院大学の博士課程で論文が出て、量はこーんなです。対象

は伊藤仁斎なんです。学習院の中で――しかも政治課程なんだ――審査できないから、審査委員に特別になってくれというんだ。（笑）漢文だから法学部でいないわけ。本当に人のことで時間を取られちゃって。

セカンドハウスが熱海にあるんですけれど、そこに行っている間は実に解放されるんです。電話もかかってこないし。ところが帰って来ると郵便物がこんなになっていて。大半は要らないんだけれど、あらゆる種類があります。馬の蹄の雑誌もあるんです。（笑）とにかく〔封を〕破って見なければ分からない。その整理が大変なんだ。それで、すぐ返事するやつとどうしようかというやつと、四種類ぐらいできちゃう。既決と未決というわけにいかないんです。なんとも中途半端な、どうにもならないんです。アメリカのプロフェッサーだったら秘書がないというのは考えられない。

檜垣　先生お一人でやってらっしゃるんですか。

丸山　もちろんそうです。現役の時もそうです。例えばハガキを書いて本郷の正門の外へ出しに行く。（笑）それはまだいいんだけれど、さっきのウサギ小屋の話になるんだけれど。デヴィッド・イーストンという、もうシカゴ大学を辞めた政治学の大家がいるんです。一九六一年にシカゴで会いました。世界政治学会の会長をやっていた、一五、六年前に日本に来たんです。丸山と会いたいというんで、岡村〔忠夫〕君という、その頃ＩＣＵ（国際基督教大学）にいた政治学者――助手の時にシカゴに行ってたもんで僕がシカゴに行ってイーストンに初めて会った、一九六一年頃――が僕の家に連れてきたわけです。大いに話して愉快だったけれど、あとで岡村君に会ったら、帰りの車の中でプロフェッサー丸山の生活は大丈夫かと彼が真面目に訊いた、と言って笑っていました。ウサギ小屋に住んでいる

から、ビックリしたらしい。(笑)

この夏休みが終わると、去年あなた方に話した、〔東京〕女子大〔同窓会〕幼児グループ(16)の読書会の女性たちと会わなければいけない。『文明論之概略』は終わって、今度は『日本の思想』の読書会をやっている。すごいですよ。幼児グループの母親でしょ。真面目で、よく勉強している。『日本の思想』の方は遅々として進まないらしいけれど、『文明論之概略』はもちろん、福沢の元のものに当たって二年ぐらいかかって読んで、読み終わったところで僕を呼んだんです。この夏前にやるはずだったのが、幼稚園の園長さんが入っているんですが、その園長さんがヨーロッパに行っちゃったものだから、九月に延びたんです。

今井　男性の中高年はもうダメです。女性の方が将来性がありますから。

丸山　必ずしも子育てが終わったというわけじゃない。ああいう気風は昔はなかった。別に僕の本を読んでいるからいいというわけじゃないけれど。

川口　先生、今は非常に多いですよ。女子高校生でも以前は大体文学部に進学していたんですが、今年の春の私の学校の卒業生は経済学部とか、法学部とかが非常に増えています。文学部の人気ががた落ち。特に女子大の家政学部なんて見向きもしない。しょうがないから大学側が家政学部を生活科学部とか、分からない名前に変えて目先を変えているんです。ところがやっぱり生徒の方はそっちの方へどんどん流れていますね。

丸山　面白いですね。どういう現象なのかな。抽象的関心というとおかしいけれど。

川口　やっぱり、政治的なものというか、そういうことに非常に興味を持つらしいです。

丸山　でも、〔大学を〕出ても、なかなか就職はあるのかな。

川口　いや、前に比べると今年はすごく景気がいいということがあって、ダイレクトメールが相当来るらしいです。雇用機会均等法が何のかんの言っても三年目になって、少なくとも建前じゃもう差別できませんから。それがやっぱり火を付けている気がするんです。

信州行き、親父の出奔

今井　地方でも労働省の出先とか弁護士とか、非常に女性が多いです。

カシオグループが信濃教育会で教養講座をやっているんです。来年が創立一〇周年ということで、是非先生に来ていただいて講演をしていただけるかどうかうかがってくれと。体調のこともあるし、いろいろ忙しいから、無理ではないかと言ったんですが、それでも聞くだけは聞いてと。

丸山　講演という形式なら絶対にノーです。数年発哺《ほっぽ》に行っていないんです。呼吸困難だから。今年調子がよければ試してみようかと思っている。あそこは海抜が一五〇〇メートルなんです。それから発哺は、ご承知のように高原と言っても山ばっかりなんです。坂がつらいでしょ。ただ、宿屋に一日いるのもあれだし、どうしようかと思っているんですけれど。奥志賀までは行きましたけれど、もう四年も行っていません。

今井　それでしたら、脈があるということだけ話しておきます。

丸山　まず第一に、人数が少なくてゼミナールがいちばんいい。それは人数の関係でまずいでしょ。

四年前の福澤諭吉協会の総会の時も、講演〔会という名称〕だけはやめてくれと言ったんです。講演にしないということで、結局、人数が多くなって、シンポジウム〔「福沢における「惑溺」」『丸山集』第一二巻〕だったか、そういうかたちにした。二〇〇名くらいいたんです。しかし、ああいうふうにしゃべると、深呼吸と同じになって、心身爽快になっちゃうの。今日もそうなんですけれど。深呼吸と同じになるんです。普通の呼吸ですと、呼吸能力がないから、吐き切れない内に吸って炭酸ガスがだんだん溜まっちゃうわけです。それを腹式呼吸で出すんです。腹式呼吸はあなた方も稽古したらいいと思いますよ。横隔膜を上げるんです。お腹を背中とくっつくくらい引っ込めるんです。それでゆっくり吐くんです。あとはほっといていいわけ。吐けば自然に吸うようにできているんです、メカニズムが。深呼吸というのは、「吸」じゃなくて「呼」なんだ、むしろ。呼の反動として吸うと覚えていればいいんです。僕は六、七年前から不思議でしょうがなかった。二時間ぐらい話すと、非常に気持ちよくなる。どうしてかと思ったんだけれど、呼吸不全になって初めてそれが分かったんです。僕と同じような症状の人で、勤めを辞めちゃって家にばかりいると、どんどん悪くなる。しゃべる機会がないから。むしろ使った方がいいんです、肺に関する限りは。ただ空気の悪い所はダメなんです。タバコはいけないんだ。そういう条件はあります。そうでなければ。

信州は、僕の郷里があるでしょ。波及効果があるんです。松代へちょっと寄らないわけにはいかないし、寄るのもしんどいし。僕もあと何年生きるか分からない。親父〔丸山幹治〕の家は、僕の従兄弟が死んじゃったんです、それと仲よかったけれど、〔今は〕その子ども〔が住んでいる〕でしょ。縁がほとんどないわけ。僕の従兄弟の奥さんがいるわけです。ちょっと体が悪くて。一度祖先の蔵を見たいと思っています。入ったことがないんです。祖先調べというのは僕はそんなに興味がないんだけれど、松代（真田）藩との関係があるのか、一度見てみたい。親父のことでも、家出した事情なんかも直接聞いたことないんです。三回家出して村境で二度捕まっているんです。三度目に成功して横浜まで逃げて、それで新聞配達をやった、ティーンエイジャーの時に。だから勘当されて、長男だから廃嫡になっちゃったわけです。それで妹、僕の叔母に婿を迎えたのが今の家なんです。早稲田へ入ったので、親戚が取りなして、その勘当が許されたんです。そういうことぐらいは知っているんだけれど、関係当事者はみな死んじゃったわけ。僕はそういうことをサボっていたから、もう少し調べておけばよかったと思っているんですけれど、もうトゥーレイト too late ですね。あとはあまりないな。松井須磨子だな。いかに信州人がオポチュニストかと言うのは、僕らの子どもの時はああいうのが出たのは清野村の恥だと、女芸人というのかな、それこそ宇野首相じゃないけれど、芸者的見方ですね。戦後、にわかに脚光を浴びてとうとう碑が立っちゃった。それを知っているから、なんたるオポチュニズムかと思って。ひどいんだな。

檜垣　松井須磨子は信州の出身なんですか。

今井　先生の家のすぐそば。松代。

丸山　清野村と言いまして、今は松代町で。もちろんその当時ですから同じように家出同然で。僕の親父は大阪朝日の部長クラスになって、僕の生まれる頃、いわば凱旋したんだ。親父はもう本当に軽蔑していますね。勘当されたのが大阪朝日の通信部長になったというと、田舎では大変なんです。幹治さんが偉くなったと、すごく歓迎されたらしいんだ。

大体、よく生きていると思いますね。この一週間、弔電・弔文が三つです、書いたのは。福武〔直〕君、それから、一人は年齢が上だけれど、日本評論社の美作〔太郎〕さん。戦前派の硬派出版、横浜事件で捕まった。その前は市井三郎、思想の科学でしょ。市井君に至ってはまだ六〇代ですから。福武君は七二歳、僕より下でしょ。僕はよく生きているという気がするんです。みなさんとあと何回会えるか。

今井　芯が強くていらっしゃるから大丈夫ですよ。

丸山　それではまた。

（1）都議会議員選挙　一九八九年七月二日に行われた都議選は同月二三日に行われる第一五回参院選の前哨戦として注目された。一二八議席中、自民党四三（改選前六二）、社会党三六（公認・推薦、同一二）、公明党二六（同二九）、共産党一四（同一九）と自民党は惨敗し、社会党は三倍増で都議会第二党に躍進した。

（2）戦前はありましたけれど　一八八二年制定の太政官布告第三六号により戒厳宣告の手続き等が規定された。大日本帝国憲法第一四条は戒厳宣告を天皇の大権事項としたが、同条に基づく軍事戒厳は日清・日露戦争時に臨戦地境に六件実施されただけで、それ以後は第八条の緊急勅令制定権による行政戒厳で一九〇五年の日比谷焼打ち事件（東京市および周辺）、二三年関東大震災（一府三県）、三六年二・二六事件（東京市）の三回行われた。

（3）ああいう曖昧な言い方をしているでしょう　竹下登首相が一九八九年二月一四日の衆院予算委員会で「先の大戦が侵略戦争かどうかは、後世の史家の判断をまつ」と発言し問題化。同日、味村治内閣法制局長官は参院内閣委員会で、国内法・国際法いずれの観点からも「昭和天皇には戦争責任はない」と述べた。二月二七日、衆院予算委員会で竹下首相は「わが国が過去に戦争を通じて近隣諸国などの国民に対し重大な損害を与えたことは事実だ。かかる過去の行為について、侵略的事実を否定することはできない」と釈明した。

(4) 福沢にも書いたけれど　「「福沢諭吉と日本の近代化」序」『丸山集』第一五巻、二一四—二一九頁。

(5) 岡義武（おか・よしたけ　1902-90）　政治学者。一九二六年東大法学部政治学科卒。小野塚喜平次の教えを受け、卒業と同時に小野塚の推薦により法学部助手に採用される。同期の矢部貞治が政治学講座の助手として採用されたことから政治史研究に転じ、助手時代は吉野作造に師事。二八年助教授、三九年教授。「日本政治外交史」講座の専任。八六年文化勲章受章。『近代日本の政治家』『近代ヨーロッパ政治史』『国際政治史』『岡義武著作集』全八巻。

(6) 尾崎咢堂の講演　「昭和天皇をめぐるきれぎれの回想」『丸山集』第一五巻、二六—二七頁、『丸山回顧談』（上）一六五頁。

(7) 軍令というのが出る　軍令は大日本帝国憲法第一一条の統帥権に基づき天皇が陸海軍を統帥するために制定した法。憲法にはその定めがないが、一九〇七年九月に軍令第一号「軍令ニ関スル件」が公布・施行され軍令について規定した。軍の編制、官制、礼式、懲罰などが軍令で定められ、公布に際しては陸海軍大臣の副署を必要とした。軍事機密事項は「軍令陸甲」「軍令陸乙」・「内令」（海軍）といい、公布の必要がなく、官報にも登載されなかった。

(8) 侍従武官長　一八九六年の侍従武官官制により設けられた天皇に常侍奉仕し軍事に関する奏上の伝達などに当たる武官の長。慣習として陸軍より任命された。二・二六事件の時は本庄繁（任一九三三年四月六日—三六年三月二三日）。

(9) 参議院選　一九八九年七月二三日に行われた第一五回参議院選挙はリクルート事件や消費税導入、宇野宗佑首相の女性問題などで自民党に対する批判が強く三六議席しか取れず（非改選七三と合わせて一〇九）、結党以来初めて参議院で過半数を割った。社会党は土井たか子委員長のもと「おタカさんブーム」と「マドンナ旋風」を巻き起こし四六議席（非改選二二と合わせて六八）を獲得し、与野党逆転が実現した。土井は選挙結果を「山が動いた」と表現した。

(10) 九《ク》・六《ロ》・四《ヨン》と言っているように　税務署が課税所得（所得から必要経費を除いた残額）をどの程度把握して

いるかを示す捕捉率の不公平感を表した語で、給与所得者が約九割、自営業者が約六割、農業・林業・水産業従事者が約四割だといわれた。一〇《トー》・五《ゴ》・三《サン》・一《ピン》という言い方もあった。

（11） 南原繁（なんばら・しげる　1889-1974）　政治学者。本巻六三頁・註（17）を参照。

（12） 宮沢俊義（みやざわ・としよし　1898-1976）　憲法学者。本巻六二頁・註（15）を参照。

（13） 来栖三郎（くるす・さぶろう　1912-98）　民法学者。一九四七年東大教授。『契約法』など。

（14） 野田良之（のだ・よしゆき　1912-85）　比較法学者。一九四九年東大教授、フランス法講座を担当。六九年から比較法講座を担当した。『フランス法概論』など。「野田良之さんのこと」（『丸山集』第一二巻）参照。

（15） 辻清明（つじ・きよあき　1913-91）　行政学者。蠟山政道に学ぶ。丸山と辻、佐藤功は一九三七年、東大法学部政治学科助手に同期採用された。五一年東大教授。六七年二月の法学部学部長選挙で当選した丸山が健康上の理由で辞退した後、辻が学部長となった（―六八）。「辻君のこと」（『丸山集』第一五巻）。『日本官僚制の研究』など。

（16） 東京女子大同窓会幼児グループ　東京女子大学同窓会幼児グループという名称の無認可の幼稚園。二〇〇一年に五〇年の歴史を閉じたが、建物は大学五一号館として発足。一階は東京女子大学丸山眞男記念比較思想センターとして使用されている。

『著作集』と『講義録』、社会連帯主義、ガン患者として　一九九五年八月

――丸山眞男先生を囲む会最後の記録

一九九五年八月一三日、丸山は『丸山眞男著作ノート』（図書新聞社、一九六四年）編著者の今井壽一郎氏を中心とする懇談会に二年ぶりに出席した。

一九八四年八月一九日を皮切りに一四回行われた懇談会のうちの最終回となった会合は、八月一三日午後二時過ぎから吉祥寺第一ホテルのレストラン「ポンヌフ」で開かれ、夕食をはさんで終了は午後八時三〇分を回った。出席者は今井壽一郎、長坂勉、服部巍洋《たかひろ》、檜垣眞澄、川口重雄の五人である。第一三回の会合から約半年後の一九九三年一二月九日、丸山は体調の異変を覚え、検査の結果肝臓ガンが判明した。九四年一月、三月、六月、一二月と東京女子医科大学消化器センターに入院、この間一月から一一月まで六回にわたり肝臓ガンの症状に関する詳細報告を友人たちに送っている（『丸山眞男書簡集』未収録）。また三月には、九五年八月の戦後五〇年を期しての『著作集』刊行を承諾した。

以下の記録は、長坂勉氏所蔵のカセット・テープをもとに復元したものである。出席者のご校閲をいただいた。テープの収録は丸山の了承を得ているが、公表を予定したものではない。今回の公表にあたり、出席者および故今井壽一郎夫人・史子氏の了承を得ている。

初出『手帖』第六六号、二〇一三年七月

重なった二つの翻訳

丸山　去年はやらなかったですね。一昨年に病気（肝臓ガン）がわかったあとでこのような会合に出るのは、今日が二度目です。みんなキャンセルしちゃって。変なことで多忙なんです。ちょうど二つの翻訳がぶつかってしまいまして。フランスで『日本政治思想史研究』がこの秋に出るんです（一九九六年八月刊行）。それへの序文を書く。それから『現代政治の思想と行動』がオックスフォード・ユニヴァーシティ・プレスで出ていたんですけれど（一九六三年）、それが絶版になっちゃったんです。それで、今度新しく、あそこで除かれた、「ある自由主義者への手紙」（『丸山集』第四巻）とか、そういうのを全部加えたものをコロンビア大学出版部から出す。それは『現代政治の思想と行動』が第一巻になって、福沢の研究とか、「忠誠と反逆」からの抜粋なんていうのが第二巻になる。その『現代政治の思想と行動』(1)の新版のために序文を書かなくてはいけないんだ。昨日遅くまでコロンビア大学のキャロル・グラックとやっていて、とても病人どころではない。病気をしている暇がない。

長坂〔勉〕　コロンビアで出すタイトルは、いままでの英訳本と一緒なんですか。(2)

丸山　一緒です。ぼくにはよく分からないけれど、若い人はアイヴァン・モリスの訳に不満なんですね。だから、「超国家主義の論理と心理」（『丸山集』第三巻）なんか、全部訳を新しくする。ぼくは、モリスの訳はいい訳だと思うんですが。「ある自由主義者への手紙」をサボっていて直していなかったんです。昨日は、訳を新しくしたので校閲してくれというので、夜一〇時半までかかりまして、まいっちゃいました。「ある自由主義者への手紙」は手紙形式にしていて、日本語的な表現が多いんですね。論文のほうが硬い言葉だから、まだ訳しやすいわけです。

長坂　『世界』（一九五〇年九月号）に載せて、学術論文とは違って一般の人向けのものですからね。

丸山　そうそう。あれは相手がいなくて、フィクションなんです。そんなもの今頃訳しても意味がないと言ったんですけれど、グラックは、非常に意味がある、と言うんです。アメリカの学者に意味がある、と。彼女の専門は歴史ですけれど、アメリカの社会科学についてボロクソで。つまり、ソ連の崩壊以後、社会科学はみんなダメになった、歴史と哲学との関連を失った、と言うんです。ぼくはそれこそ、この間の『図書』の座談会（「夜店と本店と――丸山眞男氏に聞く」石川真澄・杉山光信、一九九五年七月号、『丸山座談』第九冊）で言ったように、例えば政治学というのが政界のことばかり書いている。社会という〔ものをトータルにあつかう〕総合科学がなくなっちゃって。こんな古いもの、と言ったんですが、彼女はいま出すと非常にいいと言うんです。

今頃になって新しい序文を書けと言われても……。しょうがないから、ぼくの戦前からの歩みとか、日本の政治学が明治時代のドイツ国家学からどういう風にして解放され政治学になったかと。大正デモクラシーの時に吉野作造とか大山郁夫とかいう人が出て来て、共通の志向は国家から政治を説明するのではなく、逆に、政治から国家を説明していく。政治学の独立とはそういうことです。大山郁夫の有名な「政治の社会的基礎」（一九二三年）という論文は、題からしてそういうものです。吉野作造の『古い政治の新しい観方』（文化生活研究会、一九二七年）とか。それから、長谷川如是閑の『現代国家批判』（弘文堂書房、一九二一年）。これは国家主権の絶対性の批判なんです。その時に、ラスキやコール[3]が主張していた多元的国家論というのがあるんです。政治というものは国家が独占しているものではない、あらゆる組織体に政治がある、という見方。つまり、国家から離れて政治を定義している。多元的な社会集団の一つとして国家を認めようというものです。大正デモクラシーの産物です。日本では特に国家と社会が一緒になっていますから、社会科学として説明していくのを、ぼくは非常に実りが多いと思いました。

いまこそ見直されるべき多元国家論

丸山　〔一九三〇年代になると〕ラスキがマルクス主義に転向しちゃうし、ファシズムとの対立になっちゃったわけです、世界的に。国際的緊張が激化すると、多元論というのはダメなんですよ。敵と味方になるんだな。多元的国家論、あるいは、政治的多元論とも言いますが、それが何も根づかないうちにファシズムの時代になってしまった。右の全体主義かコミュニズムか。と言うとコミュニズムのほうはマルクス主義でしょ、階級国家観ですから。これは全部国家から説明していく。その点では、奇妙なことに一致しているんです、ドイツ国家学と。実際はこれからなんですね。ソ連が崩壊して、階級国家観だけじゃなくて、社会集団の自立性をもっと認めた多元的な国家論。労働組合もあるけれど、学校とか、企業体とか、いろいろな社会集団、そのフェデレーション、連立として、国家を認める。したがって国家は他の社会集団の機能には深く干渉しない。いま、それ以外にないんです。それでまた見直されてきた。

長坂 アーネスト・バーカー(4)もそうですね。

丸山 バーカーはそうなんです。ぼくはよく読んだんですが、ああいうのは一九三〇年代にダメになっちゃったんです。ファシズムか反ファシズムか、枢軸か民主国家か、ということになっちゃうと。

長坂 その流れは、労働党には流れていなかったんですか。フェビアン協会からずっと、コールとか。

丸山 その時代にですか。

長坂 三〇年代以降ですね。

丸山 労働党の中に、実際は分裂が起こったんです。最も極端なのは、ラスキのようにマルクス主義者になっちゃう。ペリカン文庫のラスキの『近代国家における自由』――日本にも訳されている(岩波書店、一九五一年)――とか、ああいうのに裏づけになる長い序文を書いています。なぜ自分は多元的国家論を捨てたか。多元的国家論じゃファシズムと闘えない。マルクス主義は一元的ですから。そういうのもあるし、それからフェビアンは不思議に、ある意味での国家主義なんですね。国有万能、国有イコール社会主義なんです。やっと最近、フェビアンの流れからくる、社会主義というのは国有なのだという観念からは違った考え方が有力になったんですけれど、私有を廃して国有にするという制度や手段。そこだけはマルクス主義と似ているわけです。むしろコールなんかが本当の多元的国家論ですね。社会団体の国家からの自主性。いままで言えば、NGOとかの自立性をもっと認めていくということです。ですから、悪口を言うほうからは、アナーキズムに近いなんて言われる。国家権力を制限する。それがまた戦後、冷戦になると、ソ連に対抗するほうが主になって、また敵・味方になっちゃう。それが皮肉なことに、ソ連が崩壊しちゃったから、また出て来たんですね。

長坂　戦後すぐの著作『政治の世界』（御茶の水書房、一九五二年、『丸山集』第五巻）で、多元的国家論を紹介していらっしゃいますが、五〇年後にソビエトの崩壊で冷戦構造がなくなって、新しい政治の枠組みというのは、そういうかたちに戻る余地があるということなんですね。

丸山　右と左と両方からやられたんです、ぼくは。マルクス主義者のほうからは、階級国家論の立場からやっつけられるし、右のほうからは、もちろん、国家万能に対立するイデオロギーであるから〔反対される〕。国家権力を制限するには二つ方向があって、国家内の社会団体の自主性を強くすること。それから、そういう社会団体が国家を経ないでグローバルに結びつく。NGO、例えばアムネスティとか。ああいうのがどんどん出て来る。内からと外からと、両方から国家主権が制限されていく。だからどうしても、国連の改組に行くんです。ぼくに言わせれば、国連という名前もダメなんです。ユナイテッド・ネイションズでしょ。ネイション（国家）の集まりなんです。地球組織とは言えないんだな。それが矛盾なんです。バルカン問題とかに無力なんです。軍事の問題だけじゃないんだけれど、結局、軍事になっちゃう。そうすると国連の名において、と言いながら、実際は強国の利害ということになっちゃう。ロシアも相変わらず大きな力を持っていますけれど、主にアメリカとイギリスとフランスでしょ。ある意味で古いんです、国家主権にこだわるという点で。

丸山　国家主権に対する批判がヨーロッパでいちばん強くて、ヨーロッパ連合にいちばん熱心なのは、ドイツです。ドイツは日本と同じで第二次大戦に負けたから、ドイツを強くするということはできないですから。むしろ国家主権を制限するという連繋意識が強くなる。それと自己批判、ワイツゼッカー(5)みたいな。フランスはどうにもしようがないですね。核実験(6)だけじゃなくて、フランスは厄介なんだ。あれは本物のナショナリズムです。日本はナショナリズムと言うけれど、これはコンプレックスなんです。欧米に対するコンプレックスのナショナリズムなんです。江戸時代にはナショナリズムみたいのはないです。明治以後、対欧米、それは福沢を含めてそうですよ。「いまの勁敵は隠然として西洋諸国に在りて存せり」(「学問のすゝめ之評」)と言うんで。その段階では偉いけれど。しかしやっぱり、本当のと言うか、日本に対する自信から生まれたというより、ヨーロッパに対抗するためにどうするかというナショナリズム。フランスは本家本元のナショナリズム、あれはフランス革命で生まれた。だから、Allons enfants de la Patrie「行け祖国の子らよ」でしょ。「パトリ」、祖国という言葉は、フランス革命の時に生まれた。日本のナショナリズムと違うのは、Aux armes, citoyens「武器を取れ、市民よ」でしょ。ナショナリズムの担い手が市民なんですね。それは日本のナショナリズムにはない。日本の場合は国家になっちゃったから。そこはさすがです。それまでは貴族だけが武器を取って戦争していた。フランス全土で敵と闘うという考え方はフランス革命で出て来たわけ。他国の軍隊は君主と貴族に率いられた傭兵ですからね。ナポレオンの軍隊は向かうところ敵なしです。「ナシオン」(nation) も元祖だから。こういう時代になっていちばん始末が悪いのは、フランスです。

長坂　しかも自分の文化に対する自信というか、フランス語に対する〔誇りを持っている〕。

丸山　そうそう、両方ある。文化だったら中国、中華主義が強いですけれど。中国のほうは、軍じゃないんですよ。中国はオレの文化が世界一だと思っている。中国は文化主義だけれど、フランスは両方なんだな。アメリカのナショナリズムは戦後ですからね。ソ連に対抗するナショナリズム。由来から言うと、アメリカはユナイテッド・ステイツですから。中央の国家権力を強くするということに絶えず抵抗があるんですね。それは州が抵抗するだけじゃなくて、いろいろな団体が、ワシントンの力が強くなることに対して非常な抵抗がある。日本のビジネスとの一番の違いですね。ビジネスが政府に対して批判性がある。日本のビジネスは政府に仕立てられて発達しているでしょう。だから、日本の場合には、ビジネスが政府に非常に弱い。

『著作集』と『講義録』

丸山　『みすず』(「福沢諭吉の人と思想」一九九五年七月号) に掲載した文章 (『丸山集』第一五巻)。「みすずセミナー」という企画は、藤田〔省三〕君が一時みすず書房に関係していた。それで小尾〔俊人〕氏と藤田君の二人で企画した。そう言っては何だけれど、みすずでよくこれだけの顔ぶれを揃えられた。相当のものですね。ぼくのところに二冊しかないんです。

川口〔重雄〕 私も購読していて、コピーを皆さんの分持ってきました。

丸山 〔記念に〕ぼくがそれに署名します。昔の講演ですけれど。

川口 どういういきさつで今回掲載されたのですか。

丸山 結局、みすず書房が、岩波書店に対抗するというとおかしいけれど、前からぼくのものを出したがっているわけです。『著作集』（『丸山眞男集』）は岩波ですが、岩波の伊藤〔修〕君が、みすずで出してくれと。なぜかと言うと、今度の岩波の『著作集』は、ぼくは編集方針に関与してなくて、松沢〔弘陽〕君と植手〔通有〕君の二人の編集方針は、プリントされたものだけを集める、未刊のもの、原稿しかないものは入れない。そうなると、それは入らなくなるのですね。それで、岩波の立場から言っても一旦『みすず』に載れば収録できるわけです。だから、岩波は早く載せてくれというわけです。『著作集』は発表の編年別ですから、実際は一九七一年にやっているんですが、一九九五年の巻に出ることになります。

川口 去年の八月くらいに伊藤さんに呼ばれまして、先生の「著作目録」と「年譜」をつくってもらえませんか、と言われたんです。著作目録は初出を記載してそれが転載されるとまた、どこそこに転載されたと追跡するんです。著作目録を途中までつくったら、伊藤さんからその前に年譜をつくってくれないかと言われて、いまつくっているんです。どういうかたちになるか分かりませんが、一度また先生に見ていただきたいと思っているんです。その時に伊藤さんから、いま先生がおっしゃった、断簡零墨でも、とにかく何かに載っていないとダメなんだ、と聞きました。実際問題、「みすずセミナー」もそうですし、いろいろなかたちで先生が話をされながら活字になっていないものが、ずいぶんありますね。

丸山　岩波の講演会で、載らないのもある。あの頃（一九五〇―六〇年代前半）ぼくは講演会に出ていたでしょう。「「である」ことと「する」こと」は載りましたけれど、それ以外の北海道や京都でやったものがあるんですが、そういうのは載らないわけです。

檜垣〔眞澄〕　原稿にはなっているんですか。

丸山　原稿があるものと、ないものがあります。テープもあるかどうか。例えば、学士院で報告したのは載せる予定はありません。(7)

川口　こちらの会の前後に何回か学士院での報告がありましたね。

丸山　三回発表しているんです。闇斎学派の内ゲバの問題（「闇斎学派の内部抗争――日本学士院論文報告」『手帖』第三七号、『話文集3』）とか。それは学士院にテープがあるんですけれど、発表されていないから、このままだったら載らない。

川口　伊藤さんから、どうしても見つからない資料とかがあって、結局、私が持っている資料をお持ちしたんですけれど、そのたびに丸山先生の発表されたものは何かないか、という話になっちゃうんです。前に檜垣さんも言われましたが、東大での講義ノート〔の出版は〕。

丸山　これは、ちょっと岩波〔で出版〕というわけにはいかないんだな。

一同　東大出版会から。

丸山　前から、プリントをぼくのところへ届けて、これを直してくれ、と。それきりになっているわけです。〔東大での講義の〕『講義録』はだいたい出版会から出るのが通例で。〔東大生協のプリントも〕

できのいいのと悪いのとがありまして、できのいい学生が書いた年のはいいわけです。悪いのはひどいんだ。だから面倒くさくて、出さなかった。自分のことを言っておかしいけれど、中世なんてほとんどないでしょ。鎌倉仏教とか、そういうのは発表されたものがないわけです。講義をした以上、『講義録』を公開するのは、ある意味では義務ですから、何とかしたいと思っているんですけれど。病気になっちゃうと、ちょっと自信がなくなっちゃって、いろいろ考えているんです。講義案は、昭和二〇年代から四二、三年頃まである。大変なんですよ。少しずつ違ってくるわけです。初めの考えは何年度講義、何年度講義、という風にしてまとめる。村岡〔典嗣〕さんの『日本思想史研究』は、何年度講義なんです。ぼくもあれ式にしようかと思っています。それにしても大変なんです。いまちょっと考えているのは、東大出版会の門倉〔弘〕君と話さなくちゃいけないんだけれども、一度だけ、本郷で政治学をやったんです。ぼくは丸山政治学なんて言われるのはいやだから、今度の本店と夜店じゃないけれど、むしろ、これは本郷でやった唯一の政治学だということが分かったほうが、そんなに政治学をやっていたわけではないということが逆に証明されるでしょ。珍しい、と。東洋政治思想史のほうは大変だけれど、〔政治学は〕それだったら一九六〇年だけ目を通して〔出版すれば〕いい。それはいま手元にあるんです。それを少し直してあるんです。あるいはそれを出版会から出すかもしれません、「政治学講義案」として。それがうまくいって来年出るとすると、岩波のほうのおしまいに、それをもってこられるわけ、間に合えば。

『著作集』の編集方針をめぐって

丸山　そもそも、『著作集』を出すことにぼくは消極的だったわけですから、編集には関与していない。ずいぶん議論があったらしいですね。植手君と松沢君とも意見の違いがあって。つまり、学問的なものを中心とするという植手、松沢の二人の考えに、岩波の中は、学者じゃないから当たり前なんですけれど、むしろ丸山の映画とか音楽とかが面白いんだと。それを加えないと意味がない、丸山は分からない、と。大分そういうことで不満らしいですね。二人とも学者だから、そういうものを全部排除すると。

川口　私も去年八月、岩波に行く前に、安東〔仁兵衛〕さんから伺った話だと、丸山先生が最初におっしゃった、学問的なものだと聞いていて。岩波では、「川口さん、実は違うんです」と。先生がいまおっしゃったように、植手先生と松沢先生、お弟子さんたちは、やっぱり、学者丸山。ところが、われわれは、人間丸山。ぼくもどちらかと言うと、人間丸山派なんで、大いに結構というか。九〇年にみすずの加藤〔敬事〕さんと伺って、例の座談会の出版のことをお話しした時に、確か、先生の机の上に『講義録』の東大出版会のゲラがあったんですね。だから、『講義録』は東大出版会から出すのかなと思っていたんです。

丸山　出版会も当然と思っていて、よく集めたんですね。自分も持っていない各年度の講義プリントを。第一分冊、第二分冊、という風になっていて、それがこんなにあります、毎年出すわけですから、中にはぼくが校閲したものもある。校閲したのはいいんですけれど、校閲していないほうが多いです。

檜垣 年度によって違うんですか。

丸山 ええそうです。試験間際になって、見てくれないかと書いたほうから来るんです。見た場合もあるし、面倒くさくて〔見ないこともある〕。

檜垣 政治学のほうはどうです。

丸山 政治学は本当はひどいんです。ところが東大出版会をやっていた石井和夫君なんて、あれは面白いからぜひ出してくれと。政治学の講義ノートは偶然だったんだけれど、安保の直後なんです。学生はみんな政治運動と言ってはおかしいけれど、動いた経験がある。ぼくは別に意識しないで講義したんですけれど、読むと自分の経験に照らし合わして、〔講義を〕面白いと思うのがいた。そのうちの一人が、いま大阪で弁護士をしている熊野〔勝之〕(8)君で、負けてばかりいるけれど、箕面の忠魂碑訴訟(9)をやっている。彼が六〇年安保で、学生として、党派には属していないんですけれど大いに活躍した。クリスチャンです。よく覚えていますが、講義するごとに彼が質問に来まして、えらい褒められて。どうして先生は運動家じゃないのに、そういうことが分かるんですか、と。彼も自分がやったからピンとくるんですね、私の言っていることが。彼が自分のノートを送ってきた。じつによく書いてあるんです、熱心に。

あの時は、どうしてぼくが本郷で政治学の講義をやることになったのかな(『丸山眞男講義録』第三冊「解題」二二四―二二八頁参照)。駒場では回り持ちでやるんですけれど。本郷では、東洋政治思想史と両方やらなければいけないから、非常な負担なんです。政治学でしょ。全然こちらには手持ちがないわけです。苦労しましたね。フィールドとアクター、場と行為者、その二つから政治をね。ちょうど運動をしている連中には、それが面白かったんでしょうね。それと政治的リアリズム。ズーッと政治的リアリズムの話をしたんです。

今井〔壽一郎〕　遅くなってすみません。先生、ご無沙汰いたしまして。

丸山　こちらこそ。去年は〔この会を〕やれませんでしたからね。このくらいの人数ならいいんですが、去年の暮、丸山ゼミ・タテの会があって。ぼくの病気のことを知っているので、遠くではなくて吉祥寺でやろうと。レストランの一角でやったんですけれど、五〇人くらい来たわけですよ。その翌々日くらいから調子が悪くなってしまって。それだけじゃないけれど、去年の暮、四回目の入院をしました。それで分かったんですけれど、〔医者からは〕人の集まりに行くなと言われているけれど、例えば東京文化会館のようなところのほうがいいんです。つまり、空間がどれだけ広いかなんです。医者に言わせれば、オペラなんか観るのはとんでもないと。ぼくはそういうのを破って行くでしょ。もちろん注意して、マスクはしているし、広場で人に会うかもしれないから休憩時間もなるべく出ないようにして。すると、そっちのほうがいいんですね。狭いところで何十人ということになると、換気が悪いでしょ、空気が悪くなる。文化会館とかは、換気をやっているし、空間が広いから、皮肉なことにそのほうがいいんです。要するに、空気ですね。熱海に行くと具合がいいというのは、やはり、空気です。

服部〔巍洋〕『著作集』が出るということで、だいぶ新聞などに取り上げられていますね。

丸山　この頃多いんですね、岩波と関係なくても。昨日もグラックとその話が出て、『著作集』のことを話したら、彼女はそれだけじゃなくて、六〇年代の全共闘時代の時に僕はボロクソにやられた、その反動だと、一つは。それから、非常に大きいのは、戦後五〇年。若い世代、全共闘世代のもう一つ下の世代が、初めて読むとビックリしちゃう。戦後民主主義というのは高度成長的民主主義と思っているわけです。戦争直後の民主主義がかくも斬新だったかというのを、若い人が〔理解する〕。〔戦中派の〕今井君の世代くらいが知ったのと同じような感覚。今井君なんかは普通の時代としてそういうものを割合ナチュラルに受け取るんだけれど、若い人はビックリする。アメリカでもそうだという。高度成長的な発達をした時代は、実際は民主主義がだんだん空洞化していった時代。それを一方で民主主義だと思っている。それが五〇年経って戦争直後が見直される。とっくに戦後は終わったと思ったら、慰安婦とかいろんな問題が出て来て、いやそうじゃない、何も片づいてないじゃないか、戦後の問題が、と。アメリカの学界でもそうなんだと〔グラックが〕言っていました。アメリカの学界でもだいぶ空気が違ってきて、丸山のものをもう一遍読まなきゃいけない、と。それで今度コロンビア大学で再刊することになったのです。はやくしろ、はやくしろと読者から要望があって閉口したと、昨日会った時に言っていました。ぼくはサボっていたでしょ、病気もあって。もう待てない、と。自分の責任になる。彼女が出版の責任者なんですね。かなわんから何とかしてくれ、と。

隠蔽されてきた歴史的事実

丸山　いかに〔戦前の日本のやったことが〕教えられてこなかったかということなんです。ぼくは一つは文部省の責任だと思うんですね。家永裁判(10)が象徴的ですけれど。とっくに家永〔三郎〕君などが言っていることですから。そういうのがみな偏向だとか、反対だとか言って、文部省はそれを隠蔽しているんですから。戦後あまりそのことが言われてこなかった。ジャーナリズムもおかしなところがある。残念なのは、外圧で〔問題化するんで〕すね、天皇の問題を含めた戦争責任の問題も、慰安婦の問題もみんな、アジアの中から、朝鮮と中国が主だけれど、言っているでしょ。それはもう反論のしようがないわけ。解放戦争だというのは通用しなくなっちゃう。解放戦争なら大歓迎するはずですから、アジアは。欧米は別として。南も北も朝鮮は前からわかっているはずだ。日韓条約の時は反対でした。ぼくは、東大に来ている留学生と接触していたから分かった。南朝鮮でさえいかにひどいか、日帝に対する反感が。北はちょっと別として、南は日韓条約万歳だと思ったら、そりゃもう、万歳どころかひどいものです。一般民衆と、もちろん学生が。それが今頃だんだん分かってきた。政治家だけなんです、テメエの利害でメデタシ、メデタシと思っているのは。

今井　ちょうど敗戦五〇年ですけれど、その当時渦中にいてファッションを経験した私たちと、いまいろいろ運動をやっている戦後世代の人たちと、戦争責任の問題、慰安婦の問題を含めて、何か感じ方が違いますね。松代の大本営の問題を細々とやっていますが、慰安婦の問題と松代で苦労して亡くなった朝鮮人の方の慰霊碑建立の問題と、そこへ平和記念館をつくるというのは、考えてみれば、同じ歴史の文脈の中でのテーマだと思うんですが、みんな派が違うんです。それぞれが市へ助成金だとか補助金だとか、土地を貸してくれとか、やって来るんです。大別しますと、共産党系と社会党系と、もう一つは市民団体です。互いに反目し合いながら来るものですから、陳情を受ける者としては困りますし、陳情の力もないわけで。どうしても、運動が長く続いていくとセクトになりまして。川口君には現場を見てもらったんですが、運動自身がイデオロギッシュというか、政治的になっています。タテ割りになっているんです。その点が、陳情を受ける側として、あるいは、協力する議会としても苦労します。

丸山　昔の世代なら分かりますが、広島の原水協と原水禁の二つあるなんて意味ないでしょ。ぼくは、これは次の世代が解決するしかないと思っていたけれど、その世代が分かれちゃ何にもならないね。

今井　四、五日前に、従軍慰安婦のサークル、キリスト教の市民団体ですが、その集会に行きました。若い世代が五、六〇人いましたけれど、千葉県から来たという三五、六歳の女性が、従軍慰安婦のことを話すのですが、その当時日本に公娼制度があったといった知識が全然ないわけです。先生に叱られるかもしれませんが、戦地で戦場の兵士と慰安婦との間にどういう交流や接触があってどうだったか、という情感的な問題を含めての実感というものが全然ないわけです。ドイツでも、かたちが違うけれども、そういう問題があったということも知りません。ひたすら、朝鮮の慰安婦だけが強制的に徴用されてきて悲惨な目に遭ったと言うんですね。若い人たちは歴史的な事実を全然知らないものですから、感動して聞いているんです。あとの座談会の時に、歴史のいろいろな動きとか文脈全体の中で位置づけて考えていかないと、運動が観念的になってしまって広がらないぞ、と言いました。熱心ですが、歴史から切り離された一つの個別的な事件みたいな格好でやっています。

丸山　それでは困るけれど、やはりそこから始めないとダメです。なまじっかそういう先入観がないほうがいい。

国際的な規範意識の変化――違法な戦争の出現

丸山　大事なのは、やはり歴史的認識ですね。そういう人がだんだん歴史を学んでいく。それには、本当は、ポーランドとドイツみたいに、日本の若い学者と朝鮮、北が参加するかどうかは別として、南、それから中国を含めた学者が徹底して議論する。徹底して議論した上で、結論はどうしたって同じ結論に達しますよ。侵略という言葉は日本独特の言葉で、アグレッシブ〔・ウォー〕でしょうね。どうもうまい言葉がない。日本のほうがアグレッシブな戦争であったと。古典的な最後の帝国主義国家ですね、日本は。ぼくが心配しているのは、下手をすると、イギリスやフランスもみんなやっているじゃないか、どうして日本だけお辞儀しなければいけないのか、という議論に十分反駁できないということなんです。これは、国際的な規範意識が革命的に変化したということを言わないと、分からない。つまり、帝国主義戦争が悪いという認識が初めからあったわけじゃないんで、それは宗教家や哲学者なんかだけです。カントの『永久平和論』みたいのがあるけれど、政治の問題としては、いいとは言わないけれど、帝国主義というものはあるんだ、と。力関係で決まるんだ、そういう考えが一九世紀いっぱい支配していた。二〇世紀の初めまでそうですよ。つい最近ですね、国際感覚が〔変わったのは〕。国際連盟の誕生と同じなんです。そこで初めて戦争観の革命的な変化が起きた、国際的に。ある種類の戦争というものは、法的にいけないんだと。倫理的にいけないだけじゃなくて、法的に違法な戦争なんだと。違法な戦争というのは、主権国家万能の時代にはないんですよ。主権国家がいちばん上ですから。一九世紀後半にイェリネックの有名な議論があるんですけれど、美濃部〔達吉〕先生なんかが尊重した。国際法というのは法じゃなくて、主権の自己制限だという。主権は何でもやれるんだけれども、自分で自分を制限して戦争をしない、ということ。法と認めないわけです。一九世紀の終わりまでそうだった。違法な戦争という観念ができたのは、比較的新しいんですね。それを教えなくてはいけない。そうすると、アヘン戦争で〔イギリスが〕謝らないのは当たり前なんですよ。強い者勝ちの規範意識が国際的に通用していた時代なんです。だから、アヘン戦争でも〔同じ一九世紀に起きた〕普仏戦争でも、謝っていません。極東軍事裁判はさすがに法律家の集まりだから、日清・日露戦争には何も触れていません。例えば、ポーツマス条約というのは合法的でしょ。ちゃんと国際的に結ばれた条約。その条約によって日本は、南満州鉄道の沿線に駐兵権を持っている。これは国際法的に認められているわけです。いま言われている侵略じゃないんです。結局、満州事変の問題性というのは、南満州鉄道を保護するという、満州に駐留している日本の軍隊がその範囲を逸脱して、熱河まで出て行った、そこで初めて侵略になるわけ。満州にいたこと自身は国際法で認められている。その辺が、日・韓・中の学者の議論でも大変だと思うが、ちゃんとその点は言わなくてはいけない。

変な大臣が失言ばかりしているような、いま時代が非常に悪いから、ぼくでも発言は控えますよ。誤解されることが多いから。

国際的な規範意識の変化、それを言わないと、アヘン戦争がどうだとか、成吉思汗がどうだとか、キリがなくなっちゃう。神功皇后までさかのぼっちゃう。ある時代以後の国際規範意識からすると、日本はその国際規範に反した軍事行動を取った。これは、国内法上の強盗や殺人と同じになるわけです。そこで戦争犯罪ということになる。戦争犯罪という言葉が、なぜ昔は言われなかったか。ワン・ワールドができたからなんです。国際社会に初めて一つの秩序ができた。ただ、その秩序を維持する強制力がほとんどない、ということが問題なんだ。しかし、秩序が初めてできて、国際秩序に違反したヤツは、国内法上の犯人と同じなんです。国際という言葉も、ぼくはよくないと思う。だから、グローバルと言うんだけれど、つまり、地球社会だな。地球社会の犯罪行為なんです。それがいま言われている侵略ということ。

カール・シュミットから学んだこと

丸山　皮肉なことに、ぼくはナチの法学者のカール・シュミットからそれを学んだ。電撃のような、目から鱗だったな。彼はナチの御用学者になっちゃったんですけれど、国際連盟規約の第一六条(11)には、この連盟規約に反して、連盟国の一国に対して戦争行為を行った国家は、すべての連盟国に対して戦争を行ったものと見なす、とある。革命的な規定なんですよ。国家主権絶対だったら、戦争というのは主権国家と主権国家の間のチャンバラだから、他の国は中立を守れという義務があるだけなんだ。一国に対して戦争した者はすべての連盟国に対して戦争した者と見なすというのはワン・ワールドができたから。つまり、国内における強盗や殺人と同じなんです。それは直接の被害者だけじゃなくて、市民に対する犯罪でしょ。だから捕まえる。単に報復として捕まえるんじゃなくて。コソ泥だろうが強盗であろうが、これは市民に対する犯罪として捕まえる。国際社会は第一次大戦の結果、初めてそうなったんです。国家間の相互依存関係が考えられないほど増大した。ということは逆に言えば、主権国家というものがそれ自身自立できない。相互依存しなければ自立できないということが、初めて第一次大戦の時に共通認識になったんです。その結果として、国際連盟ができ、その発展として〔第二次大戦後に〕国際連合ができた。ですから、極東裁判でも日清・日露戦争に全然触れていないです。

不戦条約違反と九ヵ国条約違反、日本が問われたのは、その二点だけです。不戦条約で国策の具として戦争をしない、と。それに日本は調印しているわけです。アメリカやイギリスのほうはちゃっかりしていて、ただし、自衛のための戦争はこの限りにあらずと、問題は何が自衛かということなんだけれど、留保をつけているんだ。日本がいかにバカかということは、その留保をしないで、あの時騒いだのは、「人民ノ名ニ於テ」という第一条にある言葉が国体に反するというので、それを留保する[12]と言って、自衛権は留保していないんです。不戦条約が画期的。あれが日本国憲法第九条の先駆です。国策の道具として戦争をやってはいけないという国際法があの時初めてできたわけです。満州事変・太平洋戦争は国策を遂行する道具としてやった戦争ですから、国際法違反と言われても仕方がない。そう言わないと、さっきの自民党の、みんなやっているじゃないか、みんな侵略しているじゃないか、というのに対して、ぼくは有効に反論できないと思うんです。

日本のマルクス主義歴史学と家永三郎

丸山　歴史学ではマルクス主義の影響が非常に強い。マルクス主義の定義だと、日本は帝国主義国ということになっちゃう。帝国主義のやることは戦争にならなくたって全部侵略なんだな。市場獲得そのものが。資本を輸出することそれ自身が帝国主義の現われでしょ。そうすると、マルクス主義の立場から言うと、またはっきりしないんだな。そういう規範意識ができたのが非常に新しいという認識がないんですよ。帝国主義反対一般に解消しちゃうんです。

ぼく個人の意見になっちゃうけれど、家永君の意見と違うのはそこです。いいと言うんじゃないけれど、日清・日露はいままでの普通の戦争。それも一緒にして、日本は初めから中国に対して侵略的であったと。倫理的な意味だったらそう言えます。日清戦争の時、奇襲で始まったでしょ。真珠湾〔だけ〕じゃないんですね。宣戦布告の前にやっているんです。ただ、違うのは、「国際法の条規に則り」というのが宣戦の詔勅にあるのに、今度の〔「大東亜戦争」の開戦の詔書で〕は抜けちゃって[13]。それは非常に違う。日清・日露時代には日本がまだ小国だったから国際法に違反しちゃいけないという意識があったんです。だからそういう文句を加えたでしょ。でも今度はない、「大義を世界に宣布する」一方だから。日清・日露戦争というのはクリミア戦争とか、ほかのそれまでの世界中で起こっている戦争と同じ。日清戦争の結果、台湾を領有し、日露戦争の結果、満州の権益を獲得したというのは、いいとは言えないけれど、悪いとも言えない。戦争というのはその時においては、そういう、いいとか悪いとかの価値判断とは別です。

今井　家永先生も学問的な認識というよりも……。

丸山　元来、あの人は非常に倫理的な人で、政治学的な認識は苦手なの。政治的リアリズムというのは苦手。倫理的宗教的な認識のほうが強い。それから、あの人は京都哲学ですから。しかも、ある意味では皮肉なんですね、マルクス主義の洗礼を受けていないから、リベラルのラジカル一辺倒になっちゃうんですよ、逆に。しかも、環境が悪かった、東京教育大学で。戦後、東大で天皇制の話をしているんです。明治以後の天皇制のほうが日本の伝統じゃなくて、いまの憲法のほうが日本の伝統なんだと。いまの家永君と非常に違う。その後、遠山〔茂樹〕君が訪ねて来て、困るなあキミ、家永君のああいう話は……。彼は歴研でマルクス主義だから。天皇責任論でしょ。〔家永君は〕津田〔左右吉〕さんと同じ認識だったんです。明治以後が逸脱なんだ、と。天皇が政治に関与しないほうが日本の伝統だ。これは半分真理だし、俗耳に入りやすいんです。ぼくは、その点はそうだと。だけど、日本国憲法は人民主権と結びついて、天皇は政治に関与しないとなったんで、明治以前にそんなのがあったかというと、全然ないですよ。天皇の存在を問題にしなかったという事実を見れば、それはそうですよ。天皇という何となく貴い人が京都にいる、というだけで。それじゃ、人民が主権を持っていて、天皇制を廃止して共和国にできるんだ、ということを思っていたかというと、それは考えられない。いまの憲法で初めて〔人民主権と結びついた〕。だから〔天皇が政治に関与しない伝統が〕ズーッと続いて、明治だけ逸脱していると思うのは間違い。主権論を全く度外視しているんです。家永君自身が、終戦直後はそうだったんです。戦争中の津田さんの事件の時なんか、弾圧に対して大憤慨して。ぼくに手紙をよこしました。津田さんが国体に反するなんて排除するのは日本の恥だと。大憤慨しました。しかし、家永君自身は津田さんと同じ考えだった。ぼくはいろいろな立場の人を呼んで来たほうがいいと思って、保守のほうから家永君を呼んだ。

長坂　それは戦争直後、昭和二〇年代初めの頃ですか。

丸山　はい。戦争中から知っていましたから。明治文庫にも出入りしていたし。もちろん、当時は時局に対して憤慨していた。だから、家永は戦争中は時局に便乗し、というのは全然ウソですよ。秦郁彦なんかが言っていますけれど。しかし、こと天皇制については、日本の昔からの天皇制はいまの憲法の天皇制だ、それに帰ったんだ、と。

ラジカル・リベラリストに転向した家永三郎

丸山　戦後、文部省は必死になって新しい教科書の執筆者を探したわけです。〔いままでの教科書では〕スミを塗らなきゃいけないですから。スミじゃ困るから、新しくつくらなきゃいけない。それで家永君に『くにのあゆみ』を書いてほしいとお百度を踏んでいるんです。そういう意味で、文部省は滑稽なんです。あれだけ家永君に頼んでおきながら、〔教科書裁判を起こされたいまでは、〕家永は、と呼び捨てなんだそうです、文部省の中で。どうか先生、書いてくださいと言われて、『くにのあゆみ』を書いたわけでしょ。それで、歴研は怒ったわけだ。『くにのあゆみ批判』（三一書房、一九五三年）という本を井上清が書いた。

本当に、転変が面白いんです。むしろ、家永君に対して左翼からの攻撃のほうが多かったです、終戦直後は。だんだん、だんだん世の中が右傾化したということと、教育大学の自分の経験から、家永君自身がだんだんラジカルになってくる。第一回目のバミューダの近代化の会議の時に（一九六二年）、ぼくはハーバードから出席したんですけれど、会議に出た日本人は、ぼくを除くと亡くなった歴史の井上〔光貞〕、加藤周一だったんですね。井上君が家永君についての報告に当たったんです。二人は仲が良いんです。井上君は家永君の教科書裁判の支援の会に出ていました。その報告の時に、ぼくは相談されました。やっぱり自分はいくら考えても家永氏は変わったと思う、と。ぼくもそう思う。変わったというのは悪いという意味じゃない。戦前および戦争直後の家永君は、あんなにラジカルなリベラルではなかった。いろいろな経緯でそうなった。来る前に家永君にも直接聞いたのかな。家永君も認めたと言うんです。〔井上君と〕家永は変わったか変わらなかったかという議論になって、変わったから悪いと言うんじゃなくて、変わったことは否定できない、と井上君と一致しました。彼はそういう報告をしました。

系譜から言って、津田さんなんだけれども、津田さんがいわば保守化したでしょ。家永君は、津田さんがいかに変わったかという大著（『津田左右吉の思想史的研究』岩波書店、一九七二年）を書いたわけですけれど、天皇制については津田さんと同じような考え方です。逆に、その津田さんを実際以上に進歩的に見たのが羽仁五郎なんです。

羽仁さんが問題提起した歴研の戦犯問題というのがあるんです。ぼくは会員ではあるけれど、歴研そのものじゃない。ちょっと外から見ていたんですけれど。有名な歴研クーデタ事件というのがある。羽仁さんが歴研の中に戦犯がいると。総体的にはそうじゃないんですけれど、中には秋山謙蔵なんて、岩波から本を出していますが（『日本歴史の内省』一九四三年）、ちょっとおかしいんですね。そういうのが少数だけれど、いたんです。羽仁さんは勇ましいほうだから、歴研も掃除しなければいけないと。それで、平泉にいる津田さんを担いだ。確信しているんですね、〔津田さんが〕天皇制否定だと思って。そこが羽仁さんなんだな、希望的観測で。あれは全く逆効果でした。津田さんが、自分を利用して担ぎ出したというんで、怒った。いっそう津田さんは右になっちゃった、その事件で。

津田史学と家永三郎の歴史観の問題点

丸山　津田史学がどうなったかというのは、面白い問題なんです。津田さんの見方には、戦後転向したあと、立場はぼくと全然違うけれども、歴史家としてはそのほうが歴史的な見方というところがかなりあるんです。転向したあとの津田さんのいろいろなものを見て、ああやっぱりこっちかなと思った。つまり直接的に価値判断をしない、けしからんとかいいとか。歴史は複雑だから、いい面も悪い面もあるし、いいとか悪いとか簡単に言えないわけです。それをそのまま見なけりゃいけないんです。それを日本に流行ったマルクス主義の歴史学は、進歩的・反動的という二つの軸しかないから、どっちかになっちゃうわけでしょ。歴史の見方としてはおかしいわけです。それに対する批判をしている津田さんのほうが、皮肉なことに正しいんです。その面を家永君は継承した、初めは。ところが家永君自身が転向しちゃって、敵味方史観になっちゃった。進歩的か、でなければ文部省側的な反動的か、になっちゃう。だから、去年も家永君が病気の時に慰めるためにご馳走したんだけれど、その時もぼくは言ったんだ。本当を言うと、ぼくはあなたと大激論をするような、そういう時代に早くもっていきたい、と。いま家永君の批判なんかすると、文部省サイドになっちゃうんですよ。裁判をやっている間は全力を挙げて家永支持ということで。ぼくは実際そうです。ただ、家永君の歴史観については相当、ぼく自身は、問題があると思っています。

今井　津田左右吉先生の本（『津田左右吉の思想史的研究』）を読んでも、単純に前のほうが良いという、割り切り方が綺麗すぎて。

丸山　善悪で切るという、大体、みんなそうです。美濃部先生のも（『美濃部達吉の思想史的研究』岩波書店、一九六四年）。民主主義的なところはいい、と。しかし、こういうところはダメだ、と。

今井　内在的に捉えるのではなくて、外在的に捉えていますね。

丸山　羽仁さんがそうだったの。羽仁さんは有名だった。羽仁さんの「幕末に於ける倫理思想」（『岩波講座　倫理学』第一冊、一九四〇年）を、痛快、痛快と思って読んだ。時局に対する批判だから。だけど、宣長なんかについては、こういう風にいいことを言っていると書いて、他方で、こういう反動的なことを言っていると書く。すると、宣長というのは一体どんな人間なのか、分からないんだ。両方に分かれちゃって。宣長の歴史的な捉まえ方は、進歩的・反動的という範疇的に矛盾しているものが、どういう論理で繋がっているかというのを解明しないと、宣長の思想的解明にならないんですね。でも、ぼくの考え方自身が右からも左からもやっつけられるんだから、どっちがいいのか分からないけ

れど。（笑）

日本共産党の戦争責任をめぐって

今井　無視されましたけれど、共産党の戦争責任論についてせっせとハガキを書いたんです。ご意見は参考にいたします、と返事はよこすんですが、全然。（笑）

丸山　あれ（「戦争責任論の盲点」『思想』一九五六年三月号「思想の言葉」欄、掲載時は無題、『丸山集』第六巻）は短かすぎて誤解を招いたの。その点怒るのも無理はない。

今井　あの当時は、志賀義雄氏が、あれは間違っているんだと、言いましたね。いくら丸山君の文章でも間違っているという言い方をされました。

丸山　ぼくは、舌足らずだったと自己批判しています。ただ、あれを書いたのはメーデー事件(14)のあとなんです。メーデー事件の時、法学部の研究室の助手連中なんかがたくさん行ったんです。僕は〔直接ではないけれども〕よく知っているわけです。宮城前に行こうと言ったのは、共産党なんです。明らかに扇動しているんです。行ったヤツはひどい目に遭っている。升味準之輔(15)なんて、法学部の研究室の旗を捨てて逃げた。オマエは何だ、と。軍隊なら、と〔糺された〕。（笑）医事法学の唄《ばい》〔孝一〕(16)君なんかは、ぼくの家に三日か四日匿いました。しかし共産党は何ら責任を取らない。リーダーシップの責任というのが全くないんですよ。それも非常に憤慨した。

志賀高原の自然保護に熊さんと言って、熊と格闘した有名な男〔山本憲男〕がいるんです。家は名家で、海軍兵学校出かな。特攻隊で断固米英撃滅、終戦の詔勅なんか無視して出撃しようとして海岸に行った。そうしたら、エンジンをみな抜き取られていた――出ちゃうと危ないから。そういうケースがあるの――、それで彼は命が助かったわけです。特攻隊から共産党への〔転向の〕いい例なんだ。共産党で山村工作隊[17]なんかを大いにやって、それから志賀高原の自然保護に。ぼくは自然保護に大賛成で、仲良くなった。彼は、山村工作隊の件で刑事裁判になりました。そうしたら、共産党は上〔指導部〕が転向しちゃって、山本君に自己批判書を提出しろと言うんです。共産党の命に従って山村工作隊をやって、刑事裁判になっているのに、上がコロッと変わってしまってリーダーシップの責任というのが全然ない。そのあとで、今度はメーデー事件があった。それでぼくは、日本共産党はファシズムに対して戦いができなかった。リーダーシップの問題としてどう責任を取るのかと。もっと詳しく書けばよかったんだけれど、天皇と並べちゃったものだから。あれは、「思想の言葉」で〔誌面が〕狭いから、ぼくが悪い。

今井　しかし、悪いと言っても、共産党の戦争責任の議論は宮本顕治擁護論じゃないですかね。宮本顕治が病気で少しふらふらしている、どうもそういうこととの絡みがあるような気がしますけれど。

丸山　あの時、リーダーシップの責任の問題ということを書けば、少し誤解がなくなったと思うんです。そういう風に思っていた人が多かったから。上の方針が変わって、実際に捕まったり、罰せられたり、ひどい目に遭うのは、普通の党員なんですよ。それは非常によくないと思っていて、その点を主に言ったのだけれど。そのことをみんな言わずに、〔共産党は〕奮戦力闘して立派だったということばかり言っているから、ぼくの悪い癖で、からかったわけ。「死んでもラッパを離しませんでした」

――いまでは木口小平なんて知らない人が多いけれど。共産党員の中でも呵々大笑して、うまいことを言ったという人もいましたよ、あの時に。

今井　私も長野県の委員会と市会議員、県会議員を知っていますが、『赤旗』に論文が出ても、まずほとんど読んでいません。今井さん、私たちが生まれた頃の話で、中央へ言ってくれ、という反応です。地元では先生に対する評価は全然違いますよ。とにかく大変な学者だということだけで。ああいうことは、実感としてないんですね。

丸山　去年あたり『前衛』で特集していますが（一九九四年五・六月号）、ぼくは感情的な反発はないですね。丸山批判の大論文を書いた人は、見当外れだけれども、よく勉強しています。ぼくのあの時の批判が舌足らずと思っているから。ただ、ぼくは、日本共産党が、トップの方針が変わったにもかかわらず、一貫して革命のために歩んできたと言って、責任は全部普通の平党員にいく。そういう体質、つまり党内民主主義の欠如、それがどうにもならない。いま議会の質問なんかで、いいことを言っているんですよ。唯一の反対党だし。

今井　長野県を除けばですね。長野県では与党ですよ。オリンピック、新幹線に賛成ですから。

非転向の伝統のウソ

丸山　ぼくは二〇年ぐらい前に、共産党の人に言ったことがあるの。どうして大赦令を出さないのか、と。それは転向者に対して。非転向は偉いけれど、現実の社会にいたら非転向は考えられないんだな。

〔獄中一八年組は〕監獄にいたから、マルクス主義が自然法になっちゃった。実定法が何であろうと、オレは自然法を信ずるという、これが非転向なんだ。現実の社会で活動していたら、何らかの意味で現実にコミットする。それはフルトヴェングラーの問題でもあるんですけれども、あんなに徹底して非転向はできません。その問題に対する想像力がなさすぎるんですね。非転向はいい、転向したヤツはダメだで、序列が決まっちゃったでしょ。それから後、ある場合には火炎ビン〔闘争〕でしょう。ところが六全協でまるで変わっちゃって、火炎ビンはいけないと。風早八十二氏が東大に来て東大の細胞に謝ったというのを、ぼくは東大の細胞から聞いた。風早八十二は珍しいほうでね。〔多くの共産党指導者は〕変わっておきながら責任を取ろうとしない。逆に、自己批判を要求する、火炎ビンを投げたのは間違いでした、と。間違いでしたも、へったくれもない、上からの命令でやったんでしょ。不破〔哲三〕なんて一貫して正しい道を歩んだ、なんて言って、それはウソですよ。これはちょっとかなわない。ぼくの友人の文学者に関する限り、全部脱党者でしょ、野間〔宏〕君を初めとして。全部除名です。裏切り者。裏切り者、去らば去れ、です。

今井 中野重治もそうですね。結局、宮本顕治一人だけですよ。

丸山 分裂している時、ぼくは中野療養所にいたけれど、宮顕というのはスパイなんだと所感派(18)は言うんです。そのスパイの「証拠」が出てくるんですよ。目黒の宮前町に住んでいたの。中野重治は東横線の反対側にいるんです。ぼくは重治とは直接話してないけれど、所感派は、中野重治はスパイだと。ぼくの弟、丸山邦男(19)は中野重治のほうなんです。すると、丸山邦男はスパイだと。ぼくは寝ていて動けないからさ。それは、両方ひどかった。だから、大いに間違いを犯したけれども、と言うならいいんだけれど、共産党だけが正しかったと。それなら国体と同じですよ。あの体質は、どうしてあなるのか分からない。けしからん、裏切り者、全部そうでしょ。武井昭夫もそうだし、安東仁兵衛もそうだし。ぼくは東大学生委員会の委員として、東大自治会中央委員として向こう側に座っている彼らとやり合ったわけですよ。その連中とはいまでもズーッとよくて。だから変なものですよ。反党分子という言葉をやめなきゃダメです。その意見は間違っている、と言うならそれでいいんですよ。それだけでいいんだ。ところが、反党というのがおかしいんだ。反国体と同じなんですよ。その当事者次第で戦略戦術がコロコロと変わっているわけですから。クルクルの変わり方は本当に滑稽でしたよ。それこそ「日の丸・君が代」問題についての方針の変わりようは、非常に早かった。

今井　いま、共産党は無党派層を集めようと盛んに言い出していますね。ところが、地元で市民団体の集会があって、そこに共産党の人たちも来るわけです。私は議員だからスピーチをする。共産党はあとでやると。何回もそういう機会があるんですが、私が出ているとか、市民派が主流になっているとかは、『赤旗』では、完全に欠落している。不破は全体集会で、今日では無党派層を広範に糾合しないとダメだ、と言うんです。ところが実際の『赤旗』の報道では完全に削除しています。事実誤認と言うか、不作為みたいのがありますね。

無謬説を変えられない共産党

丸山　大本営発表と同じなんだ。わが党はおかしかったと言えばいいんです。いつも正しかったというようなことを言って。例えば、スターリン批判の時もそうですけれど。大変わりしているわけでしょ。党の歴史をいまの若い人に教えていない。戦後の党の歴史も教えていないんじゃないですか。いまは割合いいことやっているから、それだけ知っていると、本当の野党は共産党だけだということになる。実際そうですよ、社会党がだらしないから。ぼくから言わせると、共産党だけ除外していつも集まるというのは、理屈が立たないですよ。ただ、共産党のほうも無謬説が強すぎる。ローマ法王無謬説でさえ、最近、無謬でないとなったんです。ローマ教会でさえそうでしょ。日本共産党だけです、無謬説は。スターリン批判とか、そういう大きい問題だけじゃないんです。くだらない問題、例えば、民主民族戦線と言い出したことがある。その時なんか、一つ一つ滑稽でしたね。お茶ははたして民主的か。茶の湯のお茶。浪花節はどうか、とか。方針が決まると、もうそれに反するヤツは反党的。

長坂 共産党の無謬主義というよりも、むしろ、宮本顕治の無謬主義的なものだと思うんです。ポスト・宮本というか、宮本顕治がいる間は、権威で、言ったことを、一種の創価学会の池田大作みたいなところがあって、右と言えば右、左と言えば左と。異質なものをできるだけ排除して、野坂参三まで切っちゃったと。

丸山 みんな、そっちになっちゃったというのが分からない。上田耕一郎なんかは、完全に構造改革論者だった。かなりあとまでそうでした。安仁、それからこの間亡くなった井汲〔卓一〕さんと一緒。井汲さんは御大だけれど、経済学で非常な理論家だから。上田は完全な構革論者です。いままでのマルクス主義ではダメだと。みごとに裏切ったですね。

長坂 裏切って党内の地位が上がるということですね。

丸山　保持するというかね。不破のほうは初めから硬かったけれど、上田は分かりがいいんです。だから、ちょっと分からないですね、あれは。

長坂　一種の裸の王様と言うか、組織の完全な硬直化じゃないですか。

丸山　どうしてあそこまでついていくのか。とにかく『前衛』以外、認めないと言うんです。あの時（『現代の理論』発行禁止事件）に、それはおかしいではないかと、日高〔六郎〕君とぼくは学内でそう言っていた。『現代の理論』を一度は認めているわけです。それを中の関係で『前衛』以外の理論雑誌は認めない。自ら狭くしているんだなあ。正直、分からないです。一緒にやろうと思っても、個人としての独立がないからいやになっちゃうらしいんだな。

全共闘騒ぎの時も、ぼくらは局外者だからよく知らないけれど、民青と話し合いをするんだと言ったんだけれど、学生の中には感情的にかなわんというのが多い。その最も極端なのは全共闘で。ぼくらは、とにかく意見が違っても、アメリカとベトナムでさえ、ジュネーブで交渉しているじゃないかと。全共闘は民青とは絶対に同じテーブルに着かない。よく勉強しているある会社員にそのことを話したら、分かります、共産党の方針がどうだということじゃなくて、かなわんと。会社の中の党員は、個人の意見を絶対に言わない。組織と一体化しすぎているから。ビヘイビアにそれが現われるから。除外するというのは、それが習慣化していったんだろうな、国会なんかは。

『日本資本主義講座』成立事情と岩波書店

丸山　戦後の『日本資本主義講座』（岩波書店、一九五三―五四年）というのがあるでしょ。あれは全く代々木（日本共産党）の産物なんです。松本新八郎が編集委員になってくれとぼくの家までわざわざ来ました。マルクス主義者だけじゃなくて、非マルクス主義者を入れてやりたい、と。ぼくは、マルクス主義者だけでやったほうがいいんじゃないかと言った。新八郎が、いまはそういう時代じゃない、もっと幅広く進歩的な人を集めてやるべきだ、と言うんですね。それは学問と政治の混同じゃないか、と〔ぼくは言った〕。政治だったら共産党に賛成なら一緒にやる、その限りで。それは当たり前の常識で、ぼくもそうだと。だけど、学問とはそんな単純なものじゃない。戦前の『日本資本主義発達史講座』（岩波書店、一九三二―三三年）があれだけの画期的な業績を収めたのは、マルクス主義者でかつ方法論的に合致している人が集まってやったから。ぼくらにあれだけの影響を及ぼした。実際そうなんですね。労農派を排除してやったわけですから。それが学問的には、良い結果を出した。学問はある意味でイントレラント（intolerant）だから、この方法でもあの方法でもいいというのじゃ困るんだな、やっぱり。方法的一貫性というものがある。それで、結局断ったんです。ヒラとして書く、と。

「戦後日本の政治意識」という部会がありまして、岡義達とか京極純一とか、あまり代々木が喜ばないのが入っている、ぼくが集めたから。マルクス主義の政治学者なんていないんだから。自由にやらせるという保証を取ったんです、中枢にいた遠山君から。研究会を三回くらいやりました。日高君も入っていました。そうしたら、四回目から、面白そうだから傍聴させてくれと、二人入ってきたんです。佐木秋夫――宗教学をやっている――、もう一人は、ウィットフォーゲルを平野〔義太郎〕さんと一緒に訳している、『市民社会史』〔叢文閣、一九三六年〕という訳がありますが、新島繁。ぼくは、拒否する秘密の会合ではないから、いいだろうと。そうしたら、どうも丸山の会はやっていることがマルクス主義的でない、と。それで、トップが監督官を〔送った〕。そういうことなんです。ぼくはせいぜい協力したつもりなんだけれど、本当にそういう目に何度遭ったかしれないです。ぼくの中学の友だちで塙〔作楽《さくら》〕というのがいて、彼は党員だった。あれで党員の資格があるのかと思うくらい、ベラベラ、ベラベラぼくにしゃべるわけ。だから全部分かってしまう。実は、丸山のところはどうもおかしいと。明確に党の指図でしたね。六全協以前です。六全協で非常に変わりました。

今井　それ〔『講座』〕を岩波がどうして受けたんですか。

丸山　岩波の大失態ですね。吉野〔源三郎〕さんの気の弱さですね。吉野さんがぼくに何回となく愚痴ったんです。断固として断ればいいんだけれど、そこが複雑で。岩波でストライキが起こりそうになると、代々木に頼みに行くわけです。代々木から組合に言うと、組合が収まっちゃうわけ。そのぐらい岩波では代々木が強かった。代々木を利用する。また、知っている友だちが多いんですよ、吉野さんは。松本慎一が出版労組〔全日本印刷出版労働組合〕の初代書記長、尾崎秀実の友だちの。これは人格者だと言っていた。二代目が吉野源三郎。ほかにも、もちろん徳田〔球一〕とか幹部を知っている。だから便利は便利なんだ、岩波としても。結局、そういう企画を無下に断れなかった。ぼくなんかも加わっているると思っているでしょ。非マルクス主義者としては、都留重人、清水幾太郎、ぼくを幹部クラスとして入れたかった。ぼくは断ったわけです。

県議会で見抜かれた長野の社会党

丸山　話は飛ぶけれど、社会党はどうなんですか。

今井　地元で見ていますと、例えば、長野市は長野県でいちばん大きな市ですけれど、社会党という会派はなくなって社会市民クラブになり、定員四四名中七名なんです。かつて社会党だった連中が三名、いまでも社会党員が四名いて、驚くなかれ、会派の会長が誰かというと、日本無線という電気会社の現職の総務部長です。それが現役のまま社会党を抜けて会派の会長をやっている。実際にやっていることは、役所から仕事を請け負う自分の会社と市との繋ぎ役です。社会党員の四人も、自動車会社とか別の電気会社とか、そういう関係なんです。労組の代表となっているんですが、選挙でもお金は全部会社が出すので、組合の代表ではなくて会社の代表です。組合と言っても存在理由がなくて、集票〔マシーン〕ですね。長野市の社会党は、議会の中でも実態がなくなっている。驚くべき変質です。市長はいま三期目ですが、私が〔市長選を〕闘った時、私を推薦したのは社会党ですけれど、いま市長に質問する時には、必ず、市長のご実績に対しては深く感謝と尊敬をもっています、と枕詞で言うんです。後追いですから、保守の連中よりもさらに、見ていて恥ずかしくなるようなおべっかを使う。目の前に私がいるのにです。平然とそう言わざるを得ない感じです。市会議員の保守の連中では、自分は農家だとか、自営とか、一人で苦労してあがって来ているのが数人いて、これは是々非々で、今井君の言うことも一理あるくらいのことは言いますが、社会党は全然ダメです。ある意味、共産党に完全に馬鹿にされていますね。

戦争体験と歴史認識

丸山　信州はひどいですよ。権威主義で、しかも時局便乗。信濃教育会も、ぼくは信用しないんだ。戦争直後は、ぼくの戦略・戦術があって。みんな日教組、日教組というから、信濃教育会はコンサーバティブということで、そっちのほうを応援しようと思ったんだけれど。

今井　先生を呼んでお話を聞いた時代もありますけれど。

丸山　あれも時局便乗の一種です。戦時中に帝国教育会というのができて、その長野支部になるはずなのが、信濃教育会だけその名前が残ったのです。それが自慢でしょうがない。自主独立という。その後はひどいものです。冷たい戦争が始まってからは、ぱったりお呼びがかからなくなった。

初めの頃は、バカみたいなものですよ。戦後すぐの夏期講座。四ヵ所に行った。こっちも若いから頑張ったんだけれど。同じことをしゃべるんです。

今井　大内兵衛先生とか、有沢広巳さんとかが来られたこともありましたね。戦後すぐ、私どもが高等学校時代だったと思うんですけれど。

丸山　もちろん、木崎の夏期大学もありますね。

今井　さっきの話に戻るんですが、戦争責任の中の加害責任と被害者意識の問題ですけれど。この間、

〔海軍〕兵学校の連中が集まって話をした時に、特に私たちは昭和一九年にサイパンが落ちてからなので、足かけ二年間ですが。俺たちには一体どういう加害責任があったのか、ということが出まして。圧倒的なアメリカ軍の物量の中で、南洋派遣軍の三一軍。我身を以て太平洋の防波堤たらん、というスローガンでグアムやテニヤンで〔戦闘を〕やりました。サイパンで大きく負けたんですが。俺たちは「防波堤」意識で行ったんだ、いわんや、侵略だとか、そんなのはとんでもない話だ、と。帰ってきたら、軍学校の出身者の大学や専門学校への入学の一割制限に引っかかって。全校生徒の一割しか入れてはいけないという。わたしは戦後の高等学校の第一回の入学生ですが、四月に合格して、待ったがかかって、入学したのは九月です。幸か不幸か、一割の中に入ったものですから、入学できましたけれど、それでアウトになった連中もかなりいるんです。それで、共産党に行ったのもいますし、実業界で成功している連中もいます。この間亡くなった、福田幸弘という国税庁長官、参議院議員。彼は海軍経理学校卒業なんです。随筆集〔『戦中派の懐想』一九八五年〕を読みましたら、「一割制限」に触れていまして、カンカンに怒っているんですね。それまではイケイケとやっといて、戦後になると先生たちが助けなかった。昔のことを思い出して書いているんです。歴史の境目で苦労しているというか、自分たち自身も大変な被害を受けている。にもかかわらず、戦争責任とか加害者だとか、若い連中に言われるのは我慢できない、という感情論があります。もう一つは、朝鮮の問題ですが、補償問題がぶり返しているという問題はともかくとして、朝鮮人自身がお互いにケンカをしたり〔朝鮮戦争〕、ベトナムへ派兵してるじゃないか。いまさら何だ、言えた義理かと。そういった理屈にならない感情論があります。

いちばん難しいのは、自分の個人的な戦争体験、思い入れと若い人たちが侵略戦争だということに対する違和感。年寄りになってくると、感情的な調節ができなくなってくるんですね。南京の虐殺事件なんか、やった兵隊個人が悪いんで俺たちは悪くないと。

なぜ熱狂したのか、なぜいかれたのか

丸山　非常に難しいですね。さっきの侵略の問題じゃないけれど、マスコミも含めて、ぼくもいろいろ考えるんだけれど。戦争の時の新聞、雑誌、まず、それをそのまま若い人に読ませるんです。大体、侵略というのは、西洋の言葉なんです。いわば、外からの見方。「皇道の宣布」とか、そういうことなんです。「皇道の宣布」なんて何言っているか分からないでしょ。しかし、いかに国民がナチュラルについていったか。それが客観的には侵略になるというのじゃなくて、外国が言っているのと同じ言葉で、当時全く言われなかった言葉を使うから、乖離しちゃうんですよ。みんな忘れているかもしれないけれど、その当時の言葉を使えば、あっ、そう言えば、と。「聖戦完遂」とか「皇道の宣布」とか、国民の九九パーセントがそういうものだと思って、そういう言葉を使っていたということが、まず最初だと思うな。その当時の威勢のいい新聞記事にも、ぼくなんか違和感を覚えます。それでは、なぜあんなに国民が熱狂するか、あるいは、それに全く賛成してついていったか、理解できないです。むしろ、どうして反対しなかったのか、こんなバカバカしいことに、なんで反対しなかったのか。そういう反応は当たり前だと思うな。マスコミから何から全部のことですから、大変なんですけれど。

長坂　『現代政治の思想と行動』の「現代における人間と政治」（『丸山集』第九巻）の中で、ドイツ人がナチズムになぜいかれたかということについて、『彼等は自由だと思っていた』（マイヤー、未來社、一九八三年）が引用されていますが、ぼくは学生時代に読んで、まさにそうだなと思ったんです。日本ではなぜ軍国主義化したかという部分の歴史的な位置づけとか、その検証とか、個々には出ていますが、総体的に反省として、何か歴史の教訓として、われわれはなぜいかれたか、なぜ昭和二〇年の敗戦を迎えたか、といういちばん必要なところがないんですね。それがないから、逆に言うと、例えば、原爆だけに問題が集約されるということで議論がかみあわない。反動的な動きに対して、いまなら闘える部分があっても、ここで闘わずに、ズルズルと後退してしまう。そういう気がします。五〇年経つと、本当に忘れてしまいますから。

丸山　日本は、忘れちゃうでしょ。その当時のボキャブラリーを使わないんですよ。ドイツとちょうど裏返しなんです。敗戦を終戦と言った、あれの裏返しで、今度はばかに合理的な、つまり、外から見た、ヨーロッパの基準で見た言葉で、戦争責任を擁護する側も追及する側も、それで言うものだから。〔当時と〕あまり離れすぎていて。それから若い人も、なんでこんなばかなことが長々と続いていて何も抵抗がないのか。ぼくは分からないのは無理ないと思うな、いまのボキャブラリーだけ使っているんじゃ。

一つは、国内の、いまは力がないけれど、かつてのマルクス主義の問題。支配階級が悪くて、民衆は搾取されていて、イヤイヤながら引っ張られた、という側面を強調するし、中国やなんかは一貫してそうですね、悪いのは軍閥で国民はよかった、という。ある意味での二分法なんです。それがかえってよくない。本当は自己批判です。

長坂　ナチになぜドイツ国民がいかれたか、ないしは、日本の軍国主義に対してどういうかたちで、結果としてがんじがらめになったか、という部分の分析なり反省が出ないと教訓にならないですね。

丸山　結論は、同じなんですね。だけど、例えば、抗日、反日の猛烈さというのがほとんど知られていない。それは、無理はないんだ。二一ヵ条の要求以来の日本に対して、向こうの立場では当たり前です。

三百何件だったかな、ほとんど中国側の条約違反なんです、満州事変以前の。国民党は、租借地の解放と関税の自主権〔の回復〕。明治の初めの日本と同じです。それが至上命題です。だから、条約を守る気は全然ない。国民党、中国側のほうがはるかに条約違反をやっている。日本の新聞はそればかり書き立てる。それで排日でしょ。国民は勝手なことばっかりやっているという感じを持つわけ。しかも孫文が死んで（一九二五年）からあとの内乱状態はひどいですから。軍閥の抗争というのは。首を切られた軍閥の、その死体の写真が新聞に大きく出ました。それが、済南事変（一九二八年）の前の年です。そして済南の治安維持のために日本軍が出る。軍閥同士の抗争の中で日本人の犠牲も出ますから。これが済南出兵〔第二次山東出兵〕。そういうものの積み重ねの上に柳条湖事件（一九三一年）が来るんです。

今井　今度の文部大臣〔島村宜伸〕の言ったことは[20]、いかにもタイミングとして、あんなことを言う必要は全然ない。だけど、言っていることをそのまま読んでみれば、さっきの話の一理ありなんで、新聞では社説やなんかを含めて盛んに批判していますけれど、議会の古い連中は、別にそう変わったことを言っていないんじゃないか、あの程度で結構じゃないかという意見を持っているんですね。それが新聞に出ないわけですから、これは非常に恐ろしいことだ、という感じがしますね。問題は、これから将来に向かって戦争をしないということが大事じゃないかと。過去のことを、揚げ足取りみたいなことを言って、ということが意外にあるんです。戦場体験というのは場所と人によってものすごく違うから。

川口　ぼくが学校で実際教えている立場で言うと、やったことはやったんで、いい年をしたおじさんが、やった側が未来志向になりましょうというのは、ちょっと、おこがましい。もうちょっと敏感になってください、と言いたくなるんです。

今井　何回も謝っているんだと。反省しているんだと。素朴な言い方だけれど、憲法もつくって、そのために努力しているんだと。それから、ひどいんだ。社会党なんかが不戦決議案を出してくるでしょ。ワープロの変換ミスなんだろうけれど、五、六行に一字は間違っている。要するにやっつけ仕事で、東京からの指令に間に合わせただけ。そんなことで、何が不戦決議だという感じがする。そういうことが瀰漫しているから、古い連中にしてみれば、何だという気になっちゃう。基本はもちろん賛成なんだけれど、なにか引っかかる。

丸山　島村の言ったことのほうが、大多数の自民党議員の本音なんでしょうね。

川口　激励の電話とか、ご苦労さんとか、よく言ってくれたとか、頑張れとか。

丸山　やめさせられた連中もそうだと思うんですよ。

長坂　明らかに、確信犯ですもの。

川口　そこのところが、すべて国内向けなんで。そこが非常に怖いなと。

今井　あれは本当ですかね。シンガポールの首相が、謝罪決議は結構で、とにかく前向きに、というのは。

丸山　ああいうのがデカデカ載るからね。

川口　村山〔富市〕首相が行った時に、マハティール氏がもうそろそろ、そんなことはやらなくても、と言ったという、あのことだと思うんです。それを外交辞令と思わない感覚というのがすごいと思うな。

服部　アメリカの〔スミソニアン博物館の〕原爆展と発想が同じじゃないか。当事者と第三者では相当隔たりがある。

今井　とにかく、淀んでいるというか、沈殿している怨念というか。なんで俺たちはこんなにやられるんだという雰囲気が強い。

服部　おそらく、頭の中に遺族会とか、そういうプレッシャーグループのことがあると思うんだ。

丸山　そこだけ取り上げると、一応もっともなんだ。それが難しいんだ。全体の文脈の中に置くと、とんでもない。ぼくに言わせると、三〇年代の歴史的知識を恐ろしく失念した連中だな。あまり渡辺美智雄のことを笑えないくらい無知です。(21)

アメリカの戦後責任、核と放射能

丸山　本当に歴史を知っていない。その当時の言葉遣いをすれば、なるほど、オレもそう思っていたと思うんですよ。あの時を客観的に見れば侵略以外の何物でもないということが分かるんだけれど。それから、もう一つは、冷戦ですね。冷戦で誤魔化されたわけです。アメリカも、冷戦とベトナムで、いいことをやってないんだ。アメリカが問わなくなった。結局、自分に返ってくるという問題もあるわけ。原爆だけじゃなくて戦犯問題一つ取ってみてもそうです。第一、ソ連抜きで講和条約を結んで、岸〔信介〕を首相にして平然たるアメリカはどうかしていますよ。そのアメリカの責任はどうなんだ、と。真珠湾なんて、太平洋戦争全体から見ればたいしたことないですよ。真珠湾と原爆を比べて、なんて。ぼくは問題にならないと思う。それは別として、もっと大きいんですね、冷戦によって変わったアメリカの日本に対する見方の危険。反共の砦にしようとして全部変わっちゃった。日本のことをやかましく言わない。アメリカはそうなっちゃった。学者はそうじゃないけれど。それが大きいんだな。

今井　この前、先生もおっしゃっていたと思うんですが、原爆の投下ですが、私も軍隊にいて実感として、たいしたことだと感じなかったんですね。だんだんとんでもない話だと思うようになり、いまではトルーマンを墓から引きずり出して八つ裂きにしてやりたい気持ちがありますが。

服部　最初は京都を狙っていたと〔いう報道が〕ありましたね。

今井　京都を〔投下対象から〕意識的に外したんじゃなかったんですね。

川口　京都に文化財があるから〔投下対象から外した〕、というのはアメリカの意図的な言い方じゃないかと。京都にも周辺部に二回くらい空襲をやっているんです。そのあと、対象から外した。そして最後に政治的な判断で取っ払った、と。一昨年に『世界』（一九九三年五月号）にアメリカの公文書館の史料を使った論文〔吉田守男「京都・奈良はなぜ空襲を免れたか」〕が出ているんです。

丸山　どの段階だか、奈良と京都は絶対外す、とライシャワーがぼくに言った。ウソはついていないと思うんだな。ある段階では国務省に強く反対したこともあるんですね。その時期が分からない。ファイナルな決定についてはよく分からない。

ただ実際、今井君とは違うかも知れないけれど、ぼくもだんだんですね、原爆投下について、あの許すべからざることというのは。だんだんでした。広島にいたということで、かえって離れて見ていた。ぼくは鶴見〔俊輔〕君に、どうしてもっと原爆について言わないのか[22]、と言われました。何かよく自分でも弁解できないけれど、〔広島に〕もちろん行く気がしないというのは強かった。地獄を二度と見たくない、と。それで、意識的に行かなかったということはある。しかし、それと別問題です、原爆問題をもっと取り上げるべきだということは。例えば、褒められているばかりの、「三たび平和について」（一九五〇年、『丸山集』第五巻）でも、核問題ということは言っているけれど、広島原爆・

長崎原爆、ということは言っていないんですね。核問題、戦争は絶対悪になった、ということは、あそこに書いてあるんですけれど、やっぱり抽象的です。ぼく自身が広島に行く気がしないというその気持ちと、いまや核問題が最大の問題になった、とあそこで書いたのと繋がっているかというと、必ずしも繋がっていない。平和問題を考えるとそうなるのです。核は普通の武器じゃない。武器というのは戦争の手段だけれど、いったん核を使ったら、それは手段と言えない。自己目的、つまり共滅だから。

今井　戦争自体が成立しない、ということをおっしゃっていましたね。

丸山　思想としてそう考えていた。だけど、日本における、安井〔郁〕(23)さんが始めた運動に、ぼくは熱心だったとは言えないですね。いやだったという気持ちもあります。〔一方で〕地獄と一緒になっちゃって、忘れたいと。〔一方で〕絶対、平和は重要なんだな。矛盾していると言えば、矛盾している。のちにいろいろな議論が世界で出てくるでしょ。ぼくがハーバードへ行った頃（一九六一年一〇月—六二年六月）は、すでに大激論しました。というのは、破壊のことだけを言う、ドレスデンその他の。ドレスデンの爆撃は本当にひどいんですよ、絨毯爆撃で。一晩で〔死者が〕三〇万人ぐらいじゃないですか。その破壊力のひどさというと、程度問題になっちゃうんです。程度問題になっちゃうと、戦争である以上、という話になっちゃう。原爆の本質はというと、放射能なんです。放射能は現在でも続いていて、現在の問題なんだ。それが本当に理解されない。それを徹底して世界に、特にアメリカに強調しなかったことは、ぼくは自己批判しています。原爆はけしからん、ということは言っても、放射能のことは言わなかった。そのあとでオックスフォードに行った時（一九六二年一〇月—六三年三月）に、ほかのカレッジの若いヤツが、なに戦争体験は風化するると。核爆発なんて言って騒いでいるけれど、そのうち風化すると。ぼくはその時、激高して自分のカレッジに帰ったのを覚えています。何十年経ってもまだその原爆のために死んでいる。その放射能の問題〔についての理解〕がないんだな。自分のことを言うわけじゃないけれど、ぼくだって分からないです、こうたびたび病気するのはなぜだか。証明もできない。放射能を受けたという証明ができない。

今井　爆風は受けたんですね。

丸山　それはもう。死傷者がたくさんいますから。連隊の塔がぼくを救ったようなものです。爆風を直接は受けなかった。宇品橋はすぐ傍ですが、歩いていた人は全部即死です。川というのは障害が何もないから、爆風がバーッと来るんです。だから運悪く宇品橋を歩いていた人は内臓破裂です。あの塔なかりせば、ぼくも〔生死が〕ちょっと分からないです。火傷も大変だけれど、火傷だけじゃないです。熱と爆風による内臓破裂がすごく多いです。そういうこともあまり知られていない。三日目に文字通り爆心地へ行きましたけれど、焼けなくて電車の中で骸骨みたいになって死んでいる人がいる。やっぱり内臓破裂です。宇品の司令部のガラスが一枚残らず割れたんです。そのくらいすごい。熱ではなく爆風なんです。

爆風というのがあまり知られてないでしょ。地下に潜った人は、熱を受けないだけじゃなくて、爆風を直接受けないんです。だから〔原爆の〕真下にいる人で何でもない人がいます。宇品は四キロちょっと離れていますが、それで相当死傷者が多いですから。

今井 話は現代的になりますが、サリン現象をどのようにお考えですか。松本でしょ。私の友人の奥さんの実家が駐車場を貸しているんです。冤罪の河野〔義行〕さんの敷地もそうらしいんです。東京に住んでいるんですが、駐車場を無断で使わせたんじゃないかという容疑で、警察に二度呼ばれたそうです。縁起が悪いから処分したいけれど買い手がないと。

丸山 日本文化の中にある要素、例えば、自閉性、自閉的な集団、ウチとソト、内輪の人間とソトの人間の峻別。見事にオウムに凝縮されている。そういう要素と、とくに日本で増幅されている現代文明の病理。それは科学兵器と関係しているということじゃなくて、ヴァーチャルリアリティ。何が現実かという、感覚がなくなっちゃう。極端に言えば、ぼくはマンガから何から全部責任があると思う。これがリアルであり、これはリアルじゃない、おとぎ話だというのがなくなっちゃうんです。どこまでが仮想であり、どこまでが現実か。現実感覚がもしあれば、ということは、常識があれば、ということになっちゃうんだけれど。ハルマゲドンというものを信ずれば、無差別殺人をしてもいいと。おそらく、そういう風に思ったのでしょう。普通の人が普通に生活して生きているという現実が見えなくなっちゃう。そういう人が、全く何らの罪も犯していないのに、殺戮されるということに対する想像力が、どうしてあそこまでなくなるのか。すべてが仮想、ヴァーチャルリアリティの世界になっちゃったらそうなると思いますね。そういう意味では、すぐれて現実的。それはみんなテレビの画面で起こっていること。かたちは違うけれど、宮崎〔勤〕ですか、ビデオだけ観ている、あれと似ている。子どもを殺すということが、現実としてどういう意味を持つのかということを全く考えない。全部テレビの中の出来事。仮想現実なんです。ヴァーチャルリアリティというのは怖いですね。しかし、辿るとソクラテスまで行っちゃうから大変なことになっちゃうんだけれど。リアリズムが没落した時代から始まるわけですから。何がリアルで何がアンリアルかという感覚がなくなった。普通はそれが常識なんですね、これがリアルでこれがお話だということが。それがなくなったんじゃないですか。それがウチとソトの峻別だから、なおさら。ほかの普通の日常感覚を持っている人と会話するというチャンスがないわけですから。ヴァーチャルリアリティの中に生きている仲間としか話さないわけですから。怖いですね。

服部　ロシアから兵器を買いつけたりしていますね。

丸山　あんなおもちゃみたいな兵器でどうするんだと思うけれど。しかし、平和で、みんな実際の騒乱を想像できないでしょ。おそらくあの武器を使って暴れ回るということで、クーデタが成功すると思ったんでしょう。大衆蜂起じゃなくて、オウムの一団でも。内閣とかは全く機能しなくなる、ちりぢりになって。内閣、官邸、放送局、そういう所を占拠して、何か放送する。そういうことは案外可能なんじゃないか。

檜垣　自衛隊の人に影響力を持ったというのには、ビックリしましたね。

丸山　自衛隊のある部分を味方に引き入れて、自衛隊を無力にするというのかな。自衛隊の中での内乱になるから。非常に合理的な考え方かもしれないけれど。少なくも麻原〔彰晃〕程度の人間はそれくらい考える。意外に、上からのクーデタで、国家権力を掌握するということを考え得る。続くかどうかを別として。

今井 テレビの演出の仕方もあって、幹部たちが一種のタレントのような取り扱いになったということがありますが、地方で見ていますと、そこにいまの国家に対する反逆、抵抗のシンボルみたいなことで、これは面白いぞ、と。一種の愉快犯みたいに思っている連中もいます。案外、麻原に対する憎しみとか批判というのが、田舎のほうでは出ていないような感じがあります。

長坂 東京では違いますよ。毎日地下鉄に乗っていて襲われるのじゃないかという恐れがあります。考え方に共鳴するといったことは全く伝わってきませんね。

服部 オウムのせいで阪神大震災の悲惨さが薄れたということがある。テレビの報道ぶりがオウム一色になっちゃったでしょ。あれは残念だったなと思います。

社会連帯主義、地球組織、人権

檜垣 『図書』七月号の対談（「夜店と本店と」）で「社会連帯主義」という発言をされていましたね。あれは具体的にはどういうイメージなのか、いま一つ浮かばないんですが。もう一つは、いまの日本社会でああいう考え方をどういうところに期待されるのか、ということをお聞きしたかったのですが。

丸山 プルーラリズムということを言いたいためです。社会主義というとソ連とか、一つの社会というのがあるというのじゃなくて、たくさんあるということが前提なんです。たくさんあるだけだと無政府になっちゃうから、それで連帯と言った。社会連帯主義と言ったのはデュルケム[24]なんです。あそこでいちばん言い足りないのは、国家主権に代わる強制力の行使をどうするか、という問題です。二一世紀までかかる、と言ったんだけれど。方向は團藤〔重光〕[25]さんと同じなんです。国家だけが人を殺すということを正当化できる、そういう制度をやめようじゃないか。国家であろうと何であろうと、人を殺すのはいけない。ということは、国内的にはまず死刑制度の廃止、国際的にはもちろん戦争の放棄。これはパラレルだと思うんだ。

それから、国連の改組。これは夢みたいな話になっちゃうんだけれども、国連という名前をやめて、グローバル・オーガニゼーション、地球組織、と言うんです。ネーションが集まったものじゃなくて、グローバルな組織を作る。それを上下両院に分けて、上院はいままでの国家から代表者を出す。いまの国連とほぼ同じ。それは国家というのはなくならないから。上院が国家代表。下院の構成をプルーラルにして、まず個人が投票権を持つ。被代表権も持つ。それから社会団体が持つ。経済ではいろいろなインターナショナルな連盟がありますね。NGOもそうだし、アムネスティもそうだし。世界大学連盟というのがありますが、そこからも代表を出す。それから個人もあってもいいと思う。選挙区の決め方が難しいけれど。下院の、いまの国連という言葉を仮に使うなら、それの構成員が決まる。当選したら国籍を離脱する。つまり、地球組織のメンバーになるわけです。そのメンバーはビザとかはいらない。世界中どこでも行ける。そのかわり組織に勤務している間は国家との関係を全く切る。その組織を辞めたら、自由にどこの国の国籍でも取得できる。その下院を中心とする。上院の役割は難しいんだけれども、いろいろな委員会を作って、その中の一つに、いまの安保常任理事国に当たる、世界秩序を維持するのがどうしてもあるわけ。これが、やっぱりいざという時に軍事力を行使しなけりゃいけない。多国籍軍じゃいけないわけ。グローバルな組織が直接武力を行使する。それには、メンバーがみんな国籍を離脱した世界人にならなければ、自国の利害を代表していることになりますから。武力による紛争解決をできるだけ避けることはもちろんだけれど。最後の手段として、武力による国際紛争の解決。それをいまのように国家に委ねない、ということなんです。自由民権運動の時に、自分の国籍を離脱するというヤツが出て来たわけです[26]。だから、そんなに突飛じゃないんですね、あの頃にあったわけですから。

今井　近代が利己主義と利他主義の調整と言いますか、統合に成功しなかったということは、宗教でもダメだったということですか、キリスト教とか。

丸山　宗教の役割の一つはそれですけれど、それだけでできるかということですね。結局、ぼくは個人主義ということだけだと、個人が世界を直接構成するのは無理じゃないかということと、個人の秩序に対する侵害と、そうじゃない行動とを、その個人が弁別するというのでは、それほど個人を信頼できるかということで。結局テメエの利害になっちゃうのじゃないか。その上級のものとして、社会というものを認める、国家じゃなくて。それは、社会がたくさんあって、そのチェックス・アンド・バランセズなんですね、社会のルールの関係は。チェックス・アンド・バランセズと同時に連帯です。

　基本は個人です。基本的人権です。基本的人権が中心の社会連帯主義。基本的人権は個人ですが、個人の基本的人権の主張だけになると、基本的人権同士の衝突をどうするかという問題が出て来ます。そういうことは今後ますます増えていく。

いま、自由のぶつかり合いの問題ですね。報道の自由とプライヴァシーの保護と。それは、ぼくは、個人を超えた社会機関じゃないと、調整できないんじゃないかと思う。夢みたいなものです。逆に、いまの主権国家の寄せ集めのような国連で何ができるかというと、ぼくは、何もできないと思う。実際に、主権国家は世界経済に対しては全く無力でしょ。通貨会議とかで集まらないと何も決められない。ぼくはもう少し違ったいろいろな交渉ができてもいいんじゃないかと思うんだけれど。

暴力の正当性と自己武装権

丸山　暴力の正当性というのは極端に言えば、だんだん、だんだん昇化して来たんですね。昔は小さな部族がみんな武力の正当性を持っていて、部族の衝突なんかの問題を解決していた。それがだんだん暴力の正当性が否定されて、例えば、江戸時代と戦国時代とを比べれば、暴力の正当性は戦国時代のほうがはるかに分散している。武士はみんな持っているわけです。武士同士の争いは正当性を持った武力の行使なんです。江戸時代になるとそうじゃなくなる。同じ藩の侍同士の争いはいけなくなるわけでしょ。だんだん上昇してきて、近代国家だけが暴力の正当性を独占している。近代国家の特色というのは、そこにあったわけです。

今井　オウムのことに戻るんですが、ああいう現象は一種のテロリズムとの思想的なつながり、中近東や南米なんかに見られる、そういう側面はないんでしょうか。

丸山　それはあるでしょうね。仮想現実もそうです。アメリカは昔から銃社会だと言うけれど、独立の時からそうですから。あれは基本的人権なんですね。なぜ放置しておくかというと、基本的人権だからです。コンコードの民兵の銅像、ぼくは感激したな。イギリスの侵略に抗する民兵、と下に書いてある。イギリスに対する独立戦争は民兵の武装から始まっているわけです。だから基本的人権なんです。これは徴兵制と全然違う、人民の自己武装ですから。「立て市民よ」というフランス革命と同じで、むしろアメリカの独立がフランス革命に影響したんです。人民の自己武装という観念がすり替えられるんです、徴兵になると。国家が人民を徴発するという。一歩の差なんだけれど、まるで意味が違っちゃう。

「拳銃を……」（一九六〇年、『丸山集』第八巻）と書いたことがあるんです。女性がみんなピストルを持っていたら、真夜中でも〔一人で〕歩けます。〔襲って来たら〕撃てばいいんです、正当防衛ですから。よほどおかしくなければ、やたらに撃ちませんよ。自己防衛としてしか。刀狩りで、日本くらい民衆が非武装化されている国家はないんですね。アメリカが銃社会であるというのは、アメリカが民主主義国家であるということと同意味であるということ。その逆の意味です、いま言われているのは。国家だけが武器を持っていて、人民が無抵抗でいいのかということです。国家に対する反逆は武器を持ってやる。個人の武装権です。むしろギャングやなんかが持っているから問題なんだ。一般市民がみな武装したら、ギャングや暴力団はうっかりしたことをできないですよ。

ただむしろ、ぼくはもっと大きな社会化の問題としては、さっき言ったヴァーチャルリアリティの問題があると思います。オカルトが流行るとか、似ていますよ。現実対おばけの世界というんじゃなくて、何か境界が曖昧になった。どうしたらいいのか。根が深いし難しい問題だと思いますね。ただ、閉鎖性の問題は非常に日本的だと思うんだ。オウム真理教が本当の宗教じゃない、一つの有力な証拠になります。セクトやなんかは閉鎖的だけど、それでもってセクト以外の人間を救うことでダイナミズムを持つんだけれど、救うんじゃなくて殺すというんだから。よそ者には何をしてもいいというんだから。

阪神大震災――自発的市民集団《ボランティア》の出現

丸山　さっきの連帯ということを言えば、「公」という観念が、いまだと上と下の関係だけなんです。上が「公」で、下が「私」。そうじゃなくて。パブリックガーデンとか図書館とか、みんなパブリックでしょ。幕末に吉田松陰がいちばん驚いたのが、西洋のパブリックの概念なの。図書館、博物館、公園。当時の伝統には全部ないです。あの攘夷論者の松陰がいちばん感心しています。横のパブリックの観念、それが広がる度合いで、国家が「公」の代表じゃなくなるんです。皮肉なことに、阪神大震災を通じて、日本語にない「ボランティア」が初めて通用しだした。前からあったけれど、社会全体に通用しだして普通の言葉になった。それに対応する日本語がないということが、象徴的。横のボランティア活動がなかったから、日本語にはそういう言葉がないんです。

檜垣　正確な翻訳がないそうですね。

丸山　ないですね。長くなっちゃう、自発的市民集団とか。今回の阪神大震災のボランティア活動は画期的です。関東大震災の時に自警団という市民団体があった。これはもう悪いことをやった。朝鮮人を虐殺したのも自警団ですから。ぼくは小学校四年生だったけれど、自警団には助け合うというのがなくて、文字通り、治安維持、自警。

死者の数から言うと、関東大震災のほうがひどいけれど、直下型と違うというのが、今度の地震で逆に分かった。関東大震災は初め縦揺れなんだ。おしりが持ち上がるぐらいだった。今度の阪神大震災より長いですね。一分ぐらい揺れていて、三〇秒ぐらい間があって、二回目のすごいのがまたあった。初めの上下動で、浮くんですね。次は水平動で来るから、やられちゃうというのが多いんです。それでも、四谷と下町とは、かなり違っていて、下町は振幅が一尺、四谷ですと四寸。あぁ、あそこの家が倒れているなという程度です。倒れている家を探すのが大変。壁はめちゃくちゃで、ぼくの家も含めて瓦はみな落ちちゃったけれど。結局、火事で焼けちゃった。下町もそうなんです。空襲とよく似ている。逃げ場を失っちゃうし。火が何百ヵ所から出るんです。地震そのものじゃなくて、火なんです。地震がすごくないと言えばウソになるけれど。

服部　ひどかったのは、小田原、相模湾に近い辺りで、今回と同じ直下型でやられているんですね。

丸山　余震が何百回とあったんです。野宿したけれど、お袋なんかは、余震と余震の間隙をぬって、家の中に飛び込んでお茶碗を持って出るとか。そういう騒ぎですから。家の近所のお寺、ぼくは子どもだったからよく分からなかったけれど、百メートルくらい距離があったと思うんですけれど、そのお寺の本堂のでっかい柱が余震でフラフラしているのが見えるんですよ。余震というのはこわいんだ。ただ、本震ほどひどいのはもうないと、すぐに伝わった。それは本当だった。

よく言われるけれど、今回流言蜚語が飛ばなかったというのは、テレビのおかげですね、関東大震災と違って。水道がすぐ止まっちゃって。家には井戸があったでしょ。昼までは使えたんです。大体、一時か二時頃から朝鮮人が井戸に毒を入れたというデマが流れた。

檜垣　そういうことは今回なかったですね。被害が時間とともに大きくなったのにはビックリしました。京都では朝の八時過ぎのニュースではほとんど被害はないと言っていましたけれど、ところが一二時頃にはものすごく大きくなっているのでビックリしました。

服部　結局、現地を誰も見ていないからではないんですか。朝は被害軽微につき……とか言っていた。あの時、徹夜で仕事をして、いったん寝たんです。昼頃起きたら、えらい状況になっている。それからは一ヵ月以上ビデオ・レコーダーをつけっぱなしで、とにかく記録を残さなければ、ということで。自分も現場に行って。

今井　不思議なのは、神戸市長が少しも出てこなかったことだな。

服部　知事は出てきたけれど。

利己と利他——丸山の震災体験

丸山　さっきのエゴ・利己と利他ね。あれは小学校の震災体験なんです。両方見たわけ。無政府状態でしょ。例えば、缶詰とかが放り出されていると、勝手に取って行くんですよ、店から。翌日九月二日にぼくら一家は親類と一緒に逃げたんです、四谷から新宿を通って東中野まで。東中野に長谷川如是閑の家がある。そこまで歩いた。よく歩いたと思いますね。新宿ではボーボー〔道の〕両方燃えているんです。武蔵野館がボーボー燃えていました。新宿では青年団が机を出して、ご苦労さんです、大変だったでしょう、お飲みなさい、お飲みなさいと言って牛乳をくれました。ぼくも牛乳を飲んだけれど。青年団の人たちは、自分の家がどうなっているのか。それは利他的な面です。

治安は全くゼロになって、戒厳令がなかったら大変なことになっていた。剣付き鉄砲の兵隊が次々に立って、みんな安心した。交番は全然ダメ。お巡りが交番にいないんだもの、どこかへ逃げちゃって。

今井　兵隊さんは戦前は信用ありましたね。

丸山　戦前の暴動は全部交番の焼き打ちでしょ。日露戦争のあとも、護憲運動でも。

服部　今度の神戸の地震でも、歩いていると、いろいろな人が声をかけてくれて、夜遅くは歩かんほうがいいぞ、と逆に注意されました。暴走族が来て、かっぱらいをやったりして。自衛隊・警察がしょっちゅう夜警、自警団ももちろん出ていましたしね。

今井　いつ頃まで。

服部　一ヵ月、二ヵ月くらい経ってもまだやっていたんじゃないですか。筑紫哲也が報道していましたね。夜は危なくて外を歩けない状態でした。私も明るいうちにいろいろと記録を残して、夜は宿屋に転がり込んで、一五、六時間ビデオを撮った。例えば、六甲アイランドとか、メリケンパークとか、マスコミが報道していないようなところをテクテク歩いて。いろいろカメラに収めてきたんです。あの悲惨さは現地を見ないと分からない。

丸山　いちばんビックリしたのはテレビで観た高速道路の橋桁〔の倒壊〕、信じられなかったな。

檜垣　三年ほど前、阪神高速道路公団の技術専門家に聞いた時に、地震・台風は絶対大丈夫だ、道路上の火災、乗用車じゃなくタンクローリー車の火災だけが非常に不安だと言っていました。

下がらない微熱、ガン患者として

今井　先生、これからのお仕事は。微熱はずっと続いているんですか。

丸山　一昨日中止したんです、薬を入れるのを。抗生物質で熱が下がるんですが、医者もなぜ熱が出るかが分からない。一二月に入院して以後ですから。初め医者は、熱が出るのは処置が効いている証拠で、解熱剤、座薬を毎日使っていいから、と。熱がそんなに心配だったら熱を計るな、と言ったぐらい。そうしたら一昨日は〔微熱が続くのが〕長すぎるから、と。あまり説明されないのでよく分からないんです。エタノールのいままでの効き方が遅くて、二週間に一度やっていたのを、入院して集中的にやったんです。きついことはきついんですが、それにしても、もう半年ですから。ちょっとおかしい。アルコールを直接肝臓に入れるというのは、新しい治療法です。一九八五年以降だろうな。簡単なんです、通院してできるから。やったあとしばらく横になって寝ているだけで。それで治れば何のことないんですけれど、恐らく、効く範囲が限られているんじゃないでしょうか。何年も続けなければいけない。ガン細胞は普通の細胞の変異したものです。普通の細胞は栄養のほとんどを静脈系〔の門脈〕から摂って、一部分は動脈から摂る。ガン細胞は主に動脈から栄養を摂る。去年やった治療というのは、大腿部から抗ガン剤を注射して、同時に、何か薬剤を入れて動脈を塞いで、ガンが栄養を摂れなくする。そうすると、ガン細胞がまいっちゃうんです。ガン細胞がある程度大きくなると、たくさん血管があるから栄養が摂れて潰れない。ぼくのは、ちょっと大きくなりすぎているんだな。それでも破壊されて最初よりは小さくなっている。

今井 お見かけしたところ、年齢相応どころか、年齢より若く見えますね。

丸山 とにかく全く自覚症状がないんです。だから弱っちゃう。転移の可能性はどうですか、と聞いたら、体中に転移の可能性がある、と言う。だからキリがない。転移の検査をするなら体中検査しなくちゃならない。もっと悪くなってからでいい。いちばん最近のエタノールを入れた治療結果はCT検査で、九月一日にならないと分からないです。混んでいるんですよ。エタノール注入でも部下の人がやれば早いと思うんですが、主治医がやるので。大事にしてくれているということは分かるんですが。甚だしい時は、午前一一時から午後四時までかかる。

婦長と仲良くなって、婦長に電話をかけて、彼女を通じてこちらの希望を言ってもらうの。そうすると受付を通さないでエコーの部屋へ直接行けるわけです。そこで待たされる。前は受付で待たされて、エコーの部屋でまた待たされていたわけ。受付で待たされることは省けた。その代わりその婦長のご機嫌を取ったりして。（笑）

病中、「閑なし」

丸山 なかなか主治医と話せないんです。本当はもう東京女子医大をやめて、小さな病院で、そのつどCT検査をやって、どうなっているかが分かれば、それがいちばんいい。エコーでは映るけれど本当には分からないんですね、CT、つまり断層写真でないと。一昨年暮れ、ぼくのガンはそもそも胃の検査から発見されたわけです。胃がおかしいから胃ガンだと思った。でも何でもない。丸山さんは肝炎をやっているから、ついでに肝臓を診ましょうと。そうしたら肝ガンが発見された。それがすでに三センチになっていた。大きすぎるんですね。普通余病がなければ摘出ですよ。摘出だったら一遍で済むわけです。ぼくの主治医は外科の名医と言われているらしいけれど、さすがに呼吸器のことをいろいろ聞いて、どうも危険だと。片肺がないので全身麻酔が呼吸機能に与える影響が大きいということで。〔摘出しないのは〕そのせいらしいな。

エタノールを針で入れる治療が始まったのは、八〇年代後半。そのくらいある意味で、ガンの治療法は未発達なんですね。だからもう少し頑張って生きていれば、ガンについて新しいことがわかって来るはずなんです。要するに、DNAです。つまり遺伝子で、いままで分からなかったことが全部分かってきた。すると、ぼくはすでに三〇年近く前にガンになっているんですね。写真を撮っても分からない程度でズーッと何十年もきて、それが大きくなる。そういうものだそうです。

いま安全なのは胃ガンと乳ガンでしょ。ガンの場合は治癒と言わないで、五年生存率が何パーセントあるか、で計る。胃ガンと乳ガンは九五パーセントか九八パーセント生きている。五年後も。よっぽど手遅れにならない限り、まいっちゃうことはないわけです。悪いほうの代表が肝ガンと膵臓ガン。五年生存率が三パーセント、データで言うと。おそらく肝臓に転移してアウトになるのが多いんですよ。ぼくみたいのは、原発性と言うんです。原発性だけだったら、そんなデータにならない、そう思っているんです。あらゆるガンについて、ますます言われていることは、非常に精神的な要素が強い。もうダメだと思ったらダメになるんです。ぼくの主治医が初診の最後に言った言葉が、「病は気から」なんです。「病は気から」なんていちばん言いそうもない人なんだ。科学主義で、データ重視。

去年はそれで丸つぶれでした。医者は二週間に一度通えばいい、たいしたことないんじゃないですか、と。その日だけだと思っているんだ。だけど、患者にしてみると、病院に行くとなると、その二日前くらいから自重しますね、熱が出ないようにとか。治療後は微熱が出る。そうすると、二週間に一度と言ったって、結局、何日もつぶれちゃう。その間に、昨日のグラックじゃないけれど、外国から飛んできて明日帰るから是非会ってくれ、というのがあるでしょ。だから、病気をしているから、なんとか閑ありじゃなくて、逆に、閑なし、なんですね。

今井　体に無理をされない限り。

丸山　みなさんとダべっているのは楽しいんですね。

今井　一年半ぶりですね。

丸山　生きていれば、また。ただ、胸をやっていなければ、全摘出しているから。肺の手術のために輸血して肝炎になったでしょ。いまは昔ほど輸血自身に危険がなくなったらしいですが、昔は輸血をすると肝炎になることが多かった。最近亡くなったけれど、ライシャワーがそうでしょ。日本で撃たれて、輸血で肝炎になっちゃった。

ＤＮＡが発達し、それによる治療が最近始まったでしょ、遺伝子組み換えという。しかし、オウム真理教じゃないけれど、どうなるか。つまり、人格のアイデンティティというのが崩れちゃうと思うんです。よく昔冗談を言ったんです、ぼくら。そろそろ脳が老化しているから、できるヤツの脳と換えたいと。（笑）そうなると、人格のアイデンティティが変わる。そういう方向は、恐ろしいです。やはり神を冒瀆するものだな。

戦後丸儲け――被爆、結核、肺切除

丸山　われながら悪運が強い面もあるんですね。さっきの原爆がそうでしょ。部屋にいたら大怪我ですから。朝礼で部屋に一人留守番の少佐が残っていて、あとは点呼に出たんです。彼は本当に傷だけです。飛行機が広島湾から北に向かって入ってくるでしょ。ここが宇品で、ドームはこの辺ですね。だから、一〇秒か二〇秒早く〔原爆投下の〕ボタンが押されていたらアウトでした。ただ、こっちは湾だから、海での爆発は損だから、なるべく破壊を大きくしようとして、ズーッと入って来たんですね。それから、三日にいっぺん使役に行くんです。使役で広島市の中心部に行っていたらアウトです。いろいろな「もしも」があって。玄界灘でも、〔輸送船が〕いつやられるか分からないわけです。二等兵でしょ。一等兵、二等兵は船の底なんです。だから、いちばん上まで出て、それから、局所を押さえて飛び込む。（笑）そんな練習なんかをやらされた。むしろ生きていたのが不思議ですね。

「坊主丸儲け」と言うけれど、「戦後丸儲け」。（笑）原爆の時に死ぬんだった。それから、胸の病気だってそうです。最初〔国立〕中野〔療養所〕に入った時は、肺切除ができなかったんです。二年経って再発して入ったでしょ。その間に肺切除手術ができるようになった。それまでは肋骨をとって、外から外気を入れて、一気圧になるから肺が縮むんです。縮むと肺の中に酸素が行きにくくなって、空洞の中の結核菌が酸素補給ができなくなって、まいっちゃうという療法。非常に間接的でしょ。

なんとか切除ができないかというのが夢だったんです。それができるようになった条件が二つあるんです。一つは麻酔の進歩です。麻酔は帝国陸海軍はダメなんです。精神主義だから。痛いと言うと気合いが入ってないと言われる。痛いと言っちゃいけない。だから麻酔が発達しない。我慢しろということで。アメリカはああいう国だから、麻酔がすごく発達する。手術は全身麻酔で、麻酔医は手術患者のほうを見ていないで、ガラスのチューブだけ見ている。タンが詰まると、目盛りがグッと上がるの。それでそこを見て、詰まったタンを除く。だから安心して麻酔がかけられる。それまではタンが詰まっても分からないから、手術中に窒息死しちゃうわけです。麻酔の発達によって全身麻酔がかけられるようになった。もう一つはストレプトマイシンです。ストマイは、ぼくの最初の時にはあったけれども、一つが何万円という、とても一般には手に入らない。それが、ぼくが手術した時は、健康保険で二五本使いました。背中を開いて、病巣を取って、そこにストマイを浴びるほど使う。肺全体にはペニシリンを、まるでお湯に入るくらい、ザブザブになるくらい使う。ペニシリンは結核菌は殺せませんが、普通の雑菌を全部殺しちゃう。ペニシリンが発明されたのは戦争中で、チャーチルの肺炎を三日か四日で治した。すごいのが発明されたというのを断片的に知った。ぼくの肺切除手術は日本では三桁台じゃないかな。まだその頃は死因一位ですから。

いまは確か結核患者が増えているんですね。困るのは、結核専門医がいなくなっちゃった。つまり、大学を出た医者の卵が結核は面白くないから専門医にならない。ガンとかバセドウ病とか、難病のほうへ行くわけです。

ゾッとした岩波の広告

丸山　どうなるか分かりませんが、もしかしたら『丸山眞男集』の「月報」にみなさんに出ていただくかもしれません。実は忸怩たる思いがあるんです。平生豪語していたんですね、全集などは、死んでから出すものだと。『マックス・ウェーバー全集』は、全部マリアンネが編纂したんです。それがいま大問題になっているんです。ぼくはマリアンネの編纂したものを読んでいる。マリアンネがなまじっか学者だから、手稿だから順序やなんかがよく分からないところがあると、マリアンネが自分の考えでやる。それがおかしいというわけ。戦後新しいのが出されている。

檜垣　『丸山眞男集』を編年体にするというのは、先生のご意向ではないんですか。

丸山　それは、ぼくもそのほうがいいんじゃないかと言ったんです。それは岩波の相談を受けて決めたんです。ぼくの読者は〈単行本を〉持っているわけです。そのままのかたちでそれを第何巻としちゃうと、ダブっちゃうでしょ。崩しちゃえば、ほかのが一緒になって、別の目で見ることになるので、そのほうがいいということじゃないですか。

檜垣　編年体とテーマ別と両方あればいちばんいいと思うんです。桑原武夫先生の『著作集』が朝日新聞社から出た（一九六八—六九年）のは大体テーマ別で、岩波書店から出た（一九八〇—八一年）のが編年体でした。どちらも意味があるという気がしました。

丸山　テーマ別だと、福沢の終戦直後の『選集』は、ぼくが関係しているんですが、第四巻の政治論を受け持った。政治論だけで、福沢の政治思想が分かるかという問題。テーマ別というのはよし悪しなんです。

檜垣　編年体ですと、机に向かって字引を引きながら読むような超大論文と交遊録みたいな楽しいものが連続してくるわけです。それがちょっと……。

丸山　巻末の「解題」も、この論文はこういう時代的背景のもとに書いた、というのはあったほうがいいんだ。こういう議論を主に対象にしていた、と。そういうのが忘れられる。そういうのがなしに論じられることが多いんです。つまり、自分はこう読んだということじゃなくて、モチベーションがどこにあるかというのを書く。昨日吉祥寺の本屋で『丸山眞男集』の大きな広告を見てうんざりしたんだ。恥ずかしいですね。

川口　先生の写真ですね。ぼくも見て、すごいな、岩波もああいうことをやるのだなと思いました。

丸山　ゾッとした。すぐ剝がしますよ、と言っていたけれど。あれは大女優並みだな。

今井　長野市の「平安堂」では『図書』の七月号（特集『丸山眞男集』）が瞬く間になくなりました。

丸山　悪いことしてね。シャモニなんて、いっぺん断ったらしいです、旅に出るところで忙しいからと。奥さんが丸山先生だから是非書け、と。相当無理して書いた（「「日本の思想」ドイツ語訳のこと」）らしい。面白かったけれど。

今井　特集号の随筆・論説はそれぞれ面白かったですね。山口二郎氏の「アカデミック・ジャーナリストとしての丸山眞男」も、政治評論よりも分かりやすい。

川口　自分の読書体験を書いているので、分かりやすいです。
丸山　去年会いましたけれど、あまりよく知らない人です。都築勉という人もいっぺんくらいしか会っていない。顔もいま思い出せないです。
檜垣　先ほどの話ですが、『講義録』〔の出版〕をぜひお願いします。政治思想史と政治学と両方ともコピーを持っているんです。
丸山　かなわないな、それは。注意することがあったら、教えてください、参考にしますから。

戦後五〇年の節目の年に出る『著作集』

丸山　この会は何回目くらいですか。
川口　一四回目です。一九八四年からです。
今井　先生、これから会議がありまして、これで失礼します。ありがとうございました。〔今井退席〕
服部　これから『著作集』が出る来月にかけて、いろいろなところで取り上げられるんじゃないですか。
丸山　『著作集』との関連というのなら分かるんですけれど、あまり関係のないところで、青土社の『現代思想』（一九九四年一月号、特集丸山眞男）の筆者には誰も知っている人はいないんです。そういうところで去年の一月、特集号を出したんです。ぼくも手元に取っておこうと思ったら、品切れだと言うんです。

川口　あれは売り切れちゃったと言っていますね。

丸山　初めてなんだって、全部売れたのは。

川口　ぼくも「丸山眞男著作ノート」の続編を載せましたが、人からないかと言われて編集部に聞いたら、やはり品切れということでした。先生の書かれたものは、いまの連中から見るとすごく新鮮に見える。戦争体験にしても、直接体験した人とあとの世代が違うようなもので、いまの若い、ちょうど大学生くらいの連中から見ると、戦後というのは、先生がおっしゃった高度経済成長という泥にまみれたいまの日本を作った、マイナスイメージで見ているんですが、それと丸山眞男という人とは全然違うんだ、と。初めて読むと非常に新鮮なようです。

丸山　岩波の若い人でもそうらしいな。ぼくのイメージというよりも、戦争直後というのは、時代が違っていて、沸騰するような、将来を待望して、いい日本を作るんだ、と。そういうのが今度、分かった、という感じで。

長坂　先生は戦争体験をくぐった学者の中から「悔恨共同体」という言い方で、ある種のグループを想定されています。私は先生の著作の他にこのグループに属する、例えば久野〔収〕さん、日高さん、家永さんなどの本——、いずれも戦争そのものに対する深い反省をふまえて、戦後の日本はこうあるべきだという真摯な考察をされている本——を学生時代に積極的に読みました。それらの著作を通じて、戦争を追体験する一方、戦後の日本の方向性を学ぶことができました。戦後五〇年目の節目の年に先生の『著作集』が出されることには、画期的な意味があると思います。

丸山　このグループのみなさんに非常に親近感を持ち、かつ、信頼するのは、ぼくがさかんにやっつけられた頃、ぼくにくっついたんですよ。八四年。それは、信用しますよ。編集者ともそうなんです。小尾君なんかそうです。小尾君は、ぼくがさかんに悪口を言われた時に、それを絶対に受けつけなかったです。それで、『戦中と戦後の間』を出そうという気になった。ぼくが外国に行っている間に小尾君が集めたんですけれど。オーケーを出したのは、「あとがき」にも書いたけれど、ぼくに対する信頼を失わなかった、と。人間である以上そうですよね。それと全く反対のほうが多いです。神様みたいにしていて、今度はぼろくそに言うというのがありますから。

川口　五〇年というのが、やはり長いんですね。一九四五年の五〇年前は一八九五年、日清戦争の終わった年です。その長さというのも生徒が感じるんですね。先生には大変失礼なんですが、丸山眞男の本を読むというより古典を読むという感覚。とは言え、いまでも国語の教科書には先生の「「である」ことと「する」こと」が載っているんです。ぼくなんかも高校三年生に日本史を教えて、最後に戦後史をやると、生徒はそういう感覚で、そこから入ってくるんです。読書体験が同時代の人で丸山眞男のデモクラシー論ではなく、また、ぼくらが大学の時にいまさらなぜ丸山眞男を読むんだと言われたのとは、もう一つ違うという気がします。

丸山　確かに、一九四五年マイナス四五年というのは、ぼくにとっては考えられないほど遠いものね。〔他方〕で、四五年は昨日みたいなんですね、実感としては。あっと言う間に経ってしまったような。一九〇〇年というのは江戸時代とあまり変わりないんだな、ぼくにとっては。

服部　自分の経験した世界と経験していない世界とは、ものすごく開きがあるんですね。たとえそれが一〇年前でも。

丸山　明治天皇が亡くなった時の衝撃とか、よく昔聞きましたけれど、話として聞くだけで。それと同じ時間が経っているんですね、驚くべきことに。また、一九〇〇年から五〇年さかのぼると幕末になっちゃうんですね。日本は驚くべく変化したな。侍は二本差していたわけでしょ。

幕末・維新期と戦後の相似性——言葉の問題

丸山　話は飛ぶけれど、信濃教育会の悪口をさっき言ったけれど、向こうで佐久間象山のことを話したあと（一九六四年一〇月一七日、信濃教育会臨時総集会における講演「日本思想史における佐久間象山」、後に「幕末における視座の変革——佐久間象山の場合」『丸山集』第九巻）、教育会の人が、もう十何年も前だけれど、訪ねて来たことがあって、ダベッたんだけれど、何となく明治維新の時の話になった。その時言ったんです、大変だったろうな、と。つまり、清野村で、ぼくの家は文字通り下級士族です。祖父は帰農しているわけです。お百姓になったわけ。急に世の中が変わるわけです。文明開化。それで村一同村長さんに呼ばれて、このたびはありがたい御代《みよ》になって、文明開化になった、という話があったらしいです。明治維新というのは、そういう意味で、本当に「上から」なんだなあ。それは別として、急に四民平等と言われて。すると言葉遣いですね。「汝らは」、「左様で御座います」、と言っていたのが、平等でその必要がないわけでしょ。どんなに困ったかという話をしたことがあるんです。本当にどうしたかと思います。ぼくは戦争の時のことがあるからそう思い出すんです。

東京に九月に復員したでしょ。広島の時の部隊の将校や下士官が訪ねてくるんです。ホント困るんだな、言葉で。将校はインテリだから、「……ですね」と向こうがそういう言葉で言うわけです。こっちも「ですね」。「……さん」「丸山先生」。「あの時は……しましたね」ですね。ところが下士官は、本当に庶民だ。まだ軍隊気分で軍隊言葉が抜けないわけだ。「どうだ、丸山」と言うわけ。向こうはその調子でしゃべるの。あれで困ったな。だから、明治維新の時は大変だったと思いますね。地方別の問題でそれを取り上げたのが井上ひさしの『國語元年』(中央公論社、一九八五年)。あれは地方の言葉同士を使って、あれも困ったでしょうけれど、標準語(共通口語)ができる前だから。「身分」の違いも困る。

福沢なんて大きなこと言っているけれど、手紙をよく読むと、中津藩の殿様はこうされたほうがいいです、と書いている、明治二〇年頃。いくら平等と言ったって、あなたは、とは書けない。あとは普通の手紙の文体で書いてある。福沢でもそうでしょ。ヨーロッパ語だったらそんなに違わないでしょ。日本は上役と下役の言葉遣いが、況んや身分差ですから、本当に困ったと思うんです。そういう激変というのは、ちょっと気がつかないですね。

言葉の問題というのは、戦前でも、ぼくの親友で去年死んだんですけれど、亀田〔喜美治〕という、小樽中学から一高を受けて落ちて、府立一中の補習科――高等学校試験を落ちた連中が入る――に入った。生徒の先生に対する言葉遣いの丁寧さにビックリしたと。小樽中学では、「だって先生、こうじゃねえか」という調子らしい。われわれでは考えられない。腹の中では「何だ、この先生は」と思っていても、「先生、こうじゃありませんか」とか、「こうではございませんか」でしょ。

丸山の読まれ方、福沢の読まれ方

川口　前にも先生に申し上げましたけれど、女性だから文学部へ行く、というのは全然違います。ぼくのいま勤めている学校でも、文学部・外国語学部がいちばん多いですけれど、社会科学系統の法学部とか経済学部とか社会学部へ進む子が相当増えています。そういう連中にぼくが先生の本を紹介すると、彼らは読んでビックリするという。大学の先生に聞いても、大学の先生もあまり読んでいないと言うんですね。世代的に言うと、四〇代の、団塊の世代の後くらいが、もしかすると丸山先生から離れたところで学者になられた方だとすると読んでいないんじゃないかな。

檜垣　いまの時代はもっと福沢諭吉を読まないといけないのじゃないかと思うのですが。学者として、思想家としての福沢とかじゃなくて、人間としての福沢が日本社会にもっと普及されるべきではないかと思うんです。先生の福沢論をまとめて一冊の本にされてはいかがでしょうか。

丸山　昨日の、アメリカのコロンビア大学教授の企画の第二巻がそれなんです。福沢のだけを集めている。

福沢の『「文明論之概略」を読む』について言うならば、専門家でない人の批評が面白い。二つ矛盾した感想があるんです。福沢はたいしたものだ、維新の直後に、いまでも当てはまるようなことを言っている。ぼくの本を通じて初めて福沢に触れて驚いた。でも、それが新鮮というのは逆に日本が進歩したのか、しないのか、そういうイメージを持った、と。明治の時にこんなことを言っているのに、また、福沢がけなしていることはいまの日本でもけなしていることで、日本の停滞性が実によく現れていると。

ぼくが戦争中、そうでしたね。福沢を読んで、痛快、痛快という、福沢よく言った、という感じでした。決して維新直後の言葉とは思えなかった。当時の軍人が威張っているこの社会をまさに言っている、ということで。

檜垣　今回の『みすず』（「福沢諭吉の人と思想」）の内容で、知らないことがいっぱいありまして、ちょっとしたことで、あっ、そうなんだ、と思うことがたくさんありました。

丸山　今度の『みすず』に載せるということで、植手君がそう言っていました。植手君はあそこ（みすずセミナー）に出ていて聴いているんです。その時には福沢の面白さを全然気がつかなかった、と言っていました。

福沢はうまいですね、イマジネーションというのが。人間感覚が、かなり悪《ワル》ですね。例えば「立身論」。よくあそこまで。刑法に触れない程度の悪いことを上役と一緒にすると、バラされると困るから、というんで、うまいなあ、実際。ぼくらにはかえってなくなってしまった、ブッキッシュになっちゃった、本から勉強することになって。

檜垣　一方でリアリティがあり、他方でバカバカしいという、両面があるんですね。

丸山　ユーモアの感覚ね。『開口笑話』（『福沢諭吉の開口笑話――明治の英和対訳ジョーク集』、冨山房、一九八六年）という本、もともとは『時事新報』に連載したもの（英語のジョークの原文に福沢の長男一太郎による訳をつけたもの）で、劇作家の飯沢匡が当時の古い言葉を現代語訳しました。彼は本当に感心していましたね。ユーモアの感覚は、同時代人の中でピカ一です。複雑な面を同時に見るとか、そういうのは中江兆民とかもそうです。すごい時代をくぐっていて、目が鍛えられていますから。兆民にはニヒリズムとすれすれのところがありますが、福沢みたいなユーモアの感覚はあまりないですね。

話は飛びますが、「福沢諭吉の儒教批判」（一九四二年、『丸山集』第二巻）を戦争中に書いたんです。それを小泉〔信三〕さんが読んで、丸山というのはどういう人だ、調べろ、と。それから丸山の書いたものをみんな持ってこい、と言ったらしいんです。なぜ、帝大出の者が福沢なんかをやるのか。福沢を慶応のものだと思っているんだ。そのくらい狭いです。不思議なんだ、よそから来て福沢をやるというのは。こっちはきわめて自然に福沢に行っている。実際おかしな話だけれど、「惑溺」の話を交詢社でした時（一九八五年、「福沢における「惑溺」」『丸山集』第一二巻）に、感じたんだけれど。その時の挨拶で、亡くなった富田正文さんが、「非常に皮肉なことに」と言いました。田中王堂が大正の初めに『福沢諭吉』（一九一五年、実業之世界社）という名著を書いた。早稲田出の田中と東大出の丸山が福沢論の名著を書いている、と言いました。（笑）早稲田も東大もへったくれもないんだけれど。

川口　それで思い出したんですが、大学の時に日本史の先生が、戦前に田中王堂の謦咳に接した方だったんですが、田中王堂さんはえらい、福沢諭吉を書いた。大隈〔重信〕は書いてももらえない、と。（笑）言い得て妙なことを言うな、と思いました。

丸山　そりゃ、大隈より福沢のほうがえらいけれど。しかし、早稲田は大隈をそんなに担がないですね。慶応は、あまりに担ぐから読まないんです。逆に反感を持っちゃうんだ。「先生」というのは、慶応では、福沢だけでしょ。あとは「〇〇君」とかね。福沢が一君万民なんです。

一四回目の囲む会で

長坂　話が変わりますけれど、この会を学士会館で最初に行った時、ぼくはみなさんと全く知り合いでなくて、たまたま、今井さんと川口さんたちが計画していたこの会に、先生のご紹介ということで入れていただいたのですが、メンバーは今井さんの『丸山眞男著作ノート』にご縁のある方々でした。その時に今井さんから『著作ノート』を改訂したいという申し出があり、先生が即座に了解されたのを非常に鮮明に覚えています。あれからもう一一年が経ちましたが、この間に先生から頂いた『「文明論之概略」を読む』（岩波新書、一九八六年）と『忠誠と反逆』（筑摩書房、一九九二年）は宝物です。

丸山　川口君は小尾さんとはどういう関係で。

川口　大学を卒業した翌年の八一年に、『みすず』の七月号と九月号に載せていただいたのですが、その時は大学の鹿野政直――私の卒論を見ていただいた先生――の紹介で、高橋正衛さんにお会いしたんです。しばらく経って、大学の時にはあまり行き来がなかった友人がみすずに入社したんです。ぼくらの世代で丸山眞男をやっているなんて、変わり者、いまで言う「オタク」になるんでしょうか。（笑）彼になんで丸山をやっているんだと言われて、あれこれやっているうちに、みすずに行った時に小尾さんを紹介された。わたしのほうは『戦中と戦後の間』の「あとがき」を読んでいたので、これが小尾俊人という人かという感覚でお話をしたのが最初でした。それが八六、七年頃です。安東仁兵衛さんのところから『著作ノート』（現代の理論社、一九八七年）を出したあとくらいに、小尾さんと初めて会ったんです。

丸山　奇特な人だなと思って。ぼくは随分あとまで服部さんが『著作ノート』をつくっているのを知らなかった。

服部　今井さんの真似をして。関西大学の谷沢永一が載せないか、ということで、まとめて、今井さんに連絡して投稿して。それこそ、今井さんの『著作ノート』を片手に持って、東京に来る度に古本屋街を歩いて、丸山先生の名前の出ている古雑誌を片っ端から集めた記憶があります。やはり、丸山先生の安保の頃の発言を気にしていて、それから入っていったような気がします。

丸山　名前が出たけれど、谷沢氏はものすごくぼくのことを言っていたのが、今度は評価が逆転したみたいなんです。どういうことだか、分からないけれど、はじめは大いに褒められた。よく本を読んでいる人で、ぼくは知らないけれど。

川口　書誌学ですね。

服部　私も書誌学のほうから近づいていったのですが。たまたま濃尾地震の文献目録を出してそれを送って、その時の手紙に丸山先生の資料とか著作関係を集めていますと書いた。そうしたら一度大学の『国文学』という雑誌に投稿しないかということになった。個人的には開高健の本は集めていました。ですから丸山先生と開高健の対談などは当然読んでいました。

丸山　ご縁があったら、また。自然の寿命が八一歳でしょ。あと五年経ったら八六歳で、これはいい歳でしょ。あまり気にしないというのは、そういう意味なの。だって平均年齢でだって、まいっちゃう頃ですから。

みなさんもお元気で。

一同　どうもありがとうございます。

吉祥寺東町二丁目への帰りの車中で

長坂　また熱海にいらっしゃる予定ですか。

丸山　そうですね、点滴のほうがどうなるか分からないので。東京は暑いですね。熱海と温度はあまり変わらないけれど、海の風で違うんです。

川口　また、丸山先生にお願いをしなくてはならないと思うのですが、年譜を再来年の一月までにつくるということで、ただ、夏休み・冬休みにやるのでそう時間がないんです。この休み中に素案でいいからつくってくれと言われています。僭越ですが、大学時代に「丸山眞男論」という卒論を書いて、その時に自分なりに略年譜を作ったんです。それをまたひっくり返して見たり、「如是閑さんと父と私」(『丸山集』第一六巻)とか、'60の会の雑誌に先生が映画のこと(「映画とわたくし」『丸山集』第一二巻)とか音楽のこと(「金龍館からバイロイトまで」『丸山集』第一二巻)を書いていらっしゃるので、ああいうものを載せたらいいのじゃないかと思っているのですが。岩波では本当にいろいろあったみたいですね。ぼくが見せられたのは第七次案でしたから。

丸山　大激論があったらしいな。

川口　最初は檜垣さんが言われたような、学術論文でテーマごとにつくるとか、いろいろな意見があ

った と聞いています。

長坂 編年体にすると、一巻から読んでいくと、先生の思想の足跡が分かるということですね。

川口 そういう意味では、五〇年目に初めて読む人には意味があるのではないかと思います。

丸山 どうもありがとうございました。また、よろしく。

(1) キャロル・グラック (Carol Gluck 1941-) アメリカの歴史学者。本巻六一頁・註(3)を参照。

(2) アイヴァン・モリス (Ivan Morris 1925-76) イギリスの翻訳家・日本文学研究者。本著六一頁・註(5)を参照。

(3) コール (George Douglas Howard Cole 1889-1959) イギリスのフェビアン派経済学者・政治評論家。オックスフォード大学ベリオール・カレッジに学ぶ。一九二五年以後、オックスフォード大学教授。フェビアン協会理事長、ユニヴァーシティ・カレッジ評議員、イギリス労働党の評議員などを務める。『チャーティストたちの肖像』『世界社会主義への呼びかけ』『協同組合運動の一世紀』『経済史入門 1750-1950』など。

(4) アーネスト・バーカー (Sir Ernest Barker 1874-1960) イギリスの政治学者。オックスフォード大学ベリオール・カレッジ卒業。キングス・カレッジ・ロンドンで教鞭をとる(一九二〇―二七年)。二八年からケンブリッジ大学教授。ギリシャ政治哲学の研究、多元的国家論の主張者としても知られる。著書『現代政治の考察』『政治学原理』『イギリス政治思想史』など。

(5) ワイツゼッカー (Richard Karl Freiherr von Weizsäcker 1920-2015) ドイツの政治家。貴族。ベルリン大学、オックスフォード大学に学ぶ。第二次世界大戦後ゲッティンゲン大学で学び、一九五五年法学博士、弁護士となる。プロテスタント教会会議議長、キリスト教民主同盟所属の連邦議会議員、連邦議会副議長、西ベルリン市長を経て、八四年第八代西ドイツ大統領に選出され、九〇年統一ドイツ初代大統領(―九四年)となる。八五年五月八日の連邦議会におけるドイツ敗戦四〇周年記念演説「荒れ野の四〇年」で「歴史における責任」を説く。

（6）核実験　フランスは一九六〇年から九六年までの間に核実験を二一〇回実施。このうち一七回はアルジェリア内のサハラ砂漠で実施、一九三回は仏領ポリネシアで実施された。同国の核実験数は米国一〇三〇回（広島・長崎の原爆投下を除く）、旧ソ連七一五回に次ぐ三番目となっている。九六年一月二八日、当時の大統領ジャック・シラクは、「フランスはこれ以上の核実験は行わない」と発言、九八年包括的核実験禁止条約（CTBT）を批准した。

（7）学士院で報告した　一九七八年一一月一三日に日本学士院会員・第一部（人文）に選ばれた丸山は、会員の義務として一九八〇年以降九二年まで定例の部会総会で六回の論文報告を行っている。「闇斎学派の内部抗争」（一九八〇年一月一二日、『手帖』第三七号、『話文集3』）、「江戸時代における「異端」の意味論」（一九八二年六月一五日、『手帖』第二九号、『話文集3』）、「福沢における「惑溺」という言葉」（一九八四年四月一二日、『手帖』第四四号、『話文集4』）、「江戸時代における異端類型化の試み」（一九八七年九月一四日、『手帖』第四八号、『話文集 続1』）、「福沢諭吉の「脱亜論」とその周辺」（一九九〇年九月一二日、『手帖』二〇号、『話文集4』）、「福沢における文明と独立」（一九九二年九月一四日、『手帖』第五三号、『話文集 続2』）。

（8）熊野勝之（くまの・かつゆき　1939-）　香川県高松市生まれ。東大法学部卒業。一九六〇年政治学講義、六三年東洋政治思想史講義を聴講。丸山の「日本の思想」ゼミに在籍。六六年から大阪市で弁護士。

（9）忠魂碑訴訟　箕面小学校の増改築工事で移転の必要が生じた地元遺族会が維持管理する忠魂碑を、市が移転用地を取得して移設すると共にその敷地を遺族会に無償貸与したことや、一九七六、七年の慰霊祭に市教育長が参列し玉串奉納や焼香を行い、市職員や公費が用いられて慰霊祭の準備が行われたことに対して箕面市の住民が日本国憲法二〇条及び八九条の政教分離原則に反するとして起こした訴訟。

（10）家永裁判　家永三郎（1913-2002）が教科用図書検定（教科書検定）は憲法が禁止する検閲にあたり、教育基本法が禁じている「不当な支配」にあたるとして国を相手に起こした一連の裁判。一九六五年に六三―六四年度の『新日本史』の検定処分に関して国家賠償を求めた第一次訴訟、六七年に六六年度の検定不合格処分の取消を求めた第二次訴訟、さらに八四年に八〇—八三年度の検定処分に関して提訴した第三次訴訟がある。九七年、最高裁は教科書検定制度は合憲とし、家永側の実質的敗訴が確定した。一方、検定内容の適否については一部家永側の主張が認められ、国側の裁量権の逸脱があったことが認定された。丸山は『教科書裁判ニュース』第一四三号に「がんばれ、家永君」(『丸山集』第一一巻)を書いている。

(11) 第一六条 【制裁】一 第十二条、第十三条又ハ第十五条ニ依ル約束ヲ無視シテ戦争ニ訴ヘタル聯盟国ハ、当然他ノ総テノ聯盟国ニ対シ戦争行為ヲ為シタルモノト看做ス。他ノ総テノ聯盟国ハ、之ニ対シ直ニ一切ノ通商上又ハ金融上ノ関係ヲ断絶シ、自国民ト違約国国民トノ一切ノ交通ヲ禁止シ、且聯盟国タルト否トヲ問ハス他ノ総テノ国ノ国民ト違約国国民トノ間ノ一切ノ金融上、通商上又ハ個人的交通ヲ防遏スヘキコトヲ約ス。〔以下略〕

(12) あの時騒いだのは「不戦条約」第一条の「人民ノ名ニ於テ」の文言が枢密院や右派が大日本帝国憲法の天皇大権に違反するとし、政府が「人民ノ為ニ」と訳したことが語義上の論争を招き、かえって反対論を引き起こすことになった。

(13) 今度の〔「大東亜戦争」の開戦の詔書で〕は抜けちゃって 清国に対する宣戦の詔勅では「苟モ国際法ニ戻ラサル限リ」、ロシアに対する宣戦の詔勅では「国際条規ノ範囲ニ於テ」とあるが、「「大東亜戦争」の開戦の詔書」ではそれらの文言がない。

(14) メーデー事件 一九五二年五月一日、第二三回メーデーにおけるデモ隊と警官隊の衝突事件。「血のメーデー」といわれた。サンフランシスコ講和条約発効三日後に開催されたメーデーは、皇居前広場の使用が許可されず、明治神宮外苑が会場となった。大会終了後、参加者はデモ行進に移り、当時人民広場とよばれた皇居前広場の使用禁止措置に不満を持つデモ隊が、共産党の武装闘争路線にも影響されて同広場に突入。警官隊もピストル・催涙弾を多用して反撃し、死者二名、負傷者千数百人が出たうえ、一二三二人が検挙され、二六一人が騒擾罪で起訴された。

(15) 升味準之輔(ますみ・じゅんのすけ 1926-2010) 政治学者。第六高等学校、東大卒。特別研究生を経て、一九五二年都立大(現首都大学東京)専任講師。六三年教授。「メーデー事件」について次のような回想を残している。「東大のグループに入って皇居前広場の芝生でねころんでいたところ、突然発砲の音、それから逃げろという叫び声がきこえ、一群がこっちに向って走ってきました。私は、赤旗をもってかけだしたが、竹棹が三メートルもあってね、あの低い松林（今も昔のままです）にひっかかってどうにもならない。そこで投げ出して逃げかえったが（笑）、えらいことをしたと思いました。翌日手わけをして先生方のところに弁明に行きましたが、私は岡義武先生を訪ねました。かくかくの次第で「旗には東大と書いてあるので、警察がくるかもしれません」と申しますと、先生は「それは軍旗放棄だね」といって笑われただけで、ちょっと拍子抜けだったけれど（笑）」

（『UP』一九八九年九月号）。『現代政治と政治学』『日本政党史論』（全七巻）『日本政治史』（全四巻）『増補・ユートピアと権力』（上・下）『比較政治』（I—III）『なぜ歴史が書けるか』など。

(16)　唄孝一（ばい・こういち　1924-2011）　法学者。東大卒。川島武宜に師事し、家族法を専攻する。都立大（現首都大学東京）名誉教授。法制審議会委員として民法改正作業に参画。世界医事法学会副会長、日本医事法学会代表理事などを歴任。文化功労者。『生命維持治療の法理と倫理』『唄孝一・家族法著作選集』（全四巻、一九九二—九三年）など。

(17)　山村工作隊　一九五二年半ばに日本共産党が山村地帯に「遊撃隊」をつくる目的で行った組織活動。日本共産党臨時中央指導部と徳田球一らの地下指導部は一九五一年二月二三日の第四回全国協議会（四全協）において反米武装闘争の方針を決定し、中国共産党の抗日戦術を模倣して、山村地区の農民を中心として、全国の農村地帯に「解放区」を組織することを指示、同年一〇月一六日の第五回全国協議会（五全協）で「農村部でのゲリラ戦」を規定した新たな綱領的文書「日本共産党の当面の要求」が採択され、「山村工作隊」や「中核自衛隊」などの非公然組織がつくられた。

(18)　所感派　日本共産党が一九五〇年以降に内部分裂した際の派閥の一つ。徳田球一、志田重男、野坂参三らが所属する。一九五〇年一月六日、コミンフォルム（共産党国際情報局）の同日付機関誌『恒久平和と人民民主主義のために』に、「アメリカの統治下においても平和革命は可能」としていた日本共産党を激しく批判し、日本の独立を実現するために闘争に立ち上がることを呼びかける「日本の情勢について」が掲載された。日本共産党政治局は一週間後、反論「「日本の情勢について」に関する所感」を発表。所感派の名称はこの論文名に由来する。しかしコミンフォルムに続いて中国共産党も日本共産党を批判したことから、党内は批判を受け入れるかどうかで意見が分かれ、「所感」に賛同する者は「所感派」、中国共産党やコミンフォルムの批判を容認する者は「国際派」と、自称・他称するようになった。

(19) 丸山邦男（まるやま・くにお　1920-94）　丸山幹治・せいの四男として生まれる。早大仏文科中退。全日本炭鉱労働組合書記、月刊『丸』編集部をへて、フリーの評論家。一九五七年「ジャーナリストと戦争責任」で論壇に登場。大宅ノンフィクションクラブに入り、青地晨らと大宅グループ左派を形成して活躍。天皇制批判、マスコミ論、人物ルポを得意とした。七〇年安保の際には若手のフリーライターと共に「独立ジャーナリスト群団」を結成し、闘争に参加。日本ペンクラブ、日本ジャーナリスト連盟に加盟し、日本エディタースクール講師なども務めた。『狼か豚か』『天皇観の戦後史』『遊撃的マスコミ論』など。

(20) 文部大臣（島村宜伸）の言ったこと　文部大臣在職中の一九九五年八月、戦後五〇年国会決議等の動きを受け、記者会見において「侵略戦争じゃないかというのは考え方の問題。侵略のやり合いが戦争。これをいつまでもほじくってやっていることが果たして賢明なやり方なのか」「戦争を全く知らない世代が国民の大半を占めているのに、相も変わらず昔を蒸し返して、それをいちいち謝罪していくというやり方は、果たしていかがなものかと思いますね」と発言。

(21) 渡辺美智雄のこと　副総理、蔵相、外相などの大臣職を歴任中に、「日本人は真面目に借金を返すが、アメリカには黒人やヒスパニックなんかがいて、破産しても明日から金返さなくても良いアッケラカのカーだ」「中華人民共和国には穴を掘って住んでいる人がいる」「日教組には頭がおかしい先生がたくさんいる」「共産党の宮本顕治だってスパイを殺している」などの失言を繰り返した。

(22) 原爆について言わないのか　「普遍的原理の立場」『語りつぐ戦後史Ⅰ』（思想の科学社、一九六九年、『丸山座談』第七冊、一〇六―一〇九頁）参照。

(23) 安井郁（やすい・かおる　1907-80）　国際法学者・平和運動家。一九四〇年東大教授。戦時中に「大東亜国際法」を唱え、四七年公職追放。神奈川大教授を経て法政大教授。五四年のビキニ水爆実験による第五福竜丸被爆事件を契機に原水爆禁止運動を組織化し、五五年八月、広島で第一回原水爆禁止世界大会を開催した。その翌月原水爆禁止日本協議会（原水協）初代理事長に就任。『欧州広域国際法の基礎理念』『国際法学と弁証法』など。

(24) 社会連帯主義と言ったのは　デュルケムが『分業論』で示した「有機的連帯」の観念に基づき、「社会連帯」solidarité sociale の概念によって国家主権論を展開したのが、レオン・デュギーであり、政治運動の理念として「社会連帯主義」を掲げたのが、レオン・ブルジョアである。

(25) 團藤重光（だんどう・しげみつ　1913-2012）　刑事法学者。一九四七年東大教授。戦後司法省嘱託として新刑事訴訟法制定に尽力、同法制定後ただちに『新刑事訴訟法綱要』を著す。七四年最高裁判事（―八三）。八三年から東宮職参与、宮内庁参与など。九五年文化勲章受章。死刑廃止論の代表的人物。『刑法綱要』総論・各論、編著『注釈刑法』全六巻など。

(26) 出て来たわけです　明治一四年、宮地茂平（のちの「大阪壮士倶楽部」の中心人物）らは、ハーバート・スペンサー『社会平権論』（*Social Statics* 松島剛訳）の中の「国家を無視するの権理」に基づいて、「地球上自由生」と名乗って「日本政府脱管届」を出した。明治政府はこれに対して「改定律令」（明治一三年公布の「刑法」はまだ施行されていなかった）によって懲役百日の刑を科した。

(27) コンコード　アメリカ、マサチューセッツ州の町。一六三五年に最初の入植が行われ、同年に町として発足した。アメリカ独立戦争の口火を切ったレキシントン・コンコードの戦い（一七七五年）で有名。

(28) 服部さんが『著作ノート』をつくっている　『丸山眞男著作目録（昭和三九年以降）』（『国文学』第五五号、一九七八年、関西大学国文学会）。

皆さん、横につきあってください
――「丸山ゼミ有志の会」懇談会スピーチ　一九九五年一二月

以下の記録は一九九五年一二月三日、丸山が東京大学法学部在職時代の学部学生を対象とする東洋政治思想史演習（通称丸山ゼミ）に参加した有志四三名との懇談会に出席した時の録音記録の一部である。丸山の演習は、一九四七年度以降病気療養と外国出張の年度および六〇年度を除き、六八年度まで一二回開かれ、参加した学生の総数は二三〇名に上るという。演習参加者たちは卒業後も集まり、一九五〇年代後半には年度をこえた「丸山ゼミ・タテの会」を結成した。懇談会は、一二月三日午後五時から新宿三井クラブ（新宿区西新宿二丁目新宿三井ビル）で開かれ、冒頭の丸山の挨拶のあと、出席者のうち二四名が近況報告などをスピーチし、最後にマイクを執った丸山の話は四〇分におよび、終了予定の午後八時を大きくこえた。

丸山の死後、寺戸恭平氏の手許にあった録音テープ（懇談会の世話人代表・宗像善俊氏による採録）は、丸山の追悼番組を制作したいというＮＨＫ教養番組部のスタッフに提供され、丸山の最後の発言部分が、一九九六年一一月一八・一九日に放映されたＮＨＫ教育ＴＶのＥＴＶ特集「丸山眞男と戦後日本　1　民主主義の発見　2　永久革命としての民主主義」で紹介された。そして録音記録は寺戸氏の手許のテープと高木博義氏から提供されたテープ（野島幹郎氏による採録）をもとに『手帖』第二四号（二〇〇三年一月）に復元した。今回の再録にあたっては、懇談会の冒頭および最後の丸山の発言の部分を掲載した。テープの収録は丸山の了承を得ているが、公表を予定したものではない。

初出『手帖』第二四号、二〇〇三年一月

初めて許された録音

司会〔寺戸恭平〕　丸山先生、今日は、どうもありがとうございます。（拍手）司会の寺戸です。今日は寺澤則忠さんが助けてくださることになっております。

　最初に、この集まりの経緯を申しあげさせていただきます。今から九年前に、「丸山ゼミ・タテの会」という全体の会をやってから後は、先生も「あまりたくさん集まっても、漠然とした集まりではしようがないから、やめようじゃないか」とおっしゃいまして、それから、ずっと絶えておりました。それでも、せっかく「タテの会」で集まったのに、もったいないと思いまして、恐る恐るそれぞれのゼミ年度の世話人だけでも少人数で集まらせていただきたいということを申しあげて、時々集まらせていただいてきました。

　それで去年は三〇名集まりまして、これならうまくいく、という自信と先生のご賛同を得まして、今年はさらに、去年の方に加えて、新たに二〇名の方にご案内を差しあげることになりました。各年度の世話人の方に、呼びかける方を選んでいただくということで。世話人と言いましても、決まった世話人が今までずっといたわけではなくて、かつて、ずいぶん世話をしてくださった方で、今日初めてお出でになった方もあります。それで、たいへん恣意的な集まりになってしまって恐縮ですが、これは人数からいって、しようがありませんので、割り切って進めさせていただきました。

そういう経過がありまして、今日は昨年いらっしゃった方が二二名、それから今年初めて来られた方が二一名、合計四三名、先生を入れて四四名が集まることになりました。

今日は、いろいろな方から先生のお声をぜひカセットテープに録音したいという申し出があり、先生にお願いしましたら、先生も「まあ、それもしようがないな」ということで、お許しくださいましたので、録音させていただきたいと思います。

それで、今年初めて出席された方は、一人三分という制限時間内で、順繰りにお話をいただけたらと思います。丸山先生は去年は最後に一時間ぐらいおしゃべりになって、(笑) 今年は、奥様から、あまりしゃべらせないでくださいと言われておりますが、この間一一月二五日に学者の集まりをやられた時には、先生は途中で一回、それから最後に一回、お話になったということですから、少しでもお話いただけたらありがたいと思っております。

それでは、最初にこの有志の会の世話人代表として、宗像さん、ひと言ご挨拶をお願いいたします。

宗像〔善俊〕 先生、今日は非常にお寒いところ、ありがとうございました。皆さま、お久しぶりでございます。この集いが有益なものになるように祈りまして、一言ご挨拶申しあげました。よろしくお

願いいたします。（拍手）

司会　それでは、次に、乾杯です。一樋《いちひ》さん、ひと言ご挨拶いただけましたら、ありがたいと思います。

一樋〔宥利〕　私は、昭和二五（一九五〇）年卒業の一樋と申します。いちばん古い方の年次の一人だということで、指名されました。今日は、先ほどから、寺戸さんや宗像さんのご挨拶にもありました通り、丸山先生には、たいへん寒い中をお元気な姿をお見せいただきまして、本当に、喜びにたえません。また、『丸山眞男集』全一六巻が出版されるということで、私ども丸山ゼミの末席につながる一人として、このうえない喜びと思っております。ちょうどこういう時期に、幹事の皆さんのお世話で、こういう会が持たれたことに対して、心からお礼申しあげたいと思います。

それでは、丸山先生のますますのご健勝とご多幸、並びにここにご参会の皆さまの、さらなる健康と発展を祈念して乾杯をしたいと思います。よろしくご唱和願います。

乾杯！（拍手）

教師冥利に尽きること

丸山　あの、今日は外見は元気に見えますが、医者に言わしたら、まず出ちゃいけないと言われるぐらい、ずっと調子が悪いんです。今日の会は、むしろ私の方から皆さんに会いたくて出てきた。ですから、私がしゃべるよりも、皆さんの話を聞きたい。そのために出てきたわけです。昨年、会をやった時も、「来年はできるかな」と思っていたんですけれど、悪運強く生きましたので、(拍手)特に、会をやってくださった方々のご努力で、皆さん、葉書まで、書いて送っていただいて、非常に懐かしかったです。うれしく思います。

それだから、医者から何と言われようと、出かけて来ようと（笑）いうつもりであったんです。ですから、解熱剤を飲んでまいりました。本当は酸素吸入器を持ってこようと思ったんですけれども、寺澤君のご厚意で車を回していただいたものですから、それならいいだろうと思って、置いてまいりました。ですから、ご心配になるような長広舌はふるわないですから、（笑）それだけの時間があったら、できるだけ多くの方、特に非常に珍しい、何年も、特に海外にいて来られない方々、そういう方の話を伺いたいです。この四年ぐらい、特に肝臓病になって以来、ほとんど家に引きこもりきりでしょ。それから、誰にも会わないでしょ。ですから、世間知らずもいいところになりました。余計、私としては、皆さまのお話を伺いたいと切に希望します。ですから、時間のある限り、そうしてください。最後に、もちろん、一〇分ぐらい時間が余っているということなら、その段階で、また、ご挨拶の意味でしゃべります。どうか、よろしくお願いいたします。（拍手）

重ねて申しますが、本当に非常にうれしいんですね。お世辞を言うという意味じゃなくて、他の例を申します。例えば、私の在職中に、八王子で、「大学共同セミナー」というのをやったんです。(2) これには東大生はもちろん、法学部の学生は出ることを禁止ということにしてやったんです。しかし、それが、どういうわけか法学部の学生が一人、もぐり込んでいましたけれど、あとは他のいろいろな大学の学生なんですね。一九六七年九月のわずか三日間、一期一会とはこのことです。わずか三日間の会。それが、昨年と今年は、私の病気のために、残念ながら会を開けませんでしたから、最後は一昨年になりますが、まだやっているんですね、その三日間のゼミの会を。そして、驚くべきことに、九州の、もっと南の離島の町の役人をやっている人がいて、その人がはるばる来るんです。本当に、教師冥利に尽きるというのは、このことです。それどころか、その三日の間に、お互いに親しくなって結婚した夫婦もいます。私が媒酌をしました。（笑）大学の教師と学生との間には、あまりないことではないかと。大体、講義のしっぱなしということですから。本当に、教師冥利に尽きると思います。

また、私の方からはいちいち申しませんけれど、今まで在職中も含めて、いろいろ皆さまにはお世話になっております。ですから、感謝するのは私の方ですから、どうか、そのつもりで皆さん、大いにしゃべってください。（拍手）

スピーチの顔ぶれ

司会　それでは、いちいち自己紹介をしていたのでは、時間がかかってしまいますので、ご案内のとおりに、去年お出でにならなくて今年初めてお出でくださった方々に、順次お話していただきたいと思います。北條〔功〕さん、野嶋〔恭〕さん、本野〔英雄〕さん、五十嵐〔一太郎〕さん、立野〔恒雄〕さん、それから、金子〔仁洋〕さん、亘理〔淑子〕さん、高橋〔邦男〕さん、福田〔章二〕さん、森〔馨一郎〕さん、阿久津〔誠〕さん、黒岩〔徹〕さん、室田〔健治〕さん、菅原〔啓州〕さん、それから河野〔健一〕さん、高木〔博義〕さん、姉崎〔直巳〕さん、太田〔勝利〕さん、片岡〔義夫〕さん、掛川〔トミ子〕さん、井芹〔浩文〕さん、小池〔民男〕さん、以上の二二名の方です。

それで、今日司会をする私ですら、全員の方のお名前を、実は覚えていない次第なんです。ですから、マイクをお持ちになりましたら、大きな声でお名前をはっきりおっしゃっていただきたいと思います。それに、たいへん申しわけありません、一人三分。先生は去年、一時間もおしゃべりになったので、（笑）できるだけおしゃべりの時間を——これは本音じゃない、反対の気持ちなんですけれど、——少なくして、去年来られた方でお話をしたいという、お申し出のあった高木さんと内藤さんも時間の許す限り。他の方は、時間のある限り、先生のお時間を残しながら……。先生、途中で割って入って、お話いただいても結構ですので、（笑）よろしくお願いいたします。

それから、昨日、一昨日と先生はまだお休みでしたが、お昼頃に奥様と電話でお話して、先生が特にどなたかお話を聞きたいとおっしゃる方を指名していただけませんか、とお願いしましたところ、「黒岩君なんか、長い間海外にいて、帰って来られたんだから、彼の話を聞きたいというふうに言っておりました」ということを奥様が申しておられましたので、そこらへんのところは、ちょっと長くてもお許しいただけませんでしょうか。（拍手）

それでは、一人三分ということで、立野さんからお願いいたします。（拍手）

〔スピーチ省略〕

司会　どうもありがとうございました。おしゃべりができなかった方、どうぞお許しください。丸山先生のお話が始まると、――八時五分でこの会場はおしまいですので、八時五分になったらお話をやめさせていただきます。

それでは、先生、時間が少なくなって、たいへん残念ですけれども、よろしくどうぞ。（拍手）

一度も行かなくなった弘栄堂

丸山　そうですね、初めに申しあげたとおりなんですけれども、今まで、病気のことは言わないことにしていました。岩波書店から出た『丸山眞男集』の話が出ましたので、一言だけ余計なことを申しますと、あれについて、私は全く関与しておりません。（笑）ただし、初めからの条件は、質問があったら答えるということで、編集者――岩波側の編集者とそれから学者の編集者――が、こういう点でわからないから、ということでいろいろ質問があれば、それには答えるつもりですが、あとは全く関与しておりません。岩波書店からは著者には三冊送ってきます。それを見て、ああ、なるほど、今度はこういう……というのが初めてわかるわけです。（笑）例えば「月報」なんかは、皆面白いんですけれど、「解題」はちょっと面倒で、難しいことがありますけれども、「解題」とか「月報」とかに単純な事実の誤りがあるんですね。私が前もって見ていればすぐわかるんですけれども、着いてから見るものですから、わからないんです。そこで今後なるべく、そういうことがないように、ゲラを校了になる前に見せてくれ、ということを申しておりますから、単純な事実の間違いがなくなると思います。それが第一。

第二には、最近、いちばん恥ずかしい思いをしたことです。というのは『丸山眞男集』の広告です。あんなばかでかい広告を、（笑）新聞に出すということ自体が、はっきり言って、全くセンスがないし、私の気持ちを知らないです。（笑）そういうことを岩波書店の編集部に言ったんですけれど、そうすると、岩波というところも、段々でかくなって、本当かどうか知りませんが、ああいう広告を出すとか出さないとか、何回出すとか、どのくらいの大きさにするとかいうのは、宣伝部の方でやるらしいんですね。それで編集の方は、うっかり言えない。しかし、正直な気持ち、全く恥ずかしい。

病院の帰りに吉祥寺の駅で降ります。あそこにロンロンという駅のデパートがありますが、吉祥寺にもめったに出ませんから、出たついでに本とかビデオとかフィルムとか、そういうものを買って帰るんですが、その中に弘栄堂という本屋があります。割合に吉祥寺にしてはいい本屋で、紀伊國屋なんかもありますけれども、なってないんですね、紀伊國屋などという本屋は。この間、駅のコンコースから弘栄堂へヒュッと入ろうとしたら、そこにでっかい広告が出ている。（笑）『丸山眞男集』とでっかくあって、かの、眉目秀麗なる（笑）写真が映っている。その眉目秀麗の方は、大歓迎なんですけれども、大体、本屋の中で、あんなでっかい写真をぶらさげることが……。だから、そこで本を買うことを断念して、急いでその場を立ち去りました。（笑）弘栄堂というのは僕が吉祥寺に行く毎に寄る本屋なんですが、爾来一度も行ったことはありません。（笑）あの『集』が出始めてからは、入れないいんですね。そういう始末です。

英語版序文と poor English

それから、話は前後しますが、先ほど黒岩君が、ゼミの時に、二ヵ国語ができる学生を要求した、できることが条件だという掲示を出したという。どうしてそういうバカなことをしたのか。（笑）しかし私が覚えているのは、なまじそんな掲示を出したために、あんなに応募者の少なかった年はないんですね。（笑）応募者は全員無条件で入れたんです。（笑）変な話ですが、今日は大勢の年配の方がおられますから、よく知っておられますけれど、たいへんなんですね、応募者との入る比率が。非常に閉口していたんです。二ヵ国語をとかなんとかというバカなことを書いたのは、なるべく応募者を少なくするということからだったと思います。そうしたら、今度は意外に少なすぎて、オールパス。（笑）その時に入った人はよほどできたか、よほど心臓が強かったか。（笑）この場にもおられますけれど、みんな非常に優秀なんですね。その時はそれほどとも思わなかったんですけれども、実に、優秀なんです。何しろ非常に少人数でやりました。

なぜ、二ヵ国語なんていうバカなことを書いたかと申しますと、これは、さっき掛川さんが言われた、今、熱があるのに、フーフー言って苦しんでいるのが、コロンビア大学から出る新しい本のプリフェイス（序文）の執筆なんです。前の本は、アイヴァン・モリス[3]という、亡くなったコロンビア大学の教授が『現代政治の思想と行動』（未來社）から論文を選択して翻訳したんです。そのオックスフォードの方が絶版になったものですから、今度はそれを全部出すというんですね。それで、新しい今度の編者は、やっぱり、プリフェイスが前と同じものではどうもと言って、新しいプリフェイスを書いてくれ、と熱心に言うんですね。だけど、なにしろいちばん初めのは一九四六年に書いたものですから、もう序文もへったくれもないんですよ。これには非常に閉口したんです。その編者が日本語がよくできる人だものですから、「日本語でいい」と言うのに甘えて、ついつい、さぼりまして、二ヵ年に及んでいるうちに、ガンになってしまったものですから、なお遅れてしまいました。そして、その編者のコロンビア大学の教授(4)（キャロル・グラック）が、女性ですけれども、今年になってわが家に来まして、涙ながらにというのはオーバーですけれども、とにかく自分が責任編集者として――向こうの出版部というのは、なかなかやかましいですから――、コロンビア大学出版部との間に挟まって弱っていると。だから、丸山さんが病気のことはよく知っているから、無理なことは承知の上で、deadline は一〇月の終わりだ、と言うんですね。

いかに病気のことがあるとは言え、こちらにも責任がありますから、日本語でもいいと言われたんですが、無理して英語で書きました。今更ながら、中学から英語をやっていて――私の高等学校の第一外国語はドイツ語ですけれども――、こんなにも書けないものかと、じつに情けない poor English だということを痛感しまして、よくも図々しく学生に、自分のゼミに入るのに二ヵ国語を課すとは。（爆笑）読むのと書くのとは違いますけれど、それにしても、今になって大いに自己批判をしているところです。少なくとも、当時のゼミの方にはお詫びをしておきます。（笑）

’88年の会、女性たちの読書会

それから、あの大きな写真、あれは自分ながら美男子だと思うんですが。（笑）私の、いやな感じというのは別とすればですね。さっき福田君がホモとかホモでないとか（笑）ということを申されましたが、おそらく、リヒテルの演奏会で会った時を含めまして、今、私の女房もあまり健康状態がよくなくて、手伝ってくれる方がいないかと、困っていたんです。それで、今来てくれている方が非常にいい人で。どうして、その人が見つかったかというと、名前がないものですから、無理に向こうが付けた’88年の会というから、一九八八年ですね。その前から手紙はくれていたんですが、幼児グループ[5]で勉強会というのをやっていると。自分の幼い息子や娘が東京女子大の幼稚園へ行っている、そのお母さんたちの会で、いっぺん話してくれと。私は、そういうのは断っているんですけど、なにしろ隣ですからね、東京女子大というのは。それから、大体、女性に弱いということもあるかもしれませんが、（笑）オーケーしたんです。その’88年の会に行ってみたら、驚いたことに、『「文明論之概略」を読む』上・中・下（岩波新書）の、読書会をやっていて、その三冊目を終わったところなんですね。全員家庭の主婦です。あっと驚いたんです。ほかのいろいろな経験を含めましても、現代日本では、女性の方がはるかによく勉強しています。男性はいろいろと理由があるでしょうけれども、普通の、別に教師だからとか、そういう理由ではなくて、女性の方がはるかに勉強しているし、それから、話をしましても、いろいろな意見を言わせましても、大体、女性の方がしっかりしていますね。（笑）

人口の半分ですから、私は日本のデモクラシーを支えているのは女性だという意見です。

'88年の会は、向こうが遠慮していますけれども、一年に二回ぐらい私も参加して読書会をしていまして、今、『忠誠と反逆』（筑摩書房）が終わりそうなところです。読書会に出て驚くのは、見当違いな質問がないことです。私自身もびっくりしました。こんなものをテキストにするよりも、他にいろいろ面白い本があるから教えてあげると言うんですけれども、『「文明論之概略」を読む』の次には『日本の思想』（岩波新書）をやって、その次に『忠誠と反逆』の読書会を今でも続けています。

そのうちの一人が手伝ってくれているのです。インテリ女性ですけども、何から何までじつによくやってくれているんですね。家での手伝いというと、皆さんも経験があるでしょうけれど、いちばん難しいのは女房との関係なんですね、いちばん接触がありますから。幸運なことに、よく女房と合いまして、他の仕事をする時間が多くて、私の書庫の整理をしてもらうことは、ほとんどできないんですが、そのぐらい助けてもらっているというのが現状です。それが私の今の状態です。

なんで早く手榴弾を配らないのか

もう皆さんに、今更申しあげることもないんですけれど、ご承知のように、今年いちばん世間を騒がしたのはオウム真理教ですね。それについてまた話し出すと、きりがないんですけれど、ただ、私は全然知りませんでした。事件が起こってから、むしろ、こちらが悪いんですけれど、存在も知らなかったわけです。だけど、私の感じは、他人事と思えないんです。一言で言えば、あれが、何か非常に変わったものとか、自分たちと縁がない、どうしてあんなものが生まれたのかと思う方が少なくないようですけれど、私は、他人事とは思えません。一言にして言えば、私の青年時代を思いますと、日本中オウム真理教だったんじゃないかと。そうとしか思えない。そうすると、非常によく思い当たる。つまり、一歩外へ出れば、日本の外に出れば全然通じない理屈が、日本の中でだけ堂々と通用して、それ以外の議論は全然耳にもしないし、問題にしない。もし、それを問題にする人があったら、捕まったり、非国民と言われたり、それは散々なものです。その孤立感、つまり、島国の中にいて、九九パーセントが信じていることを信じていないと言うことが、どんなにつらいことかということは、私は岡〔義武〕(6)先生と話し合ったことを非常によく覚えています。東大前の喫茶店白十字でそのことを話したことがあります。われわれの方が少しおかしいんじゃないかと。九九パーセントの日本人が、全くわれわれから見るとおかしなことを言い、信じ、かつそれを疑わない。これは、われわれの方がどこかおかしいんじゃないかという、それぐらい、多数からの孤立感というのは、怖いものです。国家権力から追いかけられたり——私も多少は経験がありますけれど——そういうのも怖いんですけれど、それよりはるかに怖いのは世間からの孤立ですね。

ですから、あの中にいる人は全然それを疑わない。ということは、それ以外の考え方の人とほとんど話をしないし、おそらく議論もなかったと思います。だから、ああいう人が出てくるのは当然です。それから、高学歴の人がいるとか、東大や京大の秀才がいると。全く驚くに当たらないですね、それは。私が一九四四年一一月に応召先の朝鮮から帰りまして、二度目に広島に再召集される前に短い間研究室に出たことがあります。その時、私は助教授になっていましたが、山上御殿で私の前に座っていた三〇歳ほどの、工学部の助教授の人が、「なんで早く手榴弾を配らないのか」と。ということはどういうことかと言うと、アメリカ軍が上陸してくるのは必至じゃないか、どうして早く手榴弾を配らないのかと。これは冗談ではなくて真面目に言っているんです。驚くべきことですね、今日みれば。でも、そのぐらいの感覚しか持っていない。なぜ各戸に手榴弾を配らないのかというのが、その人の憂国の情なんです。それは決して大昔のことじゃなくて、私がすでに助教授になった時の日本の出来事なんです。ですから、私はそれを少しも不思議と思わない。

他者のいない社会

最後に理屈を言いますならば、他者感覚のなさということです。他者がいないんです。同じ仲間とばかり話をしますから。日本は鎖国だとかなんとか言いますけれど、一言にして言えば、他者感覚のなさということ。他者との対話が非常に欠乏しているということです。そこに大きな問題があるんじゃないかということです。その怖さですね。

ですから、最後に申しあげたいことは、こうやって見回しましても、実に優秀な人が、全く違った分野にいるでしょう。どうしてこういう人たちが、横に、お互いに丸山という人間とは関係なしに、もっとつきあい、もっと話をする機会を持たないのかと。もちろん、社会的にそれは難しいとか、いろいろな理由がありますよ。全部が集まれと言うんじゃないんです。ただ、丸山というものを通じて、こういうふうに縦につながっているのではなくて、横につながるようになれば、非常にいいことじゃないかと。

実は八王子ゼミの開始の時にも、あの時はちょうど三日間しかないから、特にそういうことを言ったんです。私とはもう、三日でさよならをするけれど、どうか続けてくれと。それが続いているから、さっき言ったような同窓会をやるんですね。それは非常にうれしいです。

それから私は、中曽根〔康弘〕さんじゃないけれど[7]、日本人の一人ひとりの知性、知的水準というのは、知性というのは意味が問題ですけれど、相当高いですね。ところが、何かが欠けている。つまり、黒岩君みたいに長く外国に行っていた人はわかるでしょうけれど、普通にディスカッションをして、日本のいわゆるインテリの人、いろいろな違った分野の人と話をして、なにか違う、つまり、何と言いますか、情報量の多さとか、そういうものと関係がない判断力が、いわゆる日本なり世界なりの問題に対する判断力において著しく欠けている。どうしてそうなるのか。それは結局、職場なら職場の、同じ人とばかりつきあう、そういう傾向が特に日本では強い。そうすると、どういうことになるかというと、他者感覚がなくなるわけです。

「存在は意識を制約する」とマルクスが言いましたけれども、その「存在は」というと、マルクスは階級的存在によって、われわれの意識は制約されると言ったのですけれども、それは狭すぎるんですね。だけど、やっぱり、もう少し「存在」というのを広くとれば、極端に言えば、われわれの意識はわれわれのつきあいの範囲によって制約される、でいいんです。これは、じつに日本にいると当てはまるんですね。その制約されることのマイナス、つまり、自家中毒を起こしちゃう。それは議論がいいとか悪いとかということと全く別の問題です。

皆さん、横につきあってください

しかも、日本語の困るところは、例えば、「違う」ということと「反対する」ということが同じなんですね。英語で、「いや、それは違うよ」と言う時は、“You are wrong.”とか、“I am opposed to you.”という意味とですね、それから、“My views are different from yours.”と。つまり、英語のお前の意見と違うという意味と、お前の意見に反対だという意味が、日本語の場合には同じく「違う」と言われますね。私の言う他者感覚というのは、反対するという意味じゃないんです。反対するという意味じゃなくて、またどっちが正しいということよりも、違った考えの人と話をする、考えというのも言いすぎだと思うんです。私はむしろlight、照明と言った方がいいと思います。つまり違った人と話せば、照明の当て方が違ってくる。私は、だから、皆さんの話を聞きたいというのも、それから、さっきの女性たちの読書会の話なんかを面白いと思うのも、ハッと驚く照明の当て方があるわけです。これは、意見のどっちが正しいとか、間違っているとかいうのとは違った、つまり、違ったアングルから物事を見る。違った角度から、違った照明を当てる。そうすると、その対象もまた違って見えてくるわけです。それは、決して、いわゆる価値の多元化ということと同じではないんですね。なぜならば、違った角度から、違った照明を当てることによって、ある像が映りますが、それは客観的真理に関係しているんです。単なる相対主義じゃないんです。客観的真理に関係する。ただ、全面的にその真理をつかんでないという。すると、今度は違った方から照明を当てると、違ったところから照明が当たっているから、今度は非常に景色が違って見えるわけです。どっちが正しいというものではないんです。多くの多様な意見があった方がいいというのは、ただ数が多いとか、ただ違った意見というのではなくて、照明、当てる照明の数が多くなるということです。

残念ながら、個人の知性がこれだけ高いにもかかわらず、少なくも私の知っている外国人、西欧人だけじゃなくて、アジアの人々と比べても、なにか日本はおかしいところがある。教育の問題とか、いろいろあると思いますが、もう一度申しますけれど、皆さん、どうか、横につきあっていただきたいと。みんなじゃなくていいです。違った職場の方。もったいないです。日本のためにはたいへんな損失です。それをお願いして、ご挨拶といたします。（拍手）

司会　どうもありがとうございました。貴重なお話に皆さん満足していらっしゃると思います。それでは、時間がきましたので、たいへん心残りですが、来年も今度は丸山ゼミの「タテの会」の全員で今日みたいなコンパクトな集まりができるように、世話人一同がんばります。先生、来年もお元気な顔をお見せいただきたいと思います。本日はどうもありがとうございました。（拍手）

丸山　初めに申しあげましたように、私が出たいから出たんです。それだけです。（笑）（拍手）

（1）　学者の集まり　東大法学部研究室で丸山に直接指導を受けたメンバーが、毎年一回夫婦同伴で参集する「丸山眞男先生夫妻を囲む会」。最後となったこの年の会は、三鷹のホテルプレステージで行われた。なお、この集まりは、丸山の没後も「丸山夫人を囲む会」として、毎年行われていた。

（2） やったんです　一九六七年九月八—一〇日、丸山は第一一回大学共同セミナー「主題　日本の思想——『日本の思想』をテキストとして」を指導教授として主宰した。一六大学五九名（うち女子一九名、東大三名）参加。ゲスト・ロンドン大学教授R・P・ドーア、助手・東大大学院・岡利郎。丸山は開講に先立って「大学共同セミナーを企画して」を『セミナー・ハウス』第一一号に寄せている（『丸山集』第九巻）。その後丸山は、『文集'67』（丸山眞男教授共同セミナー、一九八〇年八月）に「近況報告」（『丸山集』第一一巻）を寄せている。長島幸子「大学共同セミナーの事」（『丸山集』第一一巻「月報」11）参照。長島によると、丸山の言う「九州の、もっと南の離島」というのは、鹿児島県徳之島のようである。

（3） アイヴァン・モリス（Ivan Morris 1925–76）　イギリスの翻訳家・日本文学研究者。本巻六一頁・註（5）を参照。

（4） コロンビア大学の教授　キャロル・グラック（Carol Gluck 1941–）　アメリカの歴史学者。本巻六一頁・註（3）を参照。

（5） 幼児グループ　本巻一四九頁・註（16）参照。

（6） 岡義武（おか・よしたけ　1902–90）　政治学者。本巻一四八頁・註（5）を参照。

（7） 中曽根〔康弘〕さんじゃないけれど　一九八六年九月二二日、中曽根康弘首相は自由民主党研修会で、「アメリカは黒人などがいるので知的水準が低い」と発言し、米国内で激しい批判を浴びた。二七日に米国民への陳謝のメッセージ、一〇月三日に衆議院予算委員会で日本国民にも陳謝したが、釈明にからんで「日本は単一民族国家」と発言し、再び問題化した。

『丸山眞男集』未収録文献・資料

以下に『丸山眞男集』未収録の文献（弔文一点、アンケート回答七点、読後評一点、インタビュー二点）を掲載する。

初出、追悼・古在由重（『手帖』未収録）、『婦人之友』アンケート（『手帖』未収録）、『新沖縄文学』アンケート（『手帖』第三号）を除き『手帖』第六九号、二〇一四年八月

弔　文

□追悼・古在由重

古在さんのご逝去を新聞で知りました。良きご伴侶を亡くされてからの一人住まいのご生活を慰問のため妻と一緒にお訪ねしたとき、いつものユーモアで、あれこれの不自由さを語られたお姿が眼に

浮かんで、まことに無念の思いが致します。

名著『現代哲学』を私は大学卒業の年に読んで感激しましたが、それ以来今日にいたるまで、古在さんは私にとって終始尊敬のみならず、親近感を抱かせる哲学者でした。今すぐにも駆けつけて、他界への旅立ちにお別れを申し述べたい気持ちですが、あいにく目下病気安静中でお伺いできないのが残念です。

心からご冥福をお祈り申し上げます。


(『古在由重 人・行動・思想』同時代社、一九九一年、所収)

アンケート回答

丸山眞男

□あなたはこの夏になにをよみますか…

○ゲオルギウ作　河盛好蔵訳　二十五時　筑摩書房　二五〇〇円
○カール・レヴィト著　脇・安藤・柴田訳　ウェーバーとマルクス　弘文堂　一三〇〇円
○戒能通孝著　暴力　日本評論社　二五〇〇円
○三宅雪嶺著　同時代史　岩波書店

○川島武宜・来栖三郎・磯田進著　家族法講話　日本評論社　二〇〇円

（『Books 十四社出版だより』No.6、一九五〇年八月）

『Books 十四社出版だより』は、人文系の出版社が出していたA5判サイズの読書案内の雑誌。一四社とは、岩波書店、小山書店、改造社、河出書房、弘文堂、創元社、ダイヤモンド社、筑摩書房、中央公論社、東洋経済新報社、日本評論社、白水社、羽田書店、有斐閣。

□憲法改正をどう思う

独立後の日本は内外ともに多難な道を歩まねばならぬが、まず国内問題として直面する重大な問題に自衛のための再軍備があり、それに関連する憲法の改正がある。さきに憲法改正について全国世論調査を行った本社は、さらに全国各界の著名人四百氏に対して憲法改正の是非を書面によって回答を求めた結果、百十六氏の回答をえた、その内容は改正賛成五四通、反対五八通、無記入四通である

（掲載は到着順）

①あなたは憲法改正すべきだとお考えになりますか、なりませんか

②改正すべきだとすればその理由をご記入ください

改正に反対

東大教授　丸山　真男

個々的な問題としては改正したいと思う条項もあるが、現在の憲法改正論は民主主義と平和主義を前進させる方向において論じられているのではないので賛成出来ない

（『読売新聞』一九五二年四月二八日号）

読売新聞社が行ったアンケートの結果が、サンフランシスコ講和条約・日米安全保障条約の発効した一九五二年四月二八日の紙面に掲載された。丸山の回答は菊田一夫、安倍能成、末川博、中村哲、山川均らに次いで一三人目である。

□アンケート

1．過ぐる半世紀の歴史の中にどんな進歩のあとをみいだされますか

2．来るべき半世紀にどんな期待を寄せられますか

――六十八氏の回答――到着順

丸山眞男

1．明と暗とはいつもうらはらの関係で一体をなしているのが歴史の現実の歩みだと思います。で

すから、例えば、この半世紀の間に二つの世界大戦をもつたということは、人間の進歩について動《やや》もすれば人々を懐疑的にさせますが、この二つの大戦を通じて、自由と民主主義の原理に対してこれを真向から否定することは、もはやいかなる陣営、いかなる立場からもできなくなつたこと、これはやはり世界史の画期的なできごとといわねばなりません。

2. 最大の期待としては、ヨーロッパとアジアの数世紀にわたるあらゆる面での不均衡の回復。――それを通じての国際的なデモクラシーの確立。（東大教授）

（『婦人之友』第四七巻四号、一九五三年四月）

『婦人之友』は羽仁もと子・吉一夫妻が一九〇三年四月に創刊した『家庭之友』を一九〇八年一月に現誌名に改題した、日本で最も長い歴史をもつ女性雑誌。家計簿の推奨、衣食住の合理化、家族関係の民主化など家庭生活の実際的改良を提唱した。婦人之友社発行。当時の編集長は羽仁賢良。丸山の回答は二三番目。

□アンケート

① 勉強会のご感想と東京公演によせる期待

② これからのぶどうの会に希望すること

①　久しぶりに見て演技の成長に驚きました。デコボコがだいぶなくなって平均化してきたのは結構なことです。こんどは台本と演出がどう変つたか楽しみでもあり不安でもあります。
②　オテテをしっかりつないで行って下さい。

（『素顔』復刊6　風浪特集号、一九五三年一二月）

『素顔』は山本安英後援会会報。復刊六号（発行者・西谷能雄、一九五三年一二月）は、木下順二「風浪」特集号で、山本安英とぶどうの会が出演する「ぶどうの会第四回公演」（一九五三年一二月一日―八日、日本青年館）のパンフレット。表紙裏に山本安英「おもうこと」が載る。アンケートには丸山の他、尾崎宏次、原千代海、西谷啓治、大木直太郎、猪野謙二、塩田庄兵衛が答えている。

□アンケート

新日本文学会創立十周年、機関誌百号記念にあたつて、会のこれまでの運動や文学にたいする御感想なり御批判なりをいただきたい。

到着順

丸山真男

一、「新日本文学」がいろいろ紆余曲折を経ながらも百号を迎えるまでに成長したことによろこびと敬意を表します。小生など文学の方はシロウトですが、正直のところ綜合雑誌よりも貴誌の方を面白く読んでいます。

一、文章論にもっと力をそそいで頂きたい。たとえば一般ジャーナリズムに載る論説や論文などを文章、文体の見地から批判するようなことをやっていただくと有難いと思います。進歩的政党の発表する決議や声明のなかにも随分悪文がありますが、それは単に技術的意味の悪文ではなくて深く発想や思考様式にかかわっている事柄と思いますので、そういう見地からの批判が必要ではないでしょうか。

（『新日本文学』創刊百号記念、一九五五年一一月号）

『新日本文学』は一九四六年一月に創刊準備号、三月に創刊号を発行した新日本文学会発行の雑誌。丸山は後に同誌編集長・針生一郎のインタビューを受けている（「民主主義の原理を貫くために」一九六五年六月号、『丸山座談』第五冊）。

□マスコミの接触度および利用度

丸山真男――かっての教え子が、少数ながら政治部、学芸部などにおり、時々個人的に雑談をします。

（『思想の科学　会報』58号、一九六八年五月、思想の科学研究会）

『思想の科学　会報』は思想の科学研究会発行。同号は「マスコミと政治」を特集している。

□『新沖縄文学』アンケート

謹啓　貴下ますますご清祥の段お慶び申し上げます。

沖縄の施政権が日本に返還されて早や満五年になりますが、返還後の沖縄は、予期されたとおり軍事基地の再編強化、経済の混乱、生活環境の悪化などきびしい状況にあります。

さて、先生方は沖縄返還協定の批准・承認をおこなった「沖縄国会」を前に、「沖縄非軍事化宣言」を提唱する発表をなさいました（一九七一年十月七日）。

〔中略〕

そこで、さきに「沖縄非軍事化宣言」を提唱された先生方に、現在の沖縄の状況――とくに安保との関係で――をどのようにお考えなのか、次の三点にしぼってご意見をおうかがいしたいと思います。
一、さきの声明の趣旨を踏まえて沖縄の現状――主として安保と沖縄の関係――をどのように認識されておられますか。

二、声明の趣旨に添って考えた場合、現在どのような行動が求められているとお考えでしょうか。
三、公用地法ならびに刑特法に対するご意見をおきかせ下さい。

一九七七年六月十五日

沖縄タイムス社出版編集部長
新川　明

『新沖縄文学』アンケート回答

拝復
現在の沖縄問題についての原稿執筆の件、小生には、問題の重要性を考えると、期日までに執筆することは、健康の上からも、能力の点からも到底不可能です。あしからず御諒承願います。
一九七七年六月二十一日

（『新沖縄文学』第三六号、一九七七年一〇月、沖縄タイムス社）

一九七一年六月に調印された沖縄返還協定の国会審議が始まる直前の一〇月、丸山は声明「「沖縄国会」を前にして——いまこそ沖縄の非軍事化を」に参加した（『世界』一九七一年一二月号に発表）。五年半後の一九七七年六月、『新沖縄文学』編集部は沖縄の非軍事化を求める声明とはますます遠い状況を示す「沖縄」について、声明参加者にアンケートを行い、その回答が同誌三六号の特集「本土知識人と沖縄」に発表された。私信の形で寄せられた「断り」の書信も丸山の回答分を含めて、本人執筆の回答はすべて原文のまま収録された。

読後評

□大渡順二文集『病めるも屈せず』に寄せて

日本結核史の必読文献

丸山真男

荻窪でお世話になってから、はや三十六年になりますが、御高著を拝見してあらためて、私の知らないさまざまの御活動や御苦労のことがわかり敬意を新たに致しました。

日本の結核史の必読文献として残る書物と思います。

（東大名誉教授）

（『保健同人ミニコミ』一九八一年一〇月八日号）

大渡順二文集『病めるも屈せず』の読後評として「日本結核史の必読文献」と題して『保健同人ミニコミ』第五六号（保健同人大渡順二研究所、一九八一年一〇月）に掲載。『保健同人』は一九四六年一月に保健同人社を設立した大渡順二が、自身の闘病体験と当時国民病といわれた結核の患者の実情をもとに同年六月に創刊した結核療養の指導・啓発のための月刊誌（保健同人社発行、編集人・発行人ともに大渡順二。一九六四年六月『暮しと健康』に誌名変更）。丸山は『保健同人』一九五五年四月号（第一〇巻第四号）の「巻頭随筆」に「健康者対病人」を寄せている。

インタビュー

□中継版インタヴュー⑨

〝豊富な人間像を……〟――政治の魔力に魅せられた魂

「インターヴューですか、余りイヂめないで下さいよ」とライ落に打ち笑いながら玄関に記者を迎えた丸山さん、紺のカスリを着流して大学の先生というよりは一介の書生然たる恰好だ。東京・大橋健二氏、北海道・林直義氏の御希望にそつて氏を目黒の私宅に訪れたわけである。

▼昭和十八年以来文字通りの怱忙の時流の中に東大の東洋政治思想史の講義を受持っている氏は今年三十四歳の若さ、早速わが国政治学への抱負？　をきいてみる。

「私が一貫して考えていることは日本における近代意識の成熟過程をたどることです。従来の学界には近代意識即外来思想という一つの定式が支配しておって私の勉強も当時はひどく不評でしたよ……」とそれから一しきり斯学革新の弁舌が一語一語に情熱をこめてつづけられた。

▼「尊敬する思想家ですか。日本の過去に近代意識を全人間的に包蔵した人物を見出すことは難しい。強いてあげれば福沢諭吉でしょう。徂徠なども人間としては偉大です。一つの類型的規定で片ずけられない豊かな人間性を持っています」。

▼丸山さんのお父さん幹治は人も知る新聞界の長老だが、さて息子の眼から見たジャーナリスト生活は？　と問えば

「むずかしいですね、ああいう早い仕事は、トテモ親ぢの真似なんぞ出来ませんよ」と、こればかりはお父さんとも好みが違うらしい。

しかし氏のエネルギッシュな話し振りといい発らつたる活動振りといいやはり父親の血を受継いだものには違いあるまい。

▼「私の念願は政治を通じて人間性をつかむことです。そういう意味では単なる政治学の解釈書を読むよりもバルザックやドストエフスキーを読んだ方がずつと本当の勉強になりますね」という氏はなかなか幅の広い読書家で、特にシュヴァイツァ、ロマン・ローランなどは繰返し読んでいるそうだ。

▼書斎には書棚と並んで愛用のピアノが置かれている。〝音楽だけは私にとつて趣味以上のものな

のです〟と一寸照れる丸山さん。人間のパッションを根柢から動かす故の〝政治の魔術的な力〟に魅せられているといい、〝豊富な人間像〟の把握を日本文化のために強調する丸山さん。――政治と音楽――そこにもいかにも丸山さんらしいフレッシュな性格が感じ取られる。（O）

（『日本読書新聞』第三九六号、一九四七年六月一一日）

『日本読書新聞』は一九三七年から八四年まで刊行された書評新聞。発行元は日本読書新聞社。一九四五年五月二一日号をもって休刊したが、同年一一月に日本出版協会により復刊。「中継版インタヴュー」は一九四七年四月九日第三八八号から同年六月二五日第三九〇号の一一回の連載で、丸山のインタヴューはその九回目。

□「群衆の中の一つの顔」をめぐって

「マス・コミと大衆と政治」（下）

意見画一化の危険も

丸山氏「上層リーダー＝サブリーダー＝大衆という路線は、現在かなりくずれてきている。これは投票態度の調査をみるとはっきりでている。第一回の総選挙以来投票態度の変わらないという家が大幅に動いてきている。各人がそれぞれ独立した考えをもつ、という傾向がみえる。浮動票がぐっとふえているということだ。だがこれは同時にマス・コミの影響をつよく受ける〝大衆社会化〟が進むということでもあり、大衆の意見が画一化される危険もはらみ、非常にデリケートな時期にある」

（『毎日新聞』一九五七年一〇月四日号）

『毎日新聞』一九五七年一〇月四日号夕刊「学芸」欄の記事「「群集の中の一つの顔」をめぐって　マス・コミと大衆と政治」（下）に載った談話。テレビの出現や日本社会の大衆社会化について、加藤周一とともに意見を寄せている。

日章旗

一九四四年七月

一九四四年七月、丸山は二等兵教育召集により松本市の歩兵第五〇連隊補充隊に応召、ほどなく歩兵第七七連隊補充隊に転属し朝鮮平壌に向かったが、この第一回目の応召に先だつ六月（丸山ゆか里夫人の、日章旗の入った箱書きによる）、東大法学部の同僚三三名、親戚三名が署名を寄せた日章旗である。千人針（一メートルほどの白布に赤い糸で千人の女性に一人一針ずつ縫って結び目を作ってもらう、お守りとして用いられた布）などとともに、出征する兵士に贈る習わしだった。丸山彰氏提供。

初出『手帖』第六四号、二〇一三年一月

1944年6月　第一次応召時の日章旗（寄せ書き）

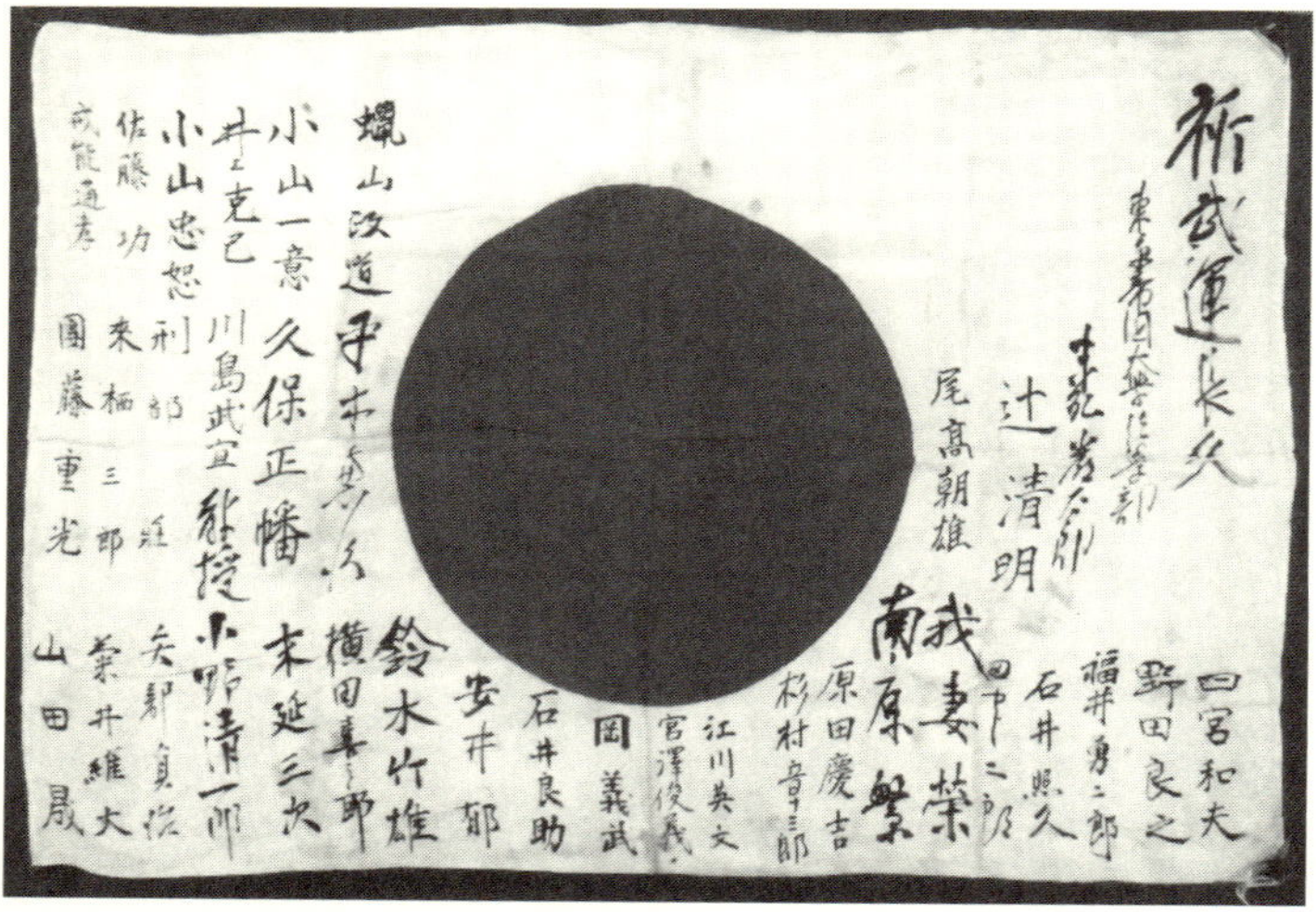

祈武運長久

東京帝国大学法学部

1 末弘厳太郎
2 辻　清明
3 尾髙朝雄
4 蠟山政道
5 小山一意
6 井上克己
7 小山忠恕
8 佐藤　功
9 戒能通孝
10 平木恵治
11 久保正幡
12 川島武宜
13 刑部　荘
14 来栖三郎
15 團藤重光
16 四宮和夫
17 野田良之
18 福井勇二郎
19 石井照久
20 田中二郎
21 我妻　栄
22 南原　繁
23 原田慶吉
24 杉村章三郎
25 江川英文
26 宮沢俊義
27 岡　義武
28 石井良助
29 安井　郁
30 鈴木竹雄
31 横田喜三郎
32 末延三次
33 教授小野清一郎
34 矢部貞治
35 菊井維大
36 山田晟

署名者略歴

1　末弘厳太郎（すえひろ・いずたろう　1888-1951）　民法学者。東大教授。法社会学・労働法学の開拓者的存在。一九二四年、学生たちによる関東大震災後の避難民救護組織を発展させた東大セツルメントを設立した。戦後、GHQのもとで労働三法の立案に参画、中央労働委員会会長をつとめる。戦時中、日本法理研究会会長をしていたため、四六年一〇月に教職追放処分を受けた（四六年四月に東大教授を辞職、五一年死の前日に追放解除）。「厳ちゃん」のあだ名で親しまれた。『農村法律問題』『労働法研究』など。

2　辻清明（つじ・きよあき　1913-91）　行政学者。本巻一四九頁・註（15）を参照。

3　尾高朝雄（おだか・ともお　1899-1956）　法哲学者。京城帝国大学教授から一九四四年東大教授となり法理学（後の法哲学）講座を担当。究極的主権者は「ノモス」にあるとして宮沢俊義の「八月革命説」を批判し論争となった。五三年法学部長。五六年ペニシリン・ショックにより急逝。『法哲学概論』など。

4　蠟山政道（ろうやま・まさみち　1895-1980）　政治学者。東大教授。行政学の先駆的存在。三九年東大を依願免官。四二年衆院選に大政翼賛会推薦候補として当選。四五年衆議院議員辞任。四七年公職追放（―四八）。五四年お茶の水女子大学長（―五九）。『政治学の任務と対象』『行政組織論』など。

5　小山一意（こやま・かずい　1927-）　ゆか里夫人の弟。小山磐の三男。当時府立中学在学中。戦後府立高校、東大卒。一九五一年三菱銀行に入行。ダイヤモンド抵当証券代表取締役をへて東洋証券経済研究所社長。九〇年同顧問。

6　井上克己（いのうえ・かつみ　1913-83）　ゆか里夫人の姉、井上久子の夫。東大卒。朝鮮銀行下関支店。戦後三井銀行。オリエンタルダイヤ工具。戦後一時、丸山眞男一家は井上一家とともに目黒区宮前町の小山忠恕宅に寄宿。

7　小山忠恕（こやま・ちゅうじょ　1914-98）　ゆか里夫人の兄。本巻六三頁・註（21）を参照。

8　佐藤功（さとう・いさお　1915-2006）　憲法学者。一九四五年憲法問題調査委員会補助員として日本国憲法制定に関わった。四六年内閣法制局参事官。六七年上智大教授。『日本国憲法概説』など。

9　戒能通孝（かいのう・みちたか　1908–75）　民法学・法社会学者。弁護士。東大卒。末弘厳太郎に師事。戦後、東京裁判で鈴木貞一の補佐弁護人を務めた。一九四九年早大教授。五四年東京都立大教授。六四年都立大教授を辞任し弁護士登録、小繋事件の農民側弁護人となる。東京都公害研究所初代所長。

10　平木恵治（ひらき・けいじ　生年不明）　愛称オンケル。一九三二年一高、三五年東大卒。東大法学部助教授・就職担当。武蔵野工大講師。日本電電公社相談役。大気社顧問。一高寮歌「彩雲は」「白波騒ぎ」「見よや見よや」などを作詞。一九九〇年九月一四日没。

11　久保正幡（くぼ・まさはた　1911–2010）　西洋法制史学者。一九四六年東大教授。訳書『サリカ法』、編著『中世の自由と国家』など。

12　川島武宜（かわしま・たけよし　1909–92）　民法・法社会学者。一九四五年東大教授。戦後『日本社会の家族的構成』などで「川島法社会学」という流れを作り、民法改正などを思想的にリードした。法制度をその社会的基礎から構造的に把握し、社会科学としての全体像から法解釈を定礎しようとした。『科学としての法律学』は、建設業・農地相続・入会等の実地調査や判例の研究を通じ「生ける法」と法規範の関係に光をあて、法社会学の裏付けを持つ法解釈学の樹立をめざした。

13　刑部荘（ぎょうぶ・とおる　1910–47）　国法学者。一九四五年東大教授。同年憲法問題調査会補助員。

14　来栖三郎（くるす・さぶろう　1912–98）　民法学者。一九四七年東大教授。『契約法』など。

15　團藤重光（だんどう・しげみつ　1913–2012）　刑事法学者。本巻二三三頁・註（25）を参照。

16　四宮和夫（しのみや・かずお　1914–88）　民法学者。一九四一年東大助教授。神奈川大・立教大教授を経て六五年東大教授。「歩く通説」といわれた指導教授の我妻栄に対し「歩く反対説」と呼ばれた。『民法総則』『信託法』など。

17　野田良之（のだ・よしゆき　1912–85）　比較法学者。本巻一四九巻・註（14）を参照。

18　福井勇二郎（ふくい・ゆうじろう　1908–48）　フランス法学者。『仏蘭西法学の諸相』など。

19　石井照久（いしい・てるひさ　1906–73）　労働法・商法学者。一九四四年東大教授。六七年成蹊大教授・学長、六九年中央労働委員会会長。『商法総則』『労働法総論』など。

20 田中二郎（たなか・じろう 1906-82） 行政法学者。一九四一年東大教授、行政法第二講座担当。五九年法学部長（―六二）、行政法第一講座担当。六四年最高裁判事（―七三）。『行政法』上中下など。

21 我妻栄（わがつま・さかえ 1897-1973） 民法学者。一九二七年東大教授、民法講座を担当。民法の解釈学、その体系化に大きな貢献をした。戦後の民法改正に指導的役割を果たし、憲法問題研究会に参加して日本国憲法の擁護に努めた。丸山は山野冬男のペンネームで三七年一〇月の『東大春秋』第四巻一号に「法学部三教授批判」と題して我妻、横田喜三郎、宮沢俊義を評している（『丸山集』第一巻）。『民法講義』『近代法における債権の優越的地位』『民法一―三』など。

22 南原繁（なんばら・しげる 1889-1974） 政治学者。本巻六三頁・註（17）を参照。

23 原田慶吉（はらだ・けいきち 1903-50） ローマ法学者。一九三九年東大教授。四九年法制史学会の設立に尽力し、初代代表理事。五〇年生活難・貧窮に精神的に追い詰められ自死。

24 杉村章三郎（すぎむら・しょうざぶろう 1900-91） 行政法学者。宮内大臣・枢密院議長の一木喜徳郎の子。

25 江川英文（えがわ・ひでふみ 1898-1966） 国際法学者。一九三六年東大教授。『国際私法（改訂）』など。

26 宮沢俊義（みやざわ・としよし 1899-1976） 憲法学者。本巻六二頁・註（15）を参照。

27 岡義武（おか・よしたけ 1902-90） 政治学者。本巻一四八頁・註（5）を参照。

28 石井良助（いしい・りょうすけ 1907-93） 法制史学者。一九四三年東大教授。九〇年文化勲章受章。『日本法制史概説』など。

29 安井郁（やすい・かおる 1907-80） 国際法学者・平和運動家。本巻二三二頁・註（23）を参照。

30 鈴木竹雄（すずき・たけお 1905-95） 商法学者。一九四〇年東大教授。五七年法学部長（―五九）。八九年文化勲章受章。『会社法』など。

31 横田喜三郎（よこた・きさぶろう 1896-1993） 国際法学者。本巻六二頁・註（16）を参照。

32 末延三次（すえのぶ・さんじ 1899-1989） 英米法学者。一九三二年東大教授。『英米法概論』など。

33 小野清一郎（おの・せいいちろう 1891-1986） 刑法学者。一九二三年東大教授。『日本法理の自覚的展開』（四二年）で「大東亜法秩序」を構想し、日本法理研究会の活動を推進したことにより、四六年公職追放を受け

退官。七二年文化勲章受章。『刑事訴訟法講義』など。
34 矢部貞治（やべ・ていじ 1902-67） 政治学者。本巻六四頁・註（27）を参照。
35 菊井維大（きくい・つなひろ 1899-1991） 法学者。専門は民事訴訟法、破産法。一九三二年東大教授。『民事訴訟法』『強制執行法総論』など。
36 山田晟（やまだ・あきら 1908-2003） ドイツ法学者。一九四五年東大教授、ドイツ法講座を担当。『ドイツ法概論』『ドイツ近代憲法史』など。

『丸山眞男書簡集』未収録書簡

以下に『丸山眞男書簡集』全五巻（みすず書房、二〇〇三—四年）完結後に発見された書簡一四四点を、本巻『話文集 続4』の付録として掲載する。詳細は以下の通り。なお、編集方針・体裁その他は『書簡集』にならった。

神奈川県立神奈川近代文学館所蔵の書簡は八三点のうち八二点（一点は夫人代筆のため除く）。内訳は磯田光一宛て一点、「花田清輝を追悼する会　松本昌次」宛て一点、堀田善衛宛て一点、中薗英助宛て九点、埴谷雄高宛て三一点、野間宏宛て三九点である。ご子息の丸山彰氏の「中薗・埴谷宛ての書簡が同文学館にある」とのご指摘をきっかけに、八三点の所蔵を確認できた。同文学館の「特別撮影規定」に基づいて撮影し、著作権継承者の東京女子大学より撮影の許可を得た（初出『手帖』第六九号、二〇一四年八月）。

藤沢市湘南大庭市民図書館所蔵の古在由重宛ての書簡は一〇点。手帖の会会員の田中秀昭氏のご指摘により、古在氏の蔵書が寄贈された同図書館で確認できた。写真撮影が許されないため、同図書館の「特別図書館資料閲覧等許可」を得て手帖の会が閲覧・書写した（初出『手帖』第六九号）。

その他、「軍用地強制使用手続き拒否の大田知事の決断を支持し、「地位協定」全面見直しを求める有志の会」宛て一点（初出『手帖』第二一号）、福井恵

一宛て書簡一点（初出『手帖』第三四号）、清岡暎一宛て一点（初出『手帖』第三六号）、伊藤正雄宛て一点（初出『手帖』第四一号）、松本健一宛て一六点（初出『手帖』第六七号）、石井深一郎宛て九点、田原嗣郎宛て六点、高野耕一宛て一点、土橋俊一宛て一点、富田節子宛て一点、米田卓史宛て二点（初出『手帖』第六九号）。

『手帖』未収録で本巻に新たに掲載する書簡は、加藤一郎宛て一点、加藤周一宛て二点、杉井健二宛て一点、杉浦明平宛て五点、中村哲宛て一点、檜垣眞澄宛て一点、松本昌次宛て一点である。

書簡の収録にあたり、ご許可・ご協力をいただいた、以下の皆様（掲載順）に、この場を借りて篤く御礼申し上げます。石井元一郎氏（石井深一郎宛て）、五十嵐桂氏（野間宏宛て）、神奈川県立神奈川近代文学館（所蔵、野間宏宛て、堀田善衞宛て、埴谷雄高宛て、中薗英助宛て、「花田清輝を追悼する会　松本昌次」宛て、磯田光一宛て）、松尾百合子氏（堀田善衞宛て）、木村剛太郎氏（埴谷雄高宛て）、甲南大学文学部日本語日本文学科（所蔵、伊藤正雄宛て）、古在豊樹氏（古在由重宛て）、藤沢市総合市民図書館（湘南大庭市民図書館所蔵、古在由重宛て）、加藤照子氏（加藤一郎宛て）、東京大学大学院法学政治学研究科附属近代日本法政史料センター（所蔵、加藤一郎宛て）、岩田ミナ氏（杉浦明平宛て）、田原市博物館（所蔵、杉浦明平宛て）、杉井啓子氏（杉井健二宛て）、伊藤秀氏（田原嗣郎宛て）、松本昌次氏（「花田清輝を追悼する会　松本昌次」宛て、松本昌次宛て）、松本久美子氏（松本健一宛て）、中村淑子氏（中村哲宛て）、田中美似子氏（中薗英助宛て）、米田卓史氏（米田卓史宛て）、福井恵一氏（福井恵一宛て）、富田節子氏（富田節子宛て）、植田美智子氏（磯田光一宛て）、慶應義塾福澤研究センター（所蔵、清岡暎一宛て）、本村雄一郎氏（加藤周一宛て）、立命館大学図書館（所蔵、加藤周一宛て）、高野映子氏（高野耕一宛て）、檜垣眞澄氏（檜垣眞澄宛て）、土橋敬子氏（土橋俊一宛て）、大田昌秀氏（「軍用地強制使用手続き拒否の大田知事の決断を支持し、「地位協定」全面見直しを求める有志の会」宛て）。

1

石井深一郎*　一九四七（昭和二十二）年九月二十五日〔消印〕

その後どうしているかと小山〔忠恕〕や寺島と会うごとに噂していたが、御元気の御便りで大いに安心しました。小生も多忙になやまされ、インフレに埋没しそうになりながらどうやら生きています。一子彰《アキラ》もこの十一月で誕生、家中をはいまわっていたづらばかりしています。小山のところも三人目の女の子が生れてなかなかさかんです。ミンペイ〔杉浦明平〕氏も時折突如上京して例のごとく毒舌をまきちらし、さっと引揚げて行きます。河村啓吉が最近蒙古から引揚げて目下郷里の富山に引きこもって再起（?）をはかっているとか。皆それぞれ「らしい」道を歩んでいます。

〔葉書〕岡山県小田郡矢掛町
石井深一郎様
東京都目黒区宮前町六四
丸山眞男

＊ 石井深一郎　一九一四―八一。第一高等学校、東大法学部を通じて丸山の同級生。「石井深一郎のこと」『丸山集』第一二巻、参照。

2　石井深一郎　一九四八〔昭和二十三〕年八月八日〔消印〕

その後御元気ですか。小生、教員再教育講習会の講義にひっぱり出されて須坂まで来たので、懐旧の情抑えがたく、遂に暇を割いて山に登る。金ちゃん〔関金三郎〕漸く主人としての貫禄備はり、successor 金四郎君（去年十一月生れ）も活発にして前途有望。かあちゃんも白髪はふえたが、依然として活躍。折々金ちゃんといづれに、主権存するや分明ならざる感あり。もしやとの期待も空し。別館は、一泊の団体客で喧噪夜に及び、「むかしのひと」は求むべくもない。それでも今年は去年の半分位しかお客がないとのことで、デフレの傾向こゝにも顕著である。なにしろ、長野―湯田中、三〇円、湯田中―丸池、四五円（共に片道）ともなれば、お盆休みのお百姓さんも、戸倉や上山田どまりになるのも無理はない。住友ヒュッテの上を通る新道は遠いばかりで面白くない。

では又。御元気で。

〔絵葉書〕岡山県矢掛町
石井深一郎様
発哺温泉天狗の湯
丸山眞男

3　石井深一郎　一九四九（昭和二十四）年一月十三日〔消印〕

謹賀新春

いつぞや――こんな風だから困るんだが――は珍品ありがたく頂戴。女房から早く御礼を出しなさいと叱られているうちに年があけちゃった。元気だろうね。小生は座骨神経痛で元旦早々から動けなくなり閉口している。名古屋の後藤君も無事復員したようだね。藤田君（中小企業庁）には先日会ったし、まづまづ良男さんを除いては発哺の連中も消息がわかって来た。では又。

〔葉書〕岡山県小田郡矢掛町
石井深一郎様
東京都目黒区宮前町六四
丸山眞男・ゆか里・彰

4　石井深一郎　一九五一（昭和二十六）年四月三十日〔消印〕

たびたび暖かい御見舞いのお便りありがたく拝見。お蔭で経過きわめて順調です――といっても抑ゝの病状から話さないと見当がつかないでしょうが……。左肺尖部空洞（かなり旧いらしい）で、始めは肋膜癒着が広いから、成形でなければ駄目だろうと思ったのですが、こゝに馬場先生という焼灼術の名人がいて、どれ一つ切れるだけ切ってみようという事になったのです。二月二八日第一回手術。ブルーテン〔出血〕したため一時は予後甚だ香しくなかったのですが、どうやらもち直し、先日の立体写真の結果では、現在の不完全気胸でも案外病巣がよく縮んでいるので、第二回手術をやめて、このまゝ気胸を続けることにしました。従って今の様子なら夏前に退所出来そうですが、なにしろ僕のような硬化性空洞はまず一生気胸と思って間違いないでしょう。貴兄の奥さんの事、気掛かりでなりません。主治医は信頼出来ますか。様子しらせて下さい。亀田〔喜美治〕もだいぶ元気になったが、まだ培養で菌が出るようです。今日、田中と友広が見舞に来てくれての話では、茂貫も保川も大坪もT・B〔結核〕のよし。全くT・B国家だ。先日のクラス会は中々盛大だった由。こゝの主治医も一高の同期（新海明彦君四中出身）で何かと便利です。

このごろは世の中がまたクサル事が多いけれど、やはり十年前と比べたら段ちがいに皆の表情が明るいね。むしろ自信を失ってソワ〳〵、ギャア〳〵騒いでいるのは、支配階級とその新聞屋共じゃないかしら。ではまた。

〔葉書〕岡山県矢掛町
石井深一郎様
東京都中野区江古田国立中野療養所十一舎
丸山眞男

5　石井深一郎　一九五一〔昭和二十六〕年七月十六日〔消印〕

お便りありがとう。その後奥さんの御容態はいかゞ。今は一年中でいちばんTB患者の苦手の季節、くれぐれも御自愛のほど祈ります。僕の方も焼灼術のあとでたまった水がなか〳〵ひかないで弱ったが、昨今ようやく減った模様。退所は夏を越してからの予定。むろんその後も気胸は何年続くか分らない。亀田〔喜美治〕も経過よく、肺は水密位の大きさまで縮んでいるのだが、どういうわけかまだ時々培養でプラスになるらしい。全くもって業病です。

パリ祭がめぐって来たが、それより一足先に日本ではテルミドール季節に入ったようだ。「何事も忘れず何事も学ばない」連中が当分乱舞するだろう。

〔葉書〕岡山県小田郡矢掛町
石井深一郎様
東京都中野区江古田、国立中野療養所十一舎
丸山眞男

6　石井深一郎　一九五一〔昭和二十六〕年九月二十五日

漸く秋の色も濃くなつてまいりました。お変りなくお過しのことと存じます。

さて小生去冬発病以来一方ならぬ御心配をお掛け致しましたが、このたび七ヶ月にわたる療養所生活を終えて、気胸に通いながら自宅療養をする運びとなりました。入所中、皆様からいろいろの形でいたゞいた御親切は私にとつて生涯忘れ難い感銘として心に焼付けられております。退所は致しましたものゝこれから結核に一番大事なアフタ・ケアの段階に入りますので、折角今迄の皆様の御厚志を無にせぬよう、安静専一に心掛ける所存で御座います。内外の時事益〻多端の折柄、皆様の御健勝を切にお祈り申上げます。まずは右取敢えず御礼旁々退所の御挨拶まで。

一九五一年九月二十五日

東京都目黒区宮前町六四番地
丸山　眞男

〔本人加筆〕奥さんその後いかゞ、心配しています。

〔葉書・退院通知・印刷〕岡山県矢掛町
石井深一郎様
東京都目黒区宮前町六四
丸山眞男

7　石井深一郎　一九五一〔昭和二十六〕年十月三十一日〔消印〕

御上京のよし、是非久しぶりで歓談したい。小山〔忠恕〕と連絡したら、二日（金）が空いているとのこと、二日の夕飯を僕のところで食べる予定にしてくれませんか。小山は目下シューブを起しそうな危険な形勢にあるので、あまり長く話さぬ方がいゝと思うから、小山の家に一寸寄ってそれから僕の家の方でゆっくりしたらいかゞ。金曜日僕は止むをえぬ用事で、午前外出するが、午後四時頃までには必ず帰っているから、それまでに来て下さい。もし万一、二日の夜が汽車の都合其他で無理なら、一日の晩でも結構です。その折は一寸、荏原（08）、一七八二番永井に電話してほしい。なお僕の家の略図書いておく。〔手書き地図は略す〕

〔葉書〕麻布区笠井町一六四ノ四、麻布岡山寮
石井深一郎様
目黒区宮前町六四
丸山眞男

8　野間　宏＊　一九五二〔昭和二十七〕年六月十一日〔消印〕

移転御通知

今般左記に転居致しましたのでお知らせ申し上げます

東京都武蔵野市吉祥寺町三一九番地
省線西荻窪又は吉祥寺駅より徒歩十五分
或は両駅間往復バス法政高校前下車

一九五二年六月五日

丸山　眞男

〔葉書・移転通知・印刷〕文京区真砂町二五
野間宏様
東京都武蔵野市吉祥寺町三一九番地
丸山眞男

＊　野間宏　一九一五―九一。詩人・小説家。京大卒。一九四一年に応召し、中国やフィリピンを転戦するも、マラリアに感染し帰国。四三年思想犯として逮捕され、大阪陸軍刑務所で半年間服役。四六年『暗い絵』を発表し、発想と文体の特異性で注目された。長編『真空地帯』（毎日出版文化賞）『さいころの空』『わが塔はそこに立つ』のほか、三〇年を費やした『青年の環』は七〇年に完成した。

丸山は野間宏と戦後まもなく、分野をこえた知識人の集団、「未来の会」の同人となるなど、親しい交わりを結んでいた。「野間君のことなど」（『丸山集』第六巻）、「新演に寄す」（『丸山集』第五巻）参照。

9　堀田善衛*　一九五五（昭和三十）年三月三十一日〔消印〕

その後御無沙汰致しました。昨日は御労作『夜の森』の御寄贈をいたゞき御厚意ありがたく御礼申上げます。シベリヤ出兵問題は最近日本でもアメリカでも歴史学界で一番注目しているテーマの一つではあり、今度の御労作に期待をかけずにはおれません。それと共に、次々と未踏の試みを世に問われる貴兄のエネルギッシュな御活躍にはたゞ敬服の至りです。御心配をかけましたが小生去る一九日一応療養所から自宅の方へ戻りました。この一年のブランクを思うと、アセルナなどという人の慰めが空々しくきこえてなりません。四十にしていよいよ惑は増すばかりです。取敢えず御礼まで

〔葉書〕逗子市新宿一七六一
堀田善衛様
武蔵野市吉祥寺三一九
丸山眞男

＊　堀田善衛　一九一八—九八。小説家。富山県生まれ。慶応大学仏文科卒業。一九四五年中国へ渡り上海で敗戦を迎えた。四七年帰国後その体験に基づいた『祖国喪失』『歯車』などを発表。『広場の孤独』で芥川賞。国際的な感覚に富んだ作品で知られ、土俗的な問題にも注目する。小説『海鳴りの底から』『橋上幻像』、評論・評伝『方丈記私記』などを発表。『ゴヤ』で丸山の『戦中と戦後の間』とともに、第四回大佛次郎賞を受賞。

10　埴谷雄高*

一九五六（昭和三十一）年十二月二十一日〔消印〕

未來社、松本〔昌次〕君を通じて御高著『死霊』拝受致しました。御好意のほど幾重にも御礼申上げます。かねて拝読したいと思っておりましたが、こうして思いがけず戴いてみますと、最初から重量感に圧倒され、そこらの小説のように暇をみては寝ころんで読むというような雑な読み方ができなくなります。この冬休みにでも時間をかけて取り組みたいと思っております。いつかの竹内〔好〕氏のところで持ったような会合を時折やりたいものですね。僕は社会科学者と話すことがますます億劫で気乗りがしなくなって弱っています。そのくせ、ものを書く段になると、やっぱり社会科学者的な、つじつまのあわせ方をしないと気がすまないのでイヤになるのです。そんなこともあって、今度未来社から政治学関係の論文を集めて出した――お贈りします――のを機会に、政治学の方は手を抜いて日本思想史の仕事に専念したいと思っております。

〔葉書〕武蔵野市吉祥寺二二一四
埴谷雄高様
武蔵野市吉祥寺三一九
丸山眞男

* 埴谷雄高　一九一〇—九七。台湾の新竹生まれ。敗戦直後の一九四六年、平野謙、荒正人らとともにはじめた『近代文学』に連載された『死霊』はその後五〇年あまり書きつづけられ、未完に終わった。他分野にまたがるそ

の執筆活動は、戦後の思想・文学に大きな影響を与えた。丸山とは長年の友人であった。

11　埴谷雄高　一九五七（昭和三十二）年七月十五日〔消印〕

待望の『鞭と独楽』まことにありがたく拝受しました。ところが小生例の「反動の思想」(1)で四苦八苦して昨夕やっと釈放されて家に帰ったばかりですので、まだ手にとったばかりというところです。いづれ又お会いした折に、感想をのべさせて頂きます。「反動」は御援助をいたゞきましたが、序論という性質にひっかかって（各論とだぶらないように配慮したため）、カテゴリーの発生史だけで頁数がつきて、反動→急進、自由→保守といったattitudeの移行の条件の問題を全部オミットしたこともあって、折角の御期待とはだいぶ遠いものになってしまいました。また是非お気軽にお立寄り下さい。

〔葉書〕武蔵野市吉祥寺二二一四
埴谷雄高様
武蔵野市吉祥寺三一九
丸山眞男

（1）『岩波講座　現代思想Ｖ　反動の思想』（岩波書店、一九五七年）のはじめに「本巻の序論」として掲載された「反動の概念」（『丸山集』第七巻）のこと。

12　伊藤正雄*　一九五八（昭和三十三）年十一月三十日〔消印〕

謹啓、このたび御編著『福沢諭吉入門』をお贈りいたゞき、御芳志まことにありがたく存じます。かねてこういうものがありますと、講義やゼミの際に学生に読ませるのに、はなはだ便利だと思っておりました。御苦心のほど敬意を表します。私の福沢論も新稿を書き加えて岩波から出すことになっていますが、どうもやればやるほどむつかしくなってズル〳〵とのびています。取敢えず御礼まで。

〔葉書〕西宮市仁川町四ノ一〇一
伊藤正雄様
武蔵野市吉祥寺三一九
丸山眞男

＊　伊藤正雄　一九〇二―七八。大阪市生まれ。一九二七年東京大学文学部国文科卒業。甲南大学で近世文学を講じる一方、福沢諭吉の初期の作品の欧米教科書との考証において、福沢研究史に名を残す。

13　野間　宏　一九五九（昭和三十四）年一月一日

新年おめでとうございます
ひごろ御無沙汰のおわびを申上げ
あわせて皆様の御健祥をお祈り致します

一九五九年一月一日

東京都武蔵野市吉祥寺三一九
丸山　眞男

〔年賀状・印刷〕文京区表町一〇九
野間宏様
東京都武蔵野市吉祥寺三一九
丸山眞男

14　野間　宏　一九六一（昭和三十六）年五月二十七日〔消印〕

御無沙汰していますが、御元気ですか。このたびは『干潮のなかで』を御贈りいただき、たいへんうれしく思いました。拝読してから御礼かたがた感想を書こうという積りにしていたのですが、そうなるとまたズルズルと先に延びる恐れがあるので、とりあえず受取りの意味で出します。ただ小生の方は生産力において到底貴兄にかなわぬので、戴くばかりで一向反対給付がないのを申訳なく思います。国際関係だとたちまちひも付きになるところですが……。いずれお目にかゝって。

〔葉書〕都内、文京区表町一〇九
野間宏様
武蔵野市吉祥寺三一九
丸山眞男

15 野間 宏

一九六一（昭和三十六）年十月〔日・消印不明〕

謹啓　秋冷の候いよいよ御清祥のことと存じます。

このたび私共の出発に際しましては種々御配慮を有難うございました。当方の勝手で送別の御申出も一切御辞退申上げ又御挨拶にも参上致しませずまことに失礼申上げました。御海容のほどひとえに願上げます。

今後のあらましの予定は、来年の六月までをハーバート大学で過し、その後三、四ケ月間カナダ及びヨーロッパをめぐつて帰国するつもりでございます。この期間にせめて身体だけでも活力を蓄えたいと念願しております。一年後ふたたびお目にかかれる日を楽しみに取りあえず右失礼の御詫びと出発の御挨拶にかえて一筆認めた次第でございます。

留守中皆様の御健勝を心からお祈り致します。　草々

一九六一年一〇月

丸山　眞男

追伸　ハーバート滞在中の住所は左記の通りでございます

Suite 517, Ambassador Hotel

1737 Cambridge Street, Cambridge, Mass., U. S. A.

〔封書・印刷・封筒欠〕
武蔵野市吉祥寺三一九
丸山眞男

16　埴谷雄高

一九六一（昭和三十六）年十月（日・消印不明）

〔野間宏15と同文〕

〔封書・印刷〕武蔵野市吉祥寺二二一四〔夫人代筆〕
埴谷雄髙様〔夫人代筆〕
武蔵野市吉祥寺三一九
丸山眞男

17　埴谷雄高　一九六一（昭和三十六）年十二月一日〔消印〕

御無沙汰しました。突然お便りを差上げるのは、岩波から贈ってもらった『図書』で貴兄が「新書」で出た私の本の書評をしてくれたのを知って、懐しくなり一筆御礼をのべたかったからです。貴兄には有斐閣の『人間と政治』で大変に御迷惑をかけたので、発つ前に是非お会いしたいと思ったのですが、ついにその暇を持てませんでした。こちらは情報不足でよく分りませんが、有斐閣も大分左前らしく、印税・原稿料などの払いも悪いという事をききましたので、少からず気になっています。もう二度とあんな御迷惑はかけないつもりです。

貴兄の感想的書評は短いながらに流石にピリヽとした鋭い舌触りを感じます。御多忙中を批評の労をとって下さった事は感謝に堪えません。せっかくの御好意に答えるために、短い余白で私も敢えて一、二の点を附言したいと思います。まず、「このような状況からいかに脱出するかについて著者が多くを示していない」という点はまったくその通りです。私は歴史家は、とくに思想史家は「うしろむきの予言者」という宿命を負っていると思っています。ですから、うしろに向きっ放しの「実証的」な歴史的せんさくと、前に向きっ放しの想像力に富んだ予言とはそれぞれ適当な人材にまかせて、私はどんなに「限界」はあろうと、この宿命的な途を歩んで行くつもりです。第二に「市民社会」的発想のあとに組織の段階が来なければならないという点は、昨年の安保問題のときの貴兄の評論にも関係することですが、ある根本的な点で貴兄とまったく考え方のくいちがうところではないかと思います。私は社会主義こそ歴史的に一つの段階を代表する体制と思想であり、これに反していわゆる「市民」的民主主義はギリシャの昔からあって、社会主義をのりこえても生きつゞける——というよりは永遠に制度化を完了しないプロセスと思っています。その意味で民主主義の永久革命説といってもよく、そうなると正反対の方向からまた貴兄の考え方と相重なる面が出て来るかも知れません。第三に、マリア像の問題はもっとも興味ある示唆です。けれども、イタリーもドイツもオランダも同じ中世キリスト教的共同体のなかから国民国家に分岐して行き、同じギリシャ文化とローマ法を「古典」として持っているのに対して、たとえば日本ははじめから大乗仏教を輸入し、しかも神道という民族（兼民俗）宗教が、仏教という世界宗教によって押しつぶされずに併存した（併存ということは世界宗教の世界性にそもそも矛盾します）という点で、やはり重大なちがいがあると思います。

いってみれば、そこには、一つの主題とそのヴァリエーション（ヨーロッパ型）という曲形式と、異ったいくつかの主題の併行的な展開（アジア）という形式とのちがい〔があるの〕ではないでしょうか。ヴァリエーションもベートーヴェンの「ディアベルリ変奏曲」のように複雑になると、後の方の変奏曲からもとの主題を想像することは事実上ほとんど不可能です。にもかかわらず論理的にはたしかに主題の変奏なのです。つまりササラ型という事になります。もう一つ重要なちがいはシンクロナイゼイションという事だと思います。ルネッサンスはイタリーから起ったけれども、全西欧にほとんど同時的に波及し、ヨーロッパ的現象として発展します。国民的個性はそういう条件のうえでの相異です。宗教改革・反宗教改革運動も、フランス革命もそうした同時性を具え、同じく全ヨーロッパ的現象です。ところが、日本が仏教を輸入したころは本家本元のインドではすでにヒンズー教に圧倒されていますし、朱《（宋）》子学が隆盛になった頃には中国では宋はとっくに亡んで明末から清初の時代で、朱子学と反対の傾向が盛んになっているというように、文化の影響や摂取という事はあってもシンクロナイゼイションの関係がない。こういう点をどうお考えになりますか。どうも今日は固いことだけ書きましたが、この次にはもっと「やわらかい」方面のお便りをします。

〔航空書簡〕MR. Y. HANIYA
TOKYO, JAPAN
東京都武蔵野市吉祥寺二三二一四
埴谷雄高様
MASAO MARUYAMA
Ambassador Hotel, Suite 517
Cambridge St., Cambridge, Mass., U. S. A.

18　埴谷雄高　一九六四（昭和三十九）年九月十六日〔消印〕

先日は、せっかく御来訪下さったのに、留守にしてお目にかかれなかったことを残念に思います。その折、御新著をいただき、感謝のほかありません。ところで六月頃に署名をして未来社から送らせた筈の私の旧著がどういう手違いかお手許に着いていないとのことを伺ってびっくりしました。ただ今度の増補版は誤植数十個所に及び、なかには反対の意味になっているところもあるので、どうせ遅れついでですから、近く訂正した版が出来た折に、差上げたいと存じます。どうか御諒承の程願上げます。

▲　▲　▲

神〔山茂夫〕、中〔野重治〕、脱党でレフト陣営はいよいよ混沌（アナーキストの恋人！）の相を呈し、ライトの方は、ロマン派から文化自由会議派まで、あざやかな統一戦線を組んでいるのは面白い対照ですね。では又。

〔葉書〕武蔵野市吉祥寺南町二ノ二二一四
埴谷雄高様
吉祥寺、東町二丁目44の5
丸山眞男

19　野間　宏

一九六五（昭和四十）年一月一日〔消印〕

新年おめでとうございます
日頃の御無沙汰を御詫びしつつ
皆様の御健勝をお祈り申上げます
一九六五年一月一日

東京都武蔵野市吉祥寺東町二丁目四四〜五
丸山　眞男
〔年賀状・印刷〕文京区表町一〇九〔夫人代筆〕
野間宏様〔夫人代筆〕
東京都武蔵野市吉祥寺東町二丁目四四〜五
丸山眞男

20　野間　宏　一九六六（昭和四十一）年一月一日

新年おめでとうございます

平素の御無沙汰をお詫び申し上げますとともに
皆様の御多幸をお祈り申し上げます

一九六六年元旦

東京都武蔵野市吉祥寺東町二丁目四四ノ五
丸山　眞男

電話〇四二二（武蔵野三鷹局）二二―四一〇二
（局番が変りました）

〔年賀状・印刷〕文京区小石川三丁目一三ノ三（夫人代筆）
野間宏様（夫人代筆）
東京都武蔵野市吉祥寺東町二丁目四四ノ五
丸山眞男

21　古在由重*　一九六六（昭和四十一）年二月八日〔消印〕

前略、『エコ』（『エコノミスト』）の宮沢君から提出要求されていた質問の個條書[1]をお送りします。前にお会いした時にお話したように、そんなにかたくるしいものでない古在さんの「自伝」をひき出したいというのが、私のもともとの考えですから、のんびりとやろうではありませんか。

丸山眞男

古在由重様

追伸、博士論文審査の忽々の間に書きましたので、箇條書は別に練られたものではありません。これにとらわれずにどうぞ……。

一、幼児の環境、父母のしつけ

二、小学校の教育、先生のこと

三、中学時代までの風俗・世相・娯楽・新聞・言葉遣いなど、あるいは社会的（社会部的もふくめて）条件で印象に残っていること。「世間」から「社会」へ

四、高等学校――寮・友人・スポーツ・読書傾向（学生一般及び古在さん自身）ふたたび父のこと

五、哲学志望の動機

当時の哲学界と思想界――（雰囲気的に）

イ、文化主義・新カント派・新ヘーゲル派

ロ、デモクラシイ・平和・社会主義・「アナルコ・サンヂカリズム」

六、マルクス主義との出会いと「社会」問題の意識化との関係・先後など。

七、イ、河上・福本・櫛田・堺・山川・

ロ、吉野（作）・大山・長谷川・福田（徳）・左右田等々について

八、（狭義の）哲学上の「理論闘争」がいつ、いかにして日程に登ったか。

北篠一雄〔福本和夫〕の「理論闘争」は

イ、唯物史観の理解及び無産階級運動における前衛論の問題であって、マルクス主義の哲学とは何かは必ずしも立入って論じられていない。

ロ、それはまた内部陣営の「理論闘争」であって、ブルジョア哲学との「闘争」ではない。

九、「唯研」の結成・活動・解散をめぐる思い出

一〇、「日本」・「祖国」・「伝統」・「アジア民族」等々のシンボルの受けとめ方。
一一、(九)、(十)と関連して「転向」の問題。理論の「進歩」と「生き方」の原理性との関係。絶望的状況で人間を支えるものは何かという問題。
一二、いわゆる「思想史」研究についての感想批判。

〔便箋は東京大学出版会二百字詰原稿用紙裏四枚〕
〔封書・速達〕中野区鷺宮三ノ二二〔夫人代筆〕
古在由重様〔夫人代筆〕
東京都吉祥寺東町二丁目四四の五〔風雅印〕
丸山眞男

＊ 古在由重　一九〇一—九〇。哲学者。東京生まれ。一九三二年戸坂潤らと唯物論研究会を設立。治安維持法で二度検挙される。戦後は民主主義科学者協会哲学部会の中心メンバーとなる。原水爆禁止運動や平和運動でも知られる。

(1) 『エコノミスト』の連載企画「マルクス主義哲学者の歩み——昭和思想史への証言1」(一九六六年六月一四日号から八月二三日号までの一〇回)のための質問事項。同誌編集部が企画した昭和思想史のさまざまな分野の証言者四人から聞くシリーズの最初であったが、のちに「一哲学徒の苦難の道」と改題のうえ、「「一哲学徒の苦難の道」対談を終えて」(『丸山集』第九巻)を付して毎日新聞社編『昭和思想史への証言』(毎日新聞社、一九六八年)に再録された。

22 野間 宏　一九六六（昭和四十一）年二月二十一日〔消印〕

その後、御無沙汰しておりますが、御健康はいかゞですか。

先般、待望しておりました『華やかな色彩』をお贈りいたゞき、まことにうれしく存じました。たゞ悲しいことに、学年末というのは、教師最悪のシーズンで、試験答案、何百枚の博士論文の審査、修士、博士の口述試験、さては大学院学生の嫁入り先――というのは、むろん講師や助手のポスト探しというはなはだ散文的な意味ですが――にいたるまで、俗事多忙をきわめております。したがって、この御礼の手紙にも、現在の段階では残念ながら、受取状以上の実質的な意味を与えることができないのです。どうか御察し下さい。気分的に解放されたら、早速飛びつこうと、食卓の前の本棚において、差当りはあまり華やかならざる箱の色彩をながめているところです。

先日、つれづれの笑覧に供すべく、河出から、『現代日本の革新思想』というシンポジウムを送らせました。それぞれ意見がちがいながら、はなはだ気の合った討論でしたので、出来上ったのを見ると、やたらに（笑）という字が入っていて、革命を論ずるのにフザけすぎていると、日本の左翼に多い真面目主義者から一喝をくいそうです。

三月になったら一度暇を見て参上するつもりです。われわれに共通の友人のことなどについて、率直な御意見を伺い、できることなら私はこの場合は、マアマア主義の役割を演じたいと思っております。

御健勝のほど、ひとえに祈り上げます。

一九六六年二月二〇日

丸山　眞男

野間宏様

御礼

〔封書〕都内、文京区小石川三ノ一三ノ三

野間宏様

東京都武蔵野市吉祥寺東町二丁目四四の五〔風雅印〕

丸山眞男〔風雅印〕

23　野間　宏　一九六六（昭和四十一）年七月二十六日〔消印〕

漸く本格的な夏が来ましたが、御健康いかゞですか。さきほど、『表と裏と表』をお贈りいたゞきまことに有難く存じます。夏休に入って漸く殺到する雑用から解放されましたので、明日信州への旅行に持参するつもりです。貴兄の旺盛な精神的な（願くば同時に〝肉体的な〟、であれかし）エネルギー、奔騰する創作力、はちきれるような自己充実感にはただ目を見はるのみで、今更のように自分自身のみすぼらしさを思い知らされます。何とか奮起したいものです。そのうちお目にかゝりましょう。

〔葉書〕都内、文京区小石川三丁目一三ノ三
野間宏様
東京都武蔵野市吉祥寺東町二丁目四四の五〔風雅印〕
丸山眞男〔風雅印〕
丸山眞男〔本人加筆〕

24　野間　宏　一九六七（昭和四十二）年一月一日

新年おめでとうございます
日頃の御無沙汰を御詫びしつつ
皆様の御健勝をお祈り申上げます

一九六七年一月一日

東京都武蔵野市吉祥寺東町二丁目四四〜五
〔本人加筆〕丸山　眞男

〔年賀状・印刷〕文京区小石川三丁目一三ノ三〔夫人代筆〕

東京都武蔵野市吉祥寺東町二丁目四四～五
野間宏様〔夫人代筆〕
丸山眞男

25　野間　宏　一九六八（昭和四十三）年一月一日

新年おめでとうございます
　日頃の御無沙汰を御詫びしつつ
　皆様の御健勝をお祈り申上げます
一九六八年一月一日
〔本人加筆〕先日の会合は風邪のため
　失礼して残念でした。近く
　またお打合せしてお会いし
　たいと思います。

東京都武蔵野市吉祥寺東町二丁目四四〜五
〔本人加筆〕丸山 眞男

〔年賀状・印刷〕文京区小石川三丁目一三ノ三〔夫人代筆〕
野間宏様〔夫人代筆〕
東京都武蔵野市吉祥寺東町二丁目四四〜五
丸山眞男

26 野間 宏 一九六八（昭和四十三）年四月十八日〔消印〕

先般は『サルトル論』をまことに有難く拝受しました。小生もインフルエンザ禍からようやく元気になったところを、愛媛大学に出講、水戸の塙作楽のやっている県史編纂委員会への出張、さらに御承知のように全学にエスカレートした医学部問題などで、またいささかまいってしまい、御礼が遅くなったことをおわびします。「お返し」というにはあまりに御粗末ですが、別便で『昭和思想史への証言』を送りました。こんどの岩波雄二郎氏のおさそいには御一緒になれると思います。楽しみにしております。まずは一筆御礼まで。

〔葉書〕都内、文京区小石川三ノ十三ノ三
野間宏様
東京都武蔵野市吉祥寺東町二丁目四四の五〔風雅印〕
丸山眞男〔風雅印〕

27　加藤一郎*　一九六九（昭和四十四）年一月十五日

御承知のことと存じますが、明治新聞雑誌文庫は、世界に一部しかない新聞類を多く所蔵しており、しかもその位置は、教育学部に隣接し、出口は電車通りに面した一個所しかありません。もし、この文庫の一部でも、毀損されますならば、故吉野作造先生、中田薫先生以来の苦心の蒐集にたいして、文庫主任としての私は、重大な責任を負うことになります。消火措置を含めまして、万全の措置をおとり下さるよう、念のため申し入れます。私は、こうした事情が続くかぎり、同文庫内に泊り込みをつづけます。

一月一五日

東大法学部明治新聞雑誌文庫主任　丸山眞男

総長代行　加藤一郎殿

〔東京大学法学部の原稿用紙・横書き〕

* 加藤一郎　一九二二―二〇〇八。民法学者。大河内一男総長辞任後、一九六八年十一月から東京大学総長代行、翌年四月に総長就任（七三年三月退任）。

28　野間　宏　一九六九（昭和四十四）年五月十日〔消印〕

しばらくお目にかゝりませんが、御元気と存じます。小生も元気といいたいところですが、残念ながら、肝臓をやられてどうやらまたもや長期療養を強いられそうです。先日は『全体小説と想像力』をありがたくいたゞきました。入院中で、御礼がおそくなった事をおわびします。そのうちダべりたいものです。なにしろ、ちょっとコミュニケーションがとぎれると、その真空をたちまちに埋めるものはマス・コミのイメージに無批判的に依拠した判断だという世の中ですからね！

〔葉書〕文京区小石川三丁目十三ノ三
野間宏様
東京都武蔵野市吉祥寺東町二丁目四四の五〔風雅印〕
丸山眞男〔風雅印〕

29　杉浦明平*　一九六九（昭和四十四）年六月九日〔消印〕

先日は久しぶりに声をきいて懐かしかった。また、二代苦心の家製蜂蜜たしかに落手しました。糖分をとれといわれているので、これこそタイムリーな戴きもので感謝のほかありません。私の病気については、家族よりは周囲の友人たちの方があれこれ心配してくれ、一昨日は木下順二君が彼の主治医、吉利〔和〕先生を拙宅までひっぱって来て相談の結果、現在の状態が運命の岐路——は、ちょっとオーバーだが——と判定、近くガン・センターに再入院してくわしく調べることになりました。ガン・センターといっても、べつにガンというわけではなく、精密検査の施設が一番ととのっているのだそうです。岩波の浅見女史〔浅見いく子〕→小林勇さんというルートで室をとってくれることになっている。僕は前にしゃべったこともあるが原爆被災で間一髪、生きのびたために、小林一茶ではないが、戦後は丸儲けだ、という気分がどこかにあり、したがってあまり命を大事にする気がなかったけれど、ちかごろになり、とくに大学紛争の渦中に立って、かえって、これはどうしても長生きしなければいかんというファイトが出て来た。内田義彦・木下・野間などと同じような感想を、環境のちがいにもかかわらず、最近共通にもっているようで、面白いと思った。早く元気になってダベりたい。
一言御礼まで。

〔葉書〕愛知県渥美郡渥美町折立
杉浦明平様
ムサシノ市、吉祥寺東町二丁目44の5
丸山眞男

＊　杉浦明平　一九一三—二〇〇一。小説家・評論家。東大国文学科卒。猪野謙二、寺田透らと同人誌『未成年』を創刊。戦後は郷里に住み、四九年日本共産党に入党、町議会議員など地域活動に従事。これらの体験から『ノリソダ騒動記』『台風十三号始末記』などの作品を発表した。六二年共産党を離れ作家活動に専念、『秘事法門』『椿園記・妖怪譚』『渡辺崋山』などを発表。文学評論、短歌論、作家論、記録文学、歴史小説、ルネッサンス文学の研究、イタリア童話の翻訳など、いずれの分野でも文学史に残る作品を残した。

杉浦は丸山より一年年上の第一高等学校の同窓であり、戦争中に丸山と一高同級の親友石井深一郎のなかだちで親しくなった。「未来の会」結成とともに同人となる。「杉浦明平「ノリソダ騒動記」」(『丸山集』第六巻)参照。

30 杉井健二* 一九六九(昭和四十四)年十一月九日〔消印〕

拝復、長い御手紙を拝受しました。まず私の健康のことを一応配慮されているように見えますので、簡単に経過をおしらせします。三月と六月と、二度入院し、肝性検査の結果、去る十二月から今年一月ごろ罹患したことだけは、切りとった組織をケンビ鏡にかけた結果判明しましたが、あとは慢性肝炎というだけで、治療法の見込もたたず、当分自宅静養で、様子によっては来春再入院ということになります。

貴君の長い「論争文」は一読しました。「資料」としては大切に保存しておきます。一九六〇年代末期の一東大生、それもけっして知能指数が低いとはいえない一活動家(たとえば研究室の院生私有図書をふくむ私有物の大量盗難を君は一言も言及していません。マイクロなどはマス・コミがさわいだだけです)の思考能力と実証能力がどの程度のものかを示す貴重な文献にはちがいありません。が、私には御手紙に限定しただけでも、たちまち露われてくる論理的矛盾を一々指摘したり、「他者にたいする(これが精神的な子供と大人とを分つ指標です)内在的理解能力」のおどろくべき欠如を貴君に説教するファイトは到底湧きません。ただ大学教師というものの空しさの感じだけが残ります。

〔もっとも、誰だか失念しましたが、日本の昔の偉大な思想家が、教育などというものは、百人教えてそのうち一人、本当に自分の言っている意味を理解（念のため言っておきますが、「理解」というのは是認とか賛成とかいうことではありません）してくれる人が出て来たら以て瞑すべきだ、といっていました。そのパーセンティジで行けば、私など大変幸福な教師だったといえるでしょう〕もし私があと十年、十五年生きのびることができたら、そのとき、貴君と会って、今日の東大闘争のにない手たちがやったことが一体何だったのか、何を目的とし、どれだけのコストをはらってその目的をどこまで実現したのか、をふりかえって論じ合いましょう。私は歴史をやっているせいか、また、戦中・戦後の激動期をくぐって、その時々の風潮のたよりなさを痛感しているせいか、すべて物事を十年から百年単位で考えることにしています。最後に一友人として、貴君の人間的成長のために望みたいことは、「自己否定」の名における自己への甘えと他者へのパリサイ的断罪、という全共闘運動のあのおそるべき画一的な特徴——ゲバ・ヘルという服装の画一性だけでなく発想の画一性——から、せめて自分の個性をとりもどしてほしい、ということです。

丸山　眞男

杉井健二様

〔郵便書簡〕大田区調布嶺町一ノ七ノ七
杉井健二様
武蔵野市吉祥寺東町二丁目44の5
丸山眞男

＊　杉井健二　一九四二―八九。弁護士（浅草橋事件、三里塚管制塔事件の弁護活動）。丸山ゼミに所属。東大闘争に関わる。旅行中にトルコにて不慮の死を遂げる。

31　野間　宏　一九七〇（昭和四十五）年一月一日

賀　正

昨年は大半の月日を病床で過す身となりましたが、この間さまざまの心あたたまる御配慮をお寄せいただきましたことは感佩喩ふる所を知りません。私の健康もどうやら現在の日本と同じく、悪い個所よりもまだ異状のない部分を挙げた方が手取り早い状態ですが、何とか養生につとめて年来の仕事に取組むことよりほか、皆様の御厚情に報いるすべはないと存じます。日暮れて途遠い感はいたしますが、私に可能なペースで歩みを続けたいと思っております。

一九七〇年元旦

〒一八〇

東京都武蔵野市吉祥寺東町二丁目44の5
丸山 眞男

〔年賀状・印刷〕文京区小石川三丁目一三ノ三〔夫人代筆〕
野間宏様〔夫人代筆〕
180　東京都武蔵野市吉祥寺東町二丁目44の5
丸山眞男

32　田原 嗣郎*

一九七〇（昭和四十五）年一月二十日〔田原氏受領印〕

賀正〔印〕

〔本人加筆〕早々賀状ありがとう存じます。小生の肝炎は一進一退の状態で、まだ当分療養生活から、抜けられそうもありません。本屋の番頭みたいですが、岩波の思想大系の方、よろしくお願します。

元旦〔印〕

東京都武蔵野市吉祥寺東町二丁目四四の五〔風雅印〕
丸山 眞男〔風雅印〕
〔葉書〕札幌市平岸木の花団地六の四〇四〔夫人代筆〕
田原嗣郎様〔夫人代筆〕
東京都武蔵野市吉祥寺東町二丁目四四の五〔風雅印〕
丸山眞男〔風雅印〕

＊ 田原嗣郎 一九二四―二〇一二。日本思想史。北海道大学文学部名誉教授。東京大学文学部国史学科卒業。一九五八年から二〇〇〇年まで、北海道大学文学部・敬和学園大学に在職。徳川思想史研究で丸山と交流を持つ。

33 杉浦明平 一九七〇（昭和四十五）年八月二十五日〔消印〕

その後御無沙汰しています。過日は、なつかしいお便り、ならびにメロンをいたゞき、感謝に堪えません。さきにいたゞいた蜂蜜は入院中も欠かさず愛用しましたが、「全滅」とはオドロキでここにも公害戦争が及んでいますね。

貴兄の健筆にはたゞたゞ敬服のほかありません。ちかごろは「ジャーナル」もどんどん溜まるので、読む方が間に合わず、申しわけないことながら一日も早く書物にされる日を待望することにします。

私もつめの垢なりを煎じてのみたい思いですが、病気の方は慢性化して、どうやらベトナム戦争とどっちが長びくかということになりそうです。まだ〳〵俗気が多く、やりかけの中途の仕事、これから着手する計画の仕事をたくさんかゝえており、このまゝでは死にきれない思いですので、生活革命をして、仕事一辺倒になれるよう目下準備中です。私には、肉体的にも精神的にも結核手術のとき以上に、つらくいやな思いをしたここ二、三年ですが、療養して動かないでいると、逆にいろいろなひとの動きの心の底が透けて見えて来るのだけは貴重な体験でした。一週一度通院する以外はだいたい在宅していますから、御上京の折、気が向いたら御立寄り下さい。重ねて心から御礼まで。草々。

〔葉書〕愛知県渥美郡折立
杉浦明平様
武蔵野市吉祥寺東町二丁目44の5

34　野間　宏　一九七一（昭和四十六）年一月二十二日〔消印〕

久しくお目にかゝりませんが、お体の方はその後いかゞ？　このたび青年の環の最終巻『炎の場所』を有難く拝受しました。この大作の完結についてはすでに各方面から祝辞、讃辞が寄せられており、小生の付け加えるべき何物もありませんが、ただ、貴兄があの劣悪な健康上のハンディキャップに耐え、しかも少くもある時期は貴兄の親んで来た周囲の環境から冷眼視されるような状況をくぐりぬけて、この長篇を完成された、というまさにその点に、小生としては無条件の敬意を払いたいと思います。作品についての感想はまたゆっくりおしゃべりする機会があるでしょう。御心配いたゞいた小生の病気も、恐ろしくスロモー——野間君の肉体的動作を連想させる程度に——ではありますが、徐々に快方に向いつゝあり、貴兄を範として頑張ります。一筆御礼まで。

〔葉書〕都内、文京区小石川三ノ一三ノ三
野間宏様
180　武蔵野市吉祥寺東町二丁目44の5
丸山眞男

35　杉浦明平　一九七一（昭和四十六）年八月十七日〔消印〕

見事なメロンをまことに有難う。早速賞味しました。外見はまだ固そうだけれども、なかは十分熟していました。（このごろの若者と反対——などとすぐいうものだから老人の冷水とうるさがられるわけです）

調子が悪いという河合情報は何を根拠にしたのか分らないけれど、一般には、大学を正式に辞めたとたんに病気がよくなったという流説が専らで、旧同僚にすまなく思っている次第です。後説はオーバーだけれど、今春以来、検査数値が目立って好転したのは事実です。たゞし、毎日のように面会人に忙殺され、待望した悠々自適の生活とはほど遠いのにはガッカリしています。「人は何のために生きるか？　ちょっとお会いしたいという人のために生きる」とは小生旧作（！）の格言ですが、それがますます甚だしく、灯台のあるところに根拠地をもつ人はつくづくうらやましいと思います。

八月十七日

〔葉書〕愛知県渥美郡渥美町折立
杉浦明平様

180　東京都武蔵野市吉祥寺東町二丁目四四の五〔風雅印〕
丸山眞男〔風雅印〕

36　野間　宏　一九七二（昭和四十七）年一月一日

賀　正

本年が貴台と御一家に幸多い年でありますようお祈り致します。

なお小生昨年三月をもって、過去三十余年にわたって勤務致しました東京大学法学部の職場を辞しました。その際格別に御通知を差し上げませんでしたので、失礼ながら年頭の御挨拶にあわせて右御報らせ申しあげ、かつは在職中の御厚誼にたいして深謝仕ります。

お蔭様で小生の健康もめっきり回復致しました。療養中、情報化社会の波にのり、あるいは流されたさまざまの人の踊りを療養の床で眺めることにもいささか飽きましたし、自分を省みますと残された課題の重さに焦燥を禁じえません。願くば老年や生理的条件を怠惰の口実とせず、「古之学者為己、今之学者為人」という古人の戒めにしたがい、「己の為にする」学問の遠く遥かな道のりを歩み続けたいと存じております。

一九七二年新春

武蔵野市吉祥寺東町二丁目44の5

丸山 眞男

（電〇四二二—二二—四一〇二）

〔年賀状・印刷〕文京区小石川三丁目一三ノ三〔夫人代筆〕

野間宏様〔夫人代筆〕

武蔵野市吉祥寺東町二丁目44の5

丸山眞男

37 野間 宏 一九七三（昭和四十八）年一月一日

新年おめでとうございます

日頃の御無沙汰を御詫びしつつ
皆様の御健勝をお祈り申上げます

一九七三年一月一日

〔本人加筆〕お互いに長生きしよう。
こんな愚劣な世の中を見な
がらおだぶつになるのはつまら
ないから……。

東京都武蔵野市吉祥寺東町二丁目四四〜五（〒180）
〔本人加筆〕丸山　眞男
〔年賀状・印刷〕文京区小石川三丁目十三ノ三〔夫人代筆〕
野間宏様〔夫人代筆〕
180　東京都武蔵野市吉祥寺東町二丁目四四〜五
丸山眞男

38　埴谷雄高　一九七三（昭和四十八）年四月九日〔消印〕

御無沙汰しております。先日は、椎名〔麟三〕さんの御葬儀御苦労様でした。椎名さんとは、もう二十何年か前に、筑摩書房の古田〔晁〕さんの実家（信州）で、臼井吉見さんなどと一緒におしゃべりしたきりで、お会いする機会がありませんでしたが、何か――すりきれた言葉ですが――世代の共通性のようなものを感じて、親しみを持ちつゞけて来たことです。どうもわれらの仲間はあちこち体の故障だらけで困りますね。この間は、『姿なき司祭』と『ヨーロッパ紀行』を有難く頂戴しました。私もここ数年いろいろな体験をしましたが、悪運つよく、肝臓の方もまだ持っています。たゞしアルコール厳禁なので、会合には出ていません。御健勝を祈ります。　草々

〔葉書〕180　武蔵野市吉祥寺南町二ノ一四ノ五　埴谷雄高様
武蔵野市吉祥寺東町二丁目44の5　丸山眞男

39　埴谷雄高　一九七三（昭和四十八）年六月一日〔消印〕

御無沙汰しています。過日は、『思想論集』を御贈りいたゞきまことに有難く存じます。ちょっと

一ヶ月ばかり海外に行って来るので、その準備にとりまぎれて御礼が遅くなりました。この間、数年ぶりに野間宏君と一夕愉快なおしゃべりをしましたが、貴兄の話も出たので、たぶんクシャミが出たと思います。野間君の闘病生活は凄絶なもので、これに比べたら、わが肝炎などは子供だましみたいなものです。しかしわれ〳〵の世代が前後の世代に比べて肉体的にもろいのは、それと別に考えねばならぬ問題です。祈御自愛。一言御礼まで。

〔葉書〕180　武蔵野市吉祥寺南町二丁目十四ノ五
埴谷雄高様
武蔵野市吉祥寺東町二ノ四四ノ五
丸山眞男

40　杉浦明平　一九七三（昭和四十八）年六月一日〔消印〕

先日は久しぶりに会話できて愉快でした。その折の話がきっかけになったと思われますが、『吉田松陰』の鼎談を御贈りいたゞき恐縮に存じます。「孤軍奮闘」の模様よく分りました。そのうちまた松陰についてもダベりたいものです。

一昨日、岩波雄二郎君にさそわれて、野間宏君と一夜を惜櫟荘に過しました。久しぶりに僕と会いたい、という彼の希望でしたので、僕の方は、むしろ彼の健康がどうかと思ったところ、二時間以上のドライヴにもかかわらず、意外に元気でうれしくなりました。雄二郎君と僕は一日で帰京しましたが、彼はまだ滞在しています。あれだけファイトがあれば大丈夫でしょう。取敢えず御礼まで。

〔葉書〕愛知県渥美郡渥美町折立
杉浦明平様
180 武蔵野市吉祥寺東町二丁目44の5
丸山眞男

41 田原嗣郎 一九七三（昭和四十八）年八月二十四日〔消印〕

留守中、及び八月十二日付の御便りいたゞきながら、無音に打過ぎ失礼しました。御出発前に東京においでになる機会がありましたら、よろこんでお目にかゝり、私にできることなら何なりと致したいと思います。私は何しろ朝晩セーターを着ていたパリから八月早々酷暑の東京に投げこまれたのですっかりまいり――それでどちらにも御無沙汰しているのですが――、今月末から九月第一週位迄は志賀高原に行っているかもしれませんが、おそくも九月八日には帰京致します。なお、今回のアメリカ滞在は、ヴィザがもめて、三週間の期限付だったので、おそろしく忙がしく、しかもハーバートの日本関係者は入れちがいに日本に来ていたこともあって、ほとんど事務的な問題を話す暇がありませんでした。とくに〔ロバート・〕ベラー氏は御承知かどうか、お嬢さんの不幸な死の打撃もあって、プリンストン高等研究所を辞して、カリフォルニア（バークレー）に八月には帰る、といっていました。したがって、御旅程のなかに、バークレーを入れられた方がよいのではないか、他を割愛してもそれだけの価値はあるのではないかと思います。私は上記のようなわけで、まだ帰国後〔マリウス・〕ジャンセン氏にもベラー氏にも御無沙汰していますが、近く手紙を出す際に、貴君のことを一応メンションしておきます。松沢〔弘陽〕君は大変元気で、是非お会いになったらよいでしょう。パリの森〔有正〕氏も日本館館長兼任で忙がしそうですが、ハリきっています。

〔葉書〕064　札幌市中央区南十六条西十一丁目南十六条ビル六〇六
田原嗣郎様
ムサシノ市吉祥寺東町二丁目44の5
丸山眞男

42　石井深一郎　一九七三（昭和四十八）年九月二十七日〔消印〕

謹啓、漸く秋らしくなりました。御元気のことと存じます。過日は美事な梨をたくさんお贈りいたゞきまことにうれしく有難く頂戴致しました。厚く御礼申し上げます。

今年の六月初旬から八月初旬にかけて、アメリカのハーバート、プリンストンそれからイギリスのオックスフォード、サセックスの諸大学をまわり、あとヨーロッパ大陸で音楽祭をエンジョイして帰国しました。病後はじめての一人旅の大旅行でしたが、終始調子よく過しました。ただ朝晩セーターをきていたパリから、いきなり灼熱の東京に帰ったために、暑さにはすっかりまいって何も仕事ができず、まだ怠けぐせをぬけきれません。八月末に数年ぶりで発哺《ほっぽ》に行きました。東館山の頂上に立派な——あまりにも立派な（！）——三好達治の碑がほぼ出来上っていました。金ちゃん〔関金三郎〕豊ちゃん〔関豊治〕たちと昔話をし、貴兄の話もしばしば登場しました。

発哺といえば、先日突然一高の陸運にいた八木さんより電話がかゝり、びっくりしました。貴兄の御家にも泊られた、とか伺い、また十一月に貴兄が上京される機会があるので、その折一緒にお会いしたい旧発哺の友人がある、というような話が出ました。もし貴兄が上京されるのなら、万障繰合せてお目にかゝりたく存じます。

小山夫妻も今年の夏は、「音楽の友」社か何かが主催する団体旅行に加わって訪欧し、ザルツブルグやバイロイトを見（聴い）て来たようです。まだ帰国後会っていませんが……。

目下、大学院生の博士論文提出の時期ですので、何かとそういうことに追われています。（大学は辞めても、これは一種のアフタ・ケアでどうも放りぱなしにするわけにはゆきません）奥さまも御元気でしょうか。御母様が亡くなられた空虚感は容易には充たされないでしょうが、どうか御二人とも体だけはおいといい下さい。とりとめもない便りになりましたが、一筆御礼まで。　草々

九月二七日

丸山　眞男

御礼

〔封書〕714—12　岡山県小田郡矢掛町胡町
石井深一郎様
180　武蔵野市吉祥寺東町二丁目44の5
丸山眞男

43 古在 由重　一九七四（昭和四十九）年一月一日

あけましておめでとうございます
日頃の御無沙汰をお詫び致しつつ
皆さまの御健勝をお祈り申し上げます

一九七四年一月一日

〒180 東京都武蔵野市吉祥寺東町二丁目四四ノ五
丸山 眞男〔本人加筆〕

〔年賀状・印刷〕中野区鷺宮一ノ十一ノ二〔夫人代筆〕
古在由重様〔夫人代筆〕
〒180 東京都武蔵野市吉祥寺東町二丁目四四ノ五
丸山眞男〔本人加筆〕

44 野間 宏 一九七四（昭和四十九）年一月一日

新年おめでとうございます
日頃の御無沙汰をお詫び致します
老年生き易く学成り難しの感をいよいよ深くしております
本年もよろしくお願い申し上げます

一九七四年一月一日

〒180 東京都武蔵野市吉祥寺東町二丁目四四ノ五
丸山 眞男

〔年賀状・印刷〕 112 文京区小石川三丁目十三ノ三（夫人代筆）
野間宏様（夫人代筆）
〒180 東京都武蔵野市吉祥寺東町二丁目四四ノ五
丸山眞男（本人加筆）

45　古在 由重　一九七四〔昭和四十九〕年二月八日〔消印〕

しばらく拝眉の機を得ませんが、お変りないことと存じます。このたびは御高著『人間讃歌』を御贈りいただき、まことに有難うございました。手にとるなり、「マックス・ピカートン回想」を一読して感慨を新たにしたことです。

「あとがき」にも言われていますが、こういう時代だけに人間讃歌という題を付けられたことにも全幅の共感を覚えます。人間を信じないで何を信ずるというのでしょうか。日本の場合には、甘ったれた、他者への期待過剰が一転して「不信」になることが少くないような気がします。寒気なお厳しい折柄、御自愛を祈ります。とりあえず一言御礼まで。

〔葉書〕都内、中野区鷺宮一ノ一一ノ二
古在由重様
180　東京都武蔵野市吉祥寺東町二丁目四四ノ五
丸山眞男

46　埴谷 雄高　一九七四〔昭和四十九〕年四月二十二日〔消印〕

新緑の候となりました。久しくお目にかゝりませんが、御元気のことと存じます。このたびは『黙示と発端』を御恵与たまわり、御好意まことに感謝に堪えません。小生は、相変らず肝機能検査の血をとられに二、三週間に一度病院に通っていますが、これは一種の生活のルーティンになってしまっているので、日頃はいたって元気です。ただ漢籍ばかり読んでいるので、「易姓革命」ならぬ「本当の」革命論議には縁遠くなりました。時には活を入れて下さい。一筆御礼まで。

〔葉書〕180　武蔵野市吉祥寺南町二丁目十四ノ五
埴谷雄高様
〒180　武蔵野市吉祥寺東町二―四四―五〔風雅印〕
丸山眞男〔風雅印〕

47　石井深一郎　一九七四（昭和四十九）年十月二日〔消印〕

晩夏から初秋にかけて不順な気候が続きましたが、御元気ですか。過日は毎度おいしい梨をお贈りいたゞき恐縮の至りです。家中一同賞味しております。昨晩の文理合同一高会にあるいは来られるかと思っておりましたので、御礼言上が遅れました。昨夕は、小生も三週間来の風邪で出欠を迷ったのですが、出て見ましたら驚くべき盛況（二〇〇人位？）で、大学卒業以来はじめての顔触れに大勢会いました。最後の寮歌で、みなよく歌詞を覚えているものだと二度びっくりし、又、亀田〔喜美治〕も言っていましたが、声量が若い時と変らず大きい奴が少くないのに三驚した次第です。みんな過去の思い出に生きるようになったのかな、という感もします。

〔葉書〕７１４―１２　岡山県小田郡矢掛町胡町
石井深一郎様
〒１８０　武蔵野市吉祥寺東町二―四四―五〔風雅印〕
丸山眞男〔風雅印〕
一九七四（昭和四十九）年十一月二十八日〔消印〕

48
花田清輝を追悼する会　松本昌次＊

~~出席~~

欠　席

~~御~~住所
~~御~~氏名

〔本人加筆〕御案内有難く存じます。あいにく十三日からちょっと東京を留守にしますので失礼します。おついでの折、故花田さんの奥様によろしくお伝え下さい。そのうちまた、折を見て御慰問に上りたいと思っております。

〒180　武蔵野市吉祥寺東町二―四四―五
丸山　眞男

〔葉書〕　112　東京都文京区小石川三―七―二
未來社気付
花田清輝を追悼する会行
松本昌次様〔本人加筆〕
〒180　武蔵野市吉祥寺東町二―四四―五〔風雅印〕
丸山眞男〔風雅印〕

＊　松本昌次　一九二七年生まれ。一九五三―八三年未來社に勤務。八三年影書房創業。著書『朝鮮の旅』（すずさわ書店）『ある編集者の作業日誌』（日本エディタースクール出版部）『戦後文学と編集者』（一葉社）など。

49　埴谷　雄高　　一九七四（昭和四十九）年十二月七日〔消印〕

いつぞやは久しぶりに電話でお元気な声をきいてうれしく思いました。あの後、土筆社の吉倉〔伸〕

さんが拙宅に見えて、『伊東三郎　高く　たかく　遠く〔の方へ〕』を、貴兄から、ということで贈呈いただきました。福岡の方に旅行したりしましたので、御礼がおくれたことをおわびします。伊東三郎の名は学生時代から伝えきいておりましたが、ついに面識の機を得なかったことは本当に残念です。とくに故人があれほど徂徠学に戦時中から特別の関心を持っていたとは露知りませんでした。私が若輩の身で徂徠学の論文をはじめて発表したのは、昭和十五年（一九四〇年）初めですが、おそらく『国家学会雑誌』というような特殊な雑誌ですので故人の眼には触れなかったと思います。まったく関心の偶然の一致におどろいています。断片的ながら、徂徠学についての着想も今日から見てそれほど見当ちがいとは思えず、それだけにせめて戦後に語り合うチャンスを持ちたかったと思います。一言御礼まで、祈御自愛。

〔葉書〕180　武蔵野市吉祥寺南町二ノ一四ノ五
埴谷雄高様
〒180　武蔵野市吉祥寺東町二丁目44の5
丸山眞男

50　古在由重　一九七五（昭和五十）年一月一日

新年の御挨拶を申しあげます

日頃の御無沙汰をお詫びしつつ
皆様の御健勝をお祈り致します

一九七五年一月一日

〒180　東京都武蔵野市吉祥寺東町二丁目四四ノ五
丸山　眞男

〔年賀状・印刷〕165　中野区鷺宮一ノ十一ノ二〔夫人代筆〕
古在由重様〔夫人代筆〕
〒180　東京都武蔵野市吉祥寺東町二丁目四四ノ五
丸山眞男

51　野間　宏　一九七五（昭和五十）年一月一日

〔古在由重50と同文〕

〔本人加筆〕その後お体いかゞですか。

〔本人加筆〕丸山　眞男

〔年賀状・印刷〕112　文京区小石川三ノ十三ノ三〔夫人代筆〕
野間宏様〔夫人代筆〕
〒180　東京都武蔵野市吉祥寺東町二丁目四四ノ五
丸山眞男

52 野間　宏　一九七五（昭和五十）年四月十五日〔消印〕

その後しばらくお目にかゝりませんが、お体はいかがでしょうか。先日、何かの用で安東仁兵衛君と会った折に、貴兄のお話が出て、御元気のように伺って安心しました。
このたび最新の詩集『忍耐づよい鳥』を御贈りいたゞき、まことに有難く存じます。猫に小判の感なきにあらずですが、御好意に応えて私なりに詩の意味を考えてまいります。小生は近くオックスフォードに出発しますが、夏の終にはまた帰って来ますので、そのうち拝眉の機がえられることを楽しみにしております。とりあえず一筆御礼まで。くれぐれも御大事に。

〔葉書〕112　都内、文京区小石川三ノ十三ノ三
野間宏様
〒180　東京都武蔵野市吉祥寺東町二―四四―五〔風雅印〕
丸山眞男〔風雅印〕

53　松本健一*　一九七五（昭和五十）年十月七日〔消印〕

前略、御高著、『ドストエフスキーと日本人』を御贈りいただき、御芳志厚く感謝致します。たいへん間のぬけた御礼になってしまったのは、私が八月中旬にオックスフォードから帰国し、山のようにたまった郵便物の整理をボッボッ猛暑のなかでやっていたためです。しかも今月下旬にはまた出稼ぎに出国しますのでゆっくり拝読する暇もありません。私も戦前に『悪霊』に震撼され、素朴な社会主義信仰に鉄槌をくらわされた経験があるので、御高著は是非熟読したいものと思っております。失礼ながら、一筆御礼傍々おわびまで。　草々。

〔葉書〕都内、板橋区高島平三ノ一〇ノ一ノ五二九
松本健一様
武蔵野市吉祥寺東町二丁目44の5
丸山眞男

＊　松本健一　一九四六―二〇一四。評論家・思想史家。群馬県出身。東大経済学部卒業後、会社勤めを経て、法政大大学院時代に書いた『若き北一輝』（一九七一年）で注目される。菅直人内閣の内閣官房参与を務める（二〇一〇年一〇月―一一年九月）。

54　埴谷雄高　一九七六〔昭和五十一〕年十一月十五日〔消印〕

前略、過日は久しぶりに〔武田〕泰淳をしのびながらの楽しい一夕でした。何かの雑誌で貴兄と対談をしたときの、貴兄の泰淳論を思い出したことです。
本日は思いがけず『死霊』の御寄贈をいただき、うれしく思いました。むろんすでに二冊所持しておりますが、「定本」は拝見しておりませんので、楽しみです。この書物を戦後最初に私に教えてくれたのは臼井吉見さんです。日本に思想小説がない、ということ（『吾輩は猫〔である〕』など少数の例外を別として）を小生が言ったのにたいする一つの返事としてでした。きわめて早い時期ですから、卓見だったと思います。お互に多忙ながら、また時折は集りたいものですね。とりあえず一筆まで。

〔葉書〕180　武蔵野市吉祥寺南町二ノ一四ノ五
埴谷雄高様
武蔵野市吉祥寺東町2―44―5
丸山眞男

55　松本健一　一九七六〔昭和五十一〕年十二月二十八日〔消印〕

謹啓、このたびは御高著『思想としての右翼』を御贈りいただき、御好意有難く感謝致します。

早々に御礼申し上ぐべきところ、身辺の雑事に追われ、今日まで延引致しましたことをおわび申し上げます。御高著のようなテーマはここ久しく小生の勉強対象から遠くなっておりますが、たまたま昨年から今年にかけて滞在したアメリカでも、ポースト・ヴィエトナムの挫折感が一種の右翼ムード（リーガンの民衆的基盤にあるもの）を生んでおり、不況と重なって、下層中産階級の反東部・反ワシントン感情と、三〇年代の日本・ドイツとを比較しよう——同視でなく比較です——という興味が一部歴史家のなかに湧いていて、私も旧著のむくい（?）で、そうした質問によく出会いました。御高著を拝読して、この面の勉強不足を補いたいと思っております。パラ〳〵とめくっておりましたら、安田攻防戦と二・二六とのアナロジーが目に入りました。当時、私のゼミの学生が「東大は目下、内乱の只中にある」と書いたのを、私が「東大は目下、天下泰平下の内乱の只中にある。本郷通りの平静さを見よ」と、直してやって、二・二六当日の東京の思い出を話してやったことがあります。心情的に言っても甘ったれの程度において両者比較を絶するものがあると思います。

御礼

〔葉書〕都内、千代田区猿楽町二—五—四
第三文明社気付
松本健一様
ムサシノ、吉祥寺東町2—44—5
丸山眞男

56　野間　宏　一九七七（昭和五十二）年一月一日

新年のおよろこびを申し上げます

御無沙汰は常のことながら、とくに一昨年から昨年にかけて海外滞在の日が多く、そのため御便りや御著書を戴きながら御挨拶を怠るなど、失礼を重ねました。何卒御海容のほど願い上げます。

皆様の御健勝をお祈り致します。

一九七七年正月

〒180　東京都武蔵野市吉祥寺東町二ノ四四ノ五

丸山　眞男

〔本人加筆〕貴兄の健康回復

わが事のようにうれしい。

今の日本は、まだまだどころか、ますます君を必要としている。

〔年賀状・印刷〕 112　文京区小石川三丁目十三ノ三〔夫人代筆〕
野間宏様〔夫人代筆〕
〒180　東京都武蔵野市吉祥寺東町二ノ四四ノ五
丸山眞男

57　埴谷雄高　一九七七（昭和五十二）年十月二日〔消印〕

その後お元気のことと存じます。先般は、御高著『影絵の時代』を御贈りいたゞき厚く御礼申し上げます。私が貴兄とお知合いになったのは、貴兄が療養時代から漸く回復されたころのように記憶しておりますので、ここに収められました時代のことはこれまで未知のことが多く、その点だけでも大へん興味をそそられました。来週は泰淳一周忌でお目にかゝれると存じますが、とりあえず一筆御礼言上致します。過日竹内家に久しぶりで出かけて照子さんとダベって来ました。御自愛を祈ります。奥様によろしく。　草々

〔葉書〕180　武蔵野市吉祥寺南町二ノ一四ノ五
埴谷雄高様
〒180　東京都武蔵野市吉祥寺東町二―四四―五〔風雅印〕
丸山眞男〔風雅印〕

58　田原　嗣郎　一九七八（昭和五十三）年一月三日〔消印〕

謹んで新年の御挨拶を申し上げます

一九七八年元旦

〒180　武蔵野市吉祥寺東町二ノ四四ノ五

〔本人加筆〕丸山　眞男

〔本人加筆〕まだ〳〵ダベル機会はあるでしょう。

祈御自愛

〔年賀状・印刷〕064　札幌市中央区南十六条西十一丁目南十六条ビル、六〇六

田原嗣郎様

〒180　武蔵野市吉祥寺東町二ノ四四ノ五

丸山眞男

59　松本健一　一九七八（昭和五十三）年二月一日〔消印〕

その後御元気のことと存じます。

このたび『中里介山』の御高著を有難く頂戴しました。かつて角川文庫で出ていた『大菩薩峠』が、いまはどこの新本屋にも置いていないという事態に慨嘆する程度には介山ファンである私にとって、とくに興味深いテーマで、熟読したいと思っております。（目下流感にやられて一切の本を読む元気がありませんが）、疑いもなく『大菩薩峠』は日本で稀有の、「思想」を具えた大衆文学で、もっともっと論じられてよいテーマとつねづね思っておりました。拝読が楽しみです。ただこれは今度の御労作と直接関係がありませんが、学兄が「知識人」と対比してよく用いられる「民衆」というのは誰のことなのか、貴兄自身は一体知識人なのか、「民衆」なのか、何故に然るか、というエレメンタリーな疑問にお暇の折に御教示たまわれば幸いです。御自愛を祈ります。

〔葉書〕板橋区高島平3―10―1―529
松本健一様
ムサシノ、吉祥寺東町2―44―5
丸山眞男

60　野間　宏　一九七八（昭和五十三）年二月十三日〔消印〕

寒気が続いたり、急に暖かくなったり、変な季節ですが、お元気のことと思います。私は一月末に風邪で閉口しましたが、どうやら回復したようです。片肺飛行なので抵抗力がないのが困ります。早いもので間もなく竹内好の一周忌ですね。

このたびは、『現代の王国と奈落』をまことに有難く存じます。私などは無精なので、貴兄のお書きになるものを通じて分子生物学の最近の理論を勉強させてもらっております。この書物も大いに得るところがあると期待しています。芸術と科学と哲学との間の相互協力の必要はお説のように、今日ほど切迫した時代はないのですが、歴史家のはしくれとして気になることは「歴史」というものが右の三者といかにかかわるか、ということです。「歴史」と「理論」との素朴な予定調和が信ぜられなくなった現代、その問題がいつも頭にひっかかっています。すこし暖かくなったら又ダベりましょう。一筆御礼まで。お体御大事に。

112　文京区小石川3―13―3
野間宏様
ムサシノ、吉祥寺東町2―44―5
丸山眞男

61　田原嗣郎　一九七八（昭和五十三）年三月九日〔消印〕

漸く春の気配が日中には感じられるようになりましたが、札幌ではまだ〳〵でしょうね。御元気のことと存じます。

このたび、『赤穂四十六士論』をお贈りいたゞき、まことに有難く存じます。貴兄ならではの、よいテーマをとりあげられたと思います。私も直接にこの問題をやってはいませんが、崎門学派のことを思想大系でまとめねばなりませんので、『蘊蔵録』を読んでいました。貴論を大いに参考にさせていたゞきます。私は中華論を中心とする予定ですので、赤穂義士論争はおそらく立入れない、と思いますが、儒学的「義」のハンチュウと武士の思想とのクイチガヒに興味をもっています。一筆御礼まで。

〔葉書〕064　札幌市中央区南十六条西十一丁目南十六条ビル、六〇六
田原嗣郎様
〒180　東京都武蔵野市吉祥寺東町二―四四―五〔風雅印〕
丸山眞男〔風雅印〕

62　杉浦明平　一九七八（昭和五十三）年六月十六日〔消印〕

前略　同封致しましたのは、拙著『戦中と戦後の間』の正誤表で御座います。現在の版にはほとんど訂正ずみになつておりますが、お贈り申し上げたのは出版後なお日の浅い頃であり、親しい方々に不備のものを差上げてそのままになつているのは失礼と存じ、茲にはなはだ遅ればせながら第一刷による正誤表をお届けする次第で御座います。純粋な誤植あるいは形式的な不統一から原稿の不備まで無差別に掲げましたので、却て繁雑になつたことを懼れますが、御訂正いただければ幸甚に存じます。なお、この機会に、誤植や疑問点を著者あるいは出版社に御指摘下さつた方々に対し、厚く御礼申し上げます。

一九七八年初夏

丸山　眞男

〔封書・印刷〕４４１—３６　愛知県渥美郡渥美町折立〔代筆者不明〕
杉浦明平様〔代筆者不明〕
〒１８０　東京都武蔵野市吉祥寺東町二—四四—五〔風雅印〕
丸山眞男〔風雅印〕

63　中薗英助*

一九七八（昭和五十三）年六月十六日〔消印〕

〔封書・印刷〕168　杉並区久我山五―三九―二六〔代筆者不明〕
中薗英助様〔代筆者不明〕

〔杉浦明平62と同文〕

＊中薗英助　一九二〇―二〇〇二。福岡県生まれ。作家。国際スパイ小説の先駆けとして知られる。本名は中薗英樹。著書『南蛮仏』『拉致――知られざる金大中事件』『北京飯店旧館にて』（第四四回読売文学賞）『鳥居龍蔵伝――アジアを走破した人類学者』（第二二回大佛次郎賞）など多数。

64　埴谷雄高

一九七八（昭和五十三）年六月十六日〔消印〕

〔封書・印刷〕180　武蔵野市吉祥寺南町二―十四―五〔代筆者不明〕
埴谷雄高様〔代筆者不明〕

〔杉浦明平62と同文〕

65　野間　宏　一九七八（昭和五十三）年十一月二十五日〔消印〕

前略、過日は大変御元気な姿に接してまことにうれしく思いました。また『死の夏』の御訳業を有難く拝受。実は『家永教授退官記念論文集』への寄稿で小生が例によってドン尻となり、昨日ようやく脱稿した始末なので、まだ拝読しておりません（退官記念などというのは小生の趣味には合わないけれど、家永君の場合は、教科書問題への精神的支援の意味で書きました）どうも自然科学の問題でムヅカしそうだけど、肝臓障害にも関係があるらしいので、これからゆっくり読ませていたゞきます。冬に向かうので御自愛を祈ります。　草々

〔葉書〕112　文京区小石川3—13—3
野間宏様
〒180　武蔵野市吉祥寺東町二—四四—五〔風雅印〕
丸山眞男〔風雅印〕

66　野間　宏　一九七九（昭和五十四）年一月一日

謹んで新年の御挨拶を申し上げます

今年も年賀状をもって日頃の御無沙汰、不義理のおわびに
代える失礼をお許し下さい。
皆様の御健勝をお祈り致します。

一九七九年元旦

〒180　武蔵野市吉祥寺東町2―44―5
〔本人加筆〕丸山　眞男

〔本人加筆〕愈〻エネルギッシュ
に、しかし慎重に
御活躍のほど願上げます。

〔年賀状・印刷〕112　文京区小石川三―十三―三〔夫人代筆〕
野間宏様〔夫人代筆〕
〒180　武蔵野市吉祥寺東町2―44―5
丸山眞男

67　埴谷　雄高　〔一九七九（昭和五十四）年四月推定、封筒欠〕

前略、これ〔『'60』第一〇号〕は昔のゼミの学生だった人たちがつくっている雑誌で（むろん非売品）、小稿〔「映画とわたくし」『丸山集』第一一巻〕もお目にかけるような代物ではないのですが、文中に、貴兄との「対談参照」としている個所があるので、礼儀上お贈りします。まえがきに書いたように、一切を記憶にたよっているので、間違いもあると思いますが、御見逃し下さい。御祈健勝

丸山　眞男

埴谷雄高様

68　埴谷　雄高　一九七九（昭和五十四）年五月二十九日

前略

先日の件、重大な事柄なので手紙で御返事します。はじめから手紙のつもりでいたのですが、昨日、竹内邸を訪れて、照子さんに諒承をもとめて、そのまま夜まで外出、本日また止むなき用事で夜おそく帰宅しましたので、この便が遅くなりました。本日、お電話を賜ってまことに恐縮です。その折、返事は電話でよいとのことだったそうですが、こういう問題は、文面で伝えるほうが正確で、誤解の余地が少ないと思いますし、また現に承わったところでは、すでに、小生の意思が正確には伝わっていないことが分りましたので、一層、口頭による御返事は避けたい気持です。

埴谷雄高大兄

後述の理由により、今回の全集について、側面援助はできる限りのことはしますが、監修者またはトップレヴェルの編輯者として名を連ねることは遠慮させていたゞきます。監修者は困るが、編輯者ならよい、ということを照子さんに伝えた覚えはありません。前例として、実質上の全責任をもった編輯者になったことはある（『南原繁著作集』の場合ですが、具体的な例は出しませんでした）が、編輯者がいて、その上に乗っかる監修者になったことは一度もない——ということを、これ迄の私のケースとして話しただけです。したがって、今回の場合、それなら、実質上の全責任をもった編輯者の一人になるかどうか、というのは、先日電話で承った話とは著しくちがった事柄になります。監修者か編輯者か、という単なる名前の問題ではありません。したがって、二つの場合を分けてお答え致します。

一、「監修者」の場合

（イ）先日も電話で申し上げたように、これまで非常に断りにくいような場合でも、断って来たのに、今回例外をつくった、となると、私の関係において親しい友人や先生に背信行為を冒したことになります。専門からいっても、交際の密度から言っても、好さんよりは近い関係にある人のケースについてさえも例外はつくらなかったのに、今回は例外をつくるという理由が私には見出せないのです。

（ロ）これはあくまで私の行動の原則です。すべての問題と同様に、私は自分の原則を人におしつけるのは反対です。人にはそれぞれの考えがあり、その考えを尊重するというのが、私の、ものの考え方ですから。こういう企画について、監修者を置くのがよいかどうか、という一般論について判断は致しません。筑摩も埴谷さんも、そういう方針で来られたのですから、その方向で考えられたらよいと思います。私はそれにケチをつけようなどという考えは過去も将来も毛頭ありません。その点は信じていただくよりほかありません。ただ、私は御免蒙りたい、というだけのことです。そういう考えから、私は昨日、照子さんに、私の代りに鶴見俊輔君がいいのではないか、とダべったわけです。ところが、今朝、照子さんからの電話によると、すでに第二候補として鶴見君の名前が出ている、ということで、私は偶然の一致におどろくとともに、第二候補というのは、もっての外の感がしました。照子さんにも話しましたが、客観的に見て、鶴見君は「研究者」から代表を出す場合に、最適任者です。鶴見君と好さんとの『思想の科学』の組織面から、スキー教室にいたるまでの長いつき合いだけから、そういうのではありません。好さんはアメリカのプラグマティズムについて深く鶴見君から学びました。それは私は証言台に立ってもよい位です。必ずしも哲学上の立場としてプラグマティズムをとるというような狭隘な意味でなく、（鶴見君自身、現在はプラグマティズムの哲学の上に立っているとは必ずしもいえないでしょう）プラグマティズムのものの考え方から学ぶ、という広い意味です。むろんジョン・デュウイの近代中国に与えた深甚な影響という歴史的背景はありますが、ヨリ直接的には、鶴見君の影響です。鶴見君は私自身も、現代においてもっとも尊敬し、また学んで来た哲学者であり、同君と話す場合、私は年少者という意識をもったことは一度もありません。好さんも同じだったろうと思います。好さんにたいする片思いの研究者・評論家はゴマンといますが、相互に尊敬し、敬愛し合った人を、文学畑以外から探すとなると、第一に指を屈するのが鶴見君だと私は思います。それに、これは附随的理由にすぎませんが、全部関東の人というより、関西代表も一人いた方がいい（売行の面でも）のではないでしょうか。

二、「編輯者」の場合

これは先述のとおり、ただ名前をかえるという問題でなく、実質的に責任編輯者になる、という意味です。したがって、この場合は、すでに進行している企画を一度御破算にしてはじめから出発することになります。私はそうまでして、竹内好全集の実質的編集責任を引受けたくありません。（むろん能力がない、という自信の問題もありますが、そういうと謙遜と受取られますので、敢て申しません）私自身の側《がわ》だけの問題でなく、これは私についてのイメージに関する問題でもあります。現に松本健一君は大学紛争のとき全共闘側に立って、東大教授丸山眞男を批判しつづけて来た人です。と同時に竹内好論の著を書いた人です。その人が竹内全集のために丸山教授と「野合」して名を並べるというのはいかゞなものでしょう。さらに、松本君も橋川〔文三〕君も「アジア主義者」としての竹内好を押し出して来た人で、私自身の竹内好観とは非常にズレがあります。これはなまじ、松本・橋川・丸山の三人とも日本思想史という専攻を共通にしているだけに、マア〳〵で済む問題ではありません。むろんこれは個人的感情の問題でないことを埴谷さんのような人に弁明するのはヤボで、無用と思います。（松本君とは一、二度顔を合せただけですが、橋川君とは、終戦後からの長いつき合いです）

くり返し申しますように、監修者あるいは責任編輯者として名を連ねること以外で、此度の全集のためにすることがあればいくらでも下働きはします。月報にも出ます。資料蒐集や書簡などについて、照子夫人や埴谷さんから個人的に相談されれば、できるだけお助けします。

お電話があったときに、フィフティ—フィフティと申しましたが、あれはあまり御申出が突然かつ強引なので、白紙から出発しようという意味で申し上げた次第ですが、埴谷さんが、「やはり、後からだんだん考えて断わる方に固まったな」と思われるなら、止むをえません。お怒りになっても仕方がありません。（が冷静な第三者からいえば、怒るのは丸山の方ではないか、という事になるでしょう。）少くも私はこのことで、埴谷さんとの友情にヒビを入れたくありませんし、照子さんには相済まない、という気持ちです。乱筆乱文、御判読のほど願上げます。取急ぎ一筆まで。　草々

一九七九年五月二十九日　丸山　眞男

親展

〔封書〕180　武蔵野市吉祥寺南町2—14—5
埴谷雄高大兄
武蔵野市吉祥寺東町2—44—5
丸山眞男

69　野間　宏　一九七九（昭和五十四）年六月四日〔消印〕

過日、木下〔順二〕君をめぐる会合では、お元気な姿に接してうれしく思いました。

このたびは『狭山裁判』下を御贈りいたゞき、御好意感謝に堪えません。この裁判に賭ける貴兄の執

念と丹念な調査には、脱帽する——というより、「法学部」にともかく籍を置いた者としては、羞恥心さえ覚えます。性質は異りますが、家永三郎君の教科書検定裁判とともに現在まだ未解決の二大事件だと私は思っております。こんなハガキで失礼ですが、「受領証」の意味でだけ一筆した次第です。

〔葉書〕112　文京区小石川3—13—3
野間宏様
〒180　武蔵野市吉祥寺東町二—四四—五〔風雅印〕
丸山眞男〔風雅印〕

70　埴谷雄高　一九七九（昭和五十四）年七月十二日〔消印〕

拝復、再度のおはがき、まことに有難く、うれしく拝見。わざ〳〵訂正する貴兄の「良心」に感銘しました。あの名議長は瞼に残っていますが、実は名前が出て来なかったのです。手許に参考書もなく、年表だけですので、監督の名前くらいしか出ていません。ハリー・ケリーとは正直にいっておどろきでした。貴兄が賢明にも察せられたように、まだ〳〵話題は無限にあり、邦画でも、松竹・日活・新興キネマの『砂絵呪縛』（土師清二原作）の競映を三本立てで、朝日講堂で中学のとき見たことなど、あとから、書けばよかった、と思った次第です。呵々。

〔葉書〕180　武蔵野市吉祥寺南町2—14—5
埴谷雄高様

71　埴谷雄高　一九七九（昭和五十四）年九月九日

しばらくご無沙汰、昨日、中野重治さんの葬儀で、遠くからお見かけしたけれど、会わずじまいになりました。

過日は作品集のなかの『紀行文集』を御恵与いたゞき、御好意厚く感謝致します。この夏は、心理的に追われながら仕事さっぱりはかどらずボヤボヤと過したためもあって、このように御礼が遅くなりました。御海容願上げます。

中野さんとは二度位しか直接話を交したことはなく、主として戦前からの愛読者の一人として弔意を表しに参列した次第です。それにしても、友人・先輩の逝去の「ドミノ理論」には、もういゝ加減にしてくれ、と怒鳴りたくなりますね。貴兄は、文芸雑誌に御健筆（？）をふるっていられるので、お体の調子も良いのだろうとよろこんでいます。御自愛を祈ります。重ねて御礼の遅延のおわびまで。

草々

九月九日

ムサシノ、吉祥寺東町2―44―5
丸山眞男

〔葉書〕180　武蔵野市、吉祥寺南町2―14―5

埴谷雄高様
武蔵野市、吉祥寺東町2―44―5
丸山眞男

72 松本健一　一九七九（昭和五十四）年初秋

前略、御高著『在野の精神』を御贈りいただき、いつもながらの御厚情感謝に堪えません。小生の知らない――少くも熟知しない人々を取上げて下さっただけでも大変勉強になります。目下、山崎闇斎学派――小生の大キライな思想――の仕事[1]に追われていて、熟読の暇がありませんが、終ってからゆっくり御教示に与りたいと思います。これは直接に御論稿とは係りませんが、人民が主権者の実を発揮するには、統治能力《セルフ・ガバーンメント》及び思考を自らのものとして身につけない限り、民衆運動は「騒擾型」を脱せず、終ると「もとのもくあみ」というパターンを繰返すのではないか、そのためには「権力」「反権力」という考え方だけでは不十分と愚考します。

〔葉書〕板橋区高島平3―10―1―529
松本健一様
180　武蔵野市吉祥寺東町二―四四―五〔風雅印〕
丸山眞男〔風雅印〕

（1）『日本思想大系31』解説「闇斎学と闇斎学派」の執筆。

73　埴谷雄高　一九八〇（昭和五十五）年三月十七日〔消印〕

拝復、御見舞のお便りをまことにうれしくいたゞきました。御心配をおかけしただけでも恐縮です。現在はまったく回復しましたので御放念下さい。私は、仕事では、エンジンがかかるのが非常におそく、一旦かかると馬車馬のように昼夜兼行で集中的にやり、その間手紙一本書けない、という「習性」があり、この習性がもはや老人化によって通用しなくなった、ことを思い知らされました。目下は、昨年暮の救急車さわぎと、二月末の高熱入院とが、因果関係があるのか、それとも偶然に別個の故障が重なったのか、をゆっくりと検査する段階です。

最近、面白そうな（傑作という意味では必ずしもなく）映画あるいは小説があったら、教えて下さい。そのうちダベりましょう。奥さんによろしく。

〔葉書〕武蔵野市吉祥寺南町2―14―5
埴谷雄高様
180　吉祥寺東町2―44―5
丸山眞男

74　埴谷雄高　一九八〇（昭和五十五）年五月十九日〔消印〕

前略、作品集第十三巻『回想・思索集』を御贈りいたゞき、いつもながらの御好意厚く感謝します。埴谷さんとお知合いになる以前の時代のことがとくに私には興味深く、また客観的にも現代史の貴重な資料としての意味があると思います。私の方は、闇斎学派執筆中にずっと延ばして来た、面会とか諸種の相談などに忙殺され、そのうえ、吉川幸次郎から大内兵衛・蠟山政道にいたる、私の先輩・旧師が将棋倒しのように他界し、喪服をつるし放しの状態で、自分の勉強はさっぱりです。貴兄への御礼がこんなに間の抜けたものになったのもそのためです。御海容願います。それにしても白内障は手術した方が簡単ではないでしょうか。祈御自愛。

〔葉書〕180　武蔵野市吉祥寺南町2―14―5
埴谷雄高様
〒180　武蔵野市吉祥寺東町2―44―5〔風雅印〕
丸山眞男〔風雅印〕

75　埴谷雄高　一九八〇（昭和五十五）年九月四日〔封筒欠〕

前略

御無沙汰しております。
一昨々日、志賀高原から帰って、『内界の青い花』の御寄贈を受けたことを知りました。いつもながらの御好意感謝に堪えません。ぼくも貴兄に劣らず病気について前科数犯の経歴があるので、ひとごとならぬ気がします。ただこちらは一向に「御返し」ができないので、たまたま昨日出たばかりの創文社（未來社と同時に弘文堂から分裂した出版社です）のＰＲ雑誌で行った、面白くもない（であろう）対談が届いたのを一部お送りしてゴマかします。
そのうちまた。
九月四日　　丸山　眞男
埴谷雄高様
追伸　貴兄の涙ぐましき努力で竹内家令嬢が「かたづい」た由、チクマの中島〔岑夫〕君から伺いました。本当によかった。御返事御無用に願います。

76　松本　健一　　一九八〇（昭和五十五）年十一月十七日〔消印〕

しばらく拝眉の機を得ませんが、御健勝の趣大慶に存じます。

このたびは『滅亡過程の文学』の御高著をお贈りいたゞき、御好意厚く御礼申し上げます。私は最近の文学作品はほとんど全く読んでおりませんが、おとりあげになった作家はいずれもなんらかの意味で私の精神に刻印した人々です。拝読して御教示に与りたいと存じます。なお末筆ながら、竹内好全集の編輯の御仕事にも故人の友人の一人として、御苦労様と申させていたゞきます。草々

〔葉書〕板橋区高島平3—10—1—529

松本健一様

180 武蔵野市吉祥寺東町二—四四—五〔風雅印〕

丸山眞男〔風雅印〕

77 野間　宏　一九八一（昭和五十六）年一月一日

謹んで新年の御慶を申し上げます

今時の若き役者衆のいへる事をきけば、誰が仕内は古風なり、あれにては当世人々のみこまずなど、毎度人事に付ていふ人多くあり。此事一円其意を得ざる事なり。狂言の仕打は、老若男女貴賤の人情をうつすに古風当風とわかつ事、呑こみがたし。衣裳の物ずきは、時々の流行有ものなれば、其時々を用ゆべし。心持に古今の風といへ

る事あるべからず。

――役者論語より――

一九八一年元旦

〒180　東京都武蔵野市吉祥寺東町二丁目四四ノ五

〔本人加筆〕丸山　眞男

〔本人加筆〕祈御自愛

〔年賀状・印刷〕112　文京区小石川3―13―3

野間宏様

〒180　東京都武蔵野市吉祥寺東町二丁目四四ノ五

丸山眞男

78　松本　健一

一九八一〔昭和五十六〕年十二月三日〔消印〕

拝復、

ファンダメンタリズムについての御たずねですが、何といってもこの言葉は、十九世紀後半からのキリスト教史のなかで生れた用語なので、私に答える資格があるとは思われません。が、そういう前提のうえで気のついたことを列記します。

一、ファンダメンタリズムの運動は、御承知と思いますが、十九世紀において著しく発展した聖書の科学的研究にたいする対抗運動で、広い意味では、いわゆる「自由神学」にたいする反対から出発します。したがって、そこでは、聖書を文字通り信仰すること——つまり科学との調和などを考えないこと——が要求され、具体的には、マリアの処女懐胎、キリストの（肉体をもったイエスの）再臨などをそのまま信ずることが要求され、それにたいする一切の修正主義的動向は異端とされます。

二、私がハーバードに滞在した一九六一年—六二年ごろ、ファンダメンタリストという言葉は、キリスト的極右団体である“John Birch Society”と関連してよく用いられました。ジョン・バーチはマッカーシィイズムなどよりもっと「草の根」的民衆運動で、反共・反自由主義・反知識人主義を標榜しますが、聖書絶対主義という点で、一にのべた系譜を明瞭に継承しています。

三、比喩として用いられる場合は社会主義運動に多いようです。たとえば、昨今脱退さわぎをおこしたイギリス労働党では、同党左派（なくなったR・H・クロスマンや、現在のベンなど）は昔から他称としてファンダメンタリストといわれていました。私がイギリスに滞在していたころ、その意味を問うたら、重要産業の国有化をあくまで固執する派をそういう、という答えでした。

四、東欧などのマルクス主義の場合には、構造改革をふくむあらゆる「修正主義」運動に反対する教条主義的立場を、やはり他称として、ファンダメンタリストというようです。

いずれにしても、バイブルとかコーランとか『資本論』とか（！）いう「聖典」の文字通りの信仰が前提となっておりますので、正統《オーソドクシー》概念と同様に、ドグマと聖典が存在するかどうか、がこの言葉を用いるキメ手と思われます。日本ロマン派がそれに該当するかどうかは私の判断外のことですが、貴兄のお考えはスチミュレイティングで、面白いと思います。とりあえず右まで。

追記

ファンダメンタリズムというコトバについての文献は、やはり宗教史関係の方におずねになった方がよい、と思います。手もとにある政治思想史、文化史関係の辞典には独立項目として取扱われてはいません。

一九八一年一二月三日

丸山　眞男

松本健一様

追伸、「上智大学教授」云々は『現代の眼』田中角栄特集に出たものでしょう。私はアンケートには一切答えないといって、ただ設問自体についての疑問をハガキに書いたら、一言の断りなしにアンケート回答として掲載されました。それは最低限の出版倫理に反するので、贈って来たシャープ・ペンシルらしきものを送りかえしました。上智大学の教授にも講師にもなったことはかつて御座いません。『現代の眼』が任命した肩書です。

〔葉書〕　２９９―４６　千葉県夷隅郡岬町中滝462の３
松本健一様

180　武蔵野市吉祥寺東町二─四四─五〔風雅印〕
丸山眞男〔風雅印〕

79　野間　宏　一九八二（昭和五十七）年一月一日

謹んで新年の御慶を申し上げます

一九八二年元旦

〒180　東京都武蔵野市吉祥寺東町二丁目四四ノ五
〔本人加筆〕丸山　眞男

〔本人加筆〕過日は元気な顔を見て
安心。乞自重。

〔年賀状・印刷〕112　文京区小石川三ノ十三ノ三〔夫人代筆〕
野間宏様〔夫人代筆〕
〒180　東京都武蔵野市吉祥寺東町二丁目四四ノ五
丸山眞男

80 埴谷雄高 一九八二（昭和五十七）年一月一日

〔野間宏79と同文〕

〔本人加筆〕丸山眞男

〔本人加筆〕御無沙汰、
まことにく申訳なし。
小生相変らず、突如として40°近く
発熱したかと思うと、翌日は平熱、
急変することポーランドの如し。

〔年賀状・印刷〕180 武蔵野市吉祥寺南町二ノ一四ノ五〔夫人代筆〕
埴谷雄高様〔夫人代筆〕
〒180 東京都武蔵野市吉祥寺東町二丁目四四ノ五
丸山眞男

81　野間　宏　一九八二（昭和五十七）年五月二十日〔消印〕

未來社の会では貴兄の元気な姿を見て大いにうれしく思いました。

このたびは『戦後、その光と闇』をお贈りいたゞき、まことに有難く感謝します。武田・木下・竹内・梅本〔克己〕というような身近かな人間が登場するので、一層親しみを覚えます。生物学は私の「音痴」の領域なので、大いに貴兄から（なまじ専門生物学者でないだけに）教示を仰ぎたい、と思っております。「戦後」の厄介さは光と闇とが分ちがたく結びあい、もつれ合っていて、光だけをひきはがして残しておくというわけに行かないところにあるのではないでしょうか。

一言御礼まで。またダべりたいものです。

〔葉書〕１１２　文京区小石川３―13―３
野間宏様

１８０　武蔵野市吉祥寺東町二ノ四四ノ五〔風雅印〕
丸山眞男〔風雅印〕

82　米田卓史＊　一九八二（昭和五十七）年十二月十三日〔消印〕

米田さん

丸山

前略、英文二枚目同封します。The Third…以下がもし重複していたら、この方を正文として下さい。なお、Appendixが松沢〔弘陽〕氏編であることがもし一枚目に出ていたら、The Appendix is compiled by 以下を削って、The Appendix consists of five translated reviews……とつづけて下さい。題名「後衛の位置から」の英訳は弱りましたが、まあ“Voices from the Rearguard”とでもしますか。(Rearguard は本当は軍隊の後衛で、サッカーはたんに back というようですが、ここでただ back というと、よく分らぬように思います)

〔同封の英文は略す〕

〔便箋は未來社二百字詰原稿用紙裏〕

〔封書〕112　文京区小石川3―7―2

未來社編輯部

米田卓史様

武蔵野市吉祥寺東町2―44―5

丸山眞男

＊　米田卓史《たかふみ》　一九四二年生まれ。一九六七―八三年、未來社勤務。一九八三―九四年、影書房勤務。

83　古在由重　一九八三（昭和五十八）年一月一日

謹んで新年の御慶を申しあげます

ちかき世、学問の道ひらけて……とりどりにあらたなる説を出す人おほく、其説よろしければ、世にもてはやさるるによりて、なべての学者、いまだもよくも整はぬほどより、われ劣らじと世にことなる珍らしき説を出して人の耳をおどろかすこと、今の世のならひ也。其中には、随分によろしきことも、まれにはいでくめれど、大かたいまだしき学者の、心はやりていひ出ることは、ただ人にまさらむ勝《カタ》むの心にて、かろがろしく、まへしりへをも考へ合さず、思ひよれるままにうち出る故に、多くはなかなかなるいみじきひが事のみ也。

「玉かつま」より

一九八三年元旦

〒180　東京都武蔵野市吉祥寺東町2―44―5

丸山　眞男

〔年賀状・印刷〕中野区鷺宮一ノ十一ノ二〔夫人代筆〕

古在由重様〔夫人代筆〕

〒180　武蔵野市吉祥寺東町2―44―5

丸山眞男

84　野間　宏　一九八三（昭和五十八）年一月一日

〔古在由重83と同文〕

〔本人加筆〕貴兄をはげます会というのをやるといって久野〔収〕さんの秘書という人から電話がかかってきました。何だか突然でよく分らなかったが、貴兄をはげますことなら何でもよいだろうと思ってOKしました。

〔年賀状・印刷〕112　文京区小石川三ノ十三ノ三〔夫人代筆〕
野間宏様〔夫人代筆〕
〒180　武蔵野市吉祥寺東町2—44—5
丸山眞男

85　埴谷雄高　一九八三（昭和五十八）年一月一日

〔古在由重83と同文〕

〔本人加筆〕御無沙汰多謝、小生
十一月から風邪のひきっ放
しで意気揚らず。

〔年賀状・印刷〕180　武蔵野市吉祥寺南町二ノ一四ノ五〔夫人代筆〕
埴谷雄高様〔夫人代筆〕
〒180　武蔵野市吉祥寺東町2―44―5
丸山眞男

86　松本昌次　一九八三（昭和五十八）年四月七日

松本昌次様　　四月七日

四月一日付のお手紙拝受しました。三好教授気付になっているのに、ちょっとおどろきましたが、僕がそういいましたかね？　忘れました。彼を煩わすのも気の毒ですから、今後は、Berkeley City Club, 2315 Durant Avenue, Berkeley CA 94704（自宅）又は研究室（Institute of East Asian Studies, Stephens Hall 460, The University of California, Berkeley CA 94720）のいずれかにお願します。

両書とも増刷の件、および、『現代政治』の定価改定の件、承知しました。〔中略〕

まだ到着早々でこちらも完全に落着く、というところまで行きませんが、まあ今のところ病気もしないで何とかやっています。しかしアメリカでクルマなしの独り暮しというのは、私の歳ではかなりキツイな、ということを今度はしみじみ感じました。キャンパスは相変らず世界人種展覧会のようで、服装や恰好も千差万別、吹き出すような恰好をして平気で町を歩いています。やっぱりこれに比べると日本はよくいえば上品、悪くいえば画一的です。前回のときもエンジョイした大学内の映画では、先週まで小津安二郎のサイレントから五〇年代までの映画をやっていて、僕も、未見の『東京の宿』とか『青春の夢いまいずこ』などを見ました。大体満員で小津の人気（ちょっと過大評価と思われますが）たるや、大したものです。来週は衣笠〔貞之助〕の『狂った一頁』とか、なつかしのエルンスト・ルビッチの一九二〇年代の映画をやります。バークレーくんだりまで来て、あまり自分の勉強をしないで、こんなものばかり見ているのもどうかと思いますが、前衛的な作品とともに、こういう古いものをいつも並行して上映している映研の感覚はやはりちょっとしたものです。学内は前回来たより平静ですが、それでも過日、国連のアメリカ大使カークパトリック女史が来て講演し、イスラエルの立場を弁護したとき、野次り倒されて途中で引揚げるという「事件」があり、言論の自由とは何か、という本質論でにぎわっています。みなさんによろしく。

〔封書〕MR. M. MATSUMOTO
c/o MIRAISHA TOKYO JAPAN
112　東京都文京区小石川3—7—2
未來社気付
松本昌次様
MASAO MARUYAMA

Berkeley City Club
2315 Durant Avenue,
Berkeley CA 94704, U. S. A.

87　松本健一　一九八三（昭和五十八）年十一月一日〔消印〕

しばらくお目にかかりませんが、御元気の様子大慶に存じます。

このたび『挾撃される現代史』を御寄贈いたゞき、またそれについてお便りを下さって有難く存じます。ファンダメンタリズムの訳語として用いられたのかどうかいま一つはっきりしませんが、「原理主義」というコトバは「原理」と「主義」とがややタウトロギーにひびくため、せっかくの御論旨が徹底しないのではないか、を恐れます。原理のかわりに原則ならまだ誤解がすくないのではないか、と愚考します。なお、どうでもよいことですが、一五〇頁に、荻生徂徠の言及がありますが、失礼ながら徂徠の御理解は徂徠の思想と反対です。徂徠は宋儒が鬼神を否定する無神論に陥っているといって、宋学の合理主義に反対しているのです〔参照、徂徠「論語徴」のなかの「敬鬼神而遠之」（論語）の註釈〕。

私のむかしの論文も、宋学における天理の世界内在性が徂徠によって否定されたこと、その非合理主義が逆説的に実証主義・経験主義を生んだことをのべたつもりです。再読を希望致します。

〔葉書〕 175 板橋区高島平3―10―1―529
松本健一様
ムサシノ市吉祥寺東町2―44―5
丸山眞男

88 古在由重・美代子 一九八四（昭和五十九）年一月一日

賀　正

昨年はキャルフォルニア大学、バークレー校に滞在ののち、夏からはヨーロッパをヤング並みに慌だしく、それも大方は列車の一人旅をしてまいりました。そのために生来の不精に加えて、いっそう皆様方へのさまざまの義理を怠る始末となりましたことをおわび申し上げます。

本年が正義の実現を賀する年でもありますよう期待し、あわせて貴家の御多幸を祈念致します。

一九八四年元旦

〒180　東京都武蔵野市吉祥寺東町2―44―5
丸山　眞男

〔本人加筆〕過日テレヴィでお元気な姿に接しました。

〔年賀状・印刷〕中野区鷺宮一ノ一一ノ二〔筆不明〕
古在由重先生〔筆不明〕
美代子様〔筆不明〕
180　武蔵野市吉祥寺東町2―44―5
丸山眞男

89　野間　宏　一九八四（昭和五十九）年一月一日

〔古在由重・美代子88と同文〕

〔本人加筆〕御活躍と
御自愛を祈る。

〔年賀状・印刷〕112　文京区小石川三ノ十三ノ三〔夫人代筆〕
野間宏様〔夫人代筆〕

90 埴谷雄高　一九八四（昭和五十九）年一月一日

〔古在由重・美代子88と同文〕

〔本人加筆〕近くて遠きは
どうも男女の仲だけでは
なさそう。残念なり。そのうちまた……。

〔年賀状・印刷〕180 武蔵野市吉祥寺南町二ノ一四ノ五〔夫人代筆〕
埴谷雄高様〔夫人代筆〕
180 武蔵野市吉祥寺東町2—44—5
丸山眞男

180 武蔵野市吉祥寺東町2—44—5
丸山眞男

91 福井恵一*

一九八四（昭和五十九）年六月十六日〔消印〕

拝復、御便りなつかしく拝読しました。また「山椒ちりめん」を二箱もいただき、御好意感謝に堪えません。私はお恥かしい次第ですが、「山椒ちりめん」が京都の名産であること自身を知りませんでしたので、二重の意味で御礼申し上げます。

文武両道に御活躍の趣、(1) まことにうれしくほほえましく存じました。南原先生の会はちかごろ一切「集会」というものに参加しないのに、例外的に出席したら、たちまち朝日の記事に名前が出て、あちこちから便りをもらいます。うれしくもあり、またあらためてマス・コミのこわさ（御免なさい）を感じさせられました。ご自愛を祈ります。とりあえず一言御礼まで。

〔葉書〕奈良市鳥見町二丁目二一ノ六
福井恵一様
武蔵野市吉祥寺東町2―44―5
丸山眞男

＊ 福井恵一 一九二五年生まれ。東大法学部政治学科卒業。朝日新聞記者。定年後は関西大学で出版論を教える。東大法学部二年のときに丸山ゼミに参加。テキストはG・ルカーチの『歴史と階級意識』（ドイツ語）。チューターは石田雄、三年に坂本義和、同期に松下圭一。

（1） インターハイ卓球OB戦で所属する弘前高校が二連勝したことと、京都の冷泉家時雨亭文庫の事務局長として財団法人化を果たしたこと。

92　富田節子＊

一九八四（昭和五十九）年六月二十六日〔消印〕

前略、ただいま、北大の松沢〔弘陽〕教授と別の用件で電話をしたところ、御夫君の逝去をはじめて知り、とりあえず筆をとりました。こちらの新聞にも出た、という話でしたので、日曜日の新聞をひっくりかえしたら、やはり、心筋梗塞のため亡くなった、という記事がありました。私は色々な理由で、ちかごろ新聞にろくに目を通さなくなったので気が付かなかったのです。もはや本日（月曜日）、御葬儀もおすみとのことで遅れて大変失礼なことになりましたが、心からお悔み申し上げます。同封のものは、些少ですが、お花なりと霊前におささげ頂きたく存じます。

富田〔容甫〕君と知り合いましたのは、戦争の直後に北大法文学部が新設され、そこへ非常勤講師として集中講義にまいりましたときに、当時の尾形典男教授（前立教大学総長）から紹介された折りですから、もう四十年近くも前のことになります。当時、富田君は助手でしたが、終始、熱心に私の講義をきいてくれました。その後、北大に行くたびに温顔に接していたのですが、私の札幌滞在がいつも短期なこと、同じ政治関係でも専門のちがい、それに私の情ない健康状態などの諸事情から十分にお話する機会がなかったのは本当に残念です。しかしさきほどの松沢君のお話によれば、御再婚以後は実に幸福な生活をお過ごしになった、という事で、人一倍に控え目で慎ましやかな御人柄だけに、それは本当にめぐまれた晩年だったと思われます。これもひとえに奥様のやさしい御助力の賜物にちがいありません。御嘆きも一しおとお察し申し上げますが、どうか天上の御霊のためにも奥様に御疲れなど出ませぬよう、お体を御大切になさって下さい。あまりにも突然のことで言葉もありませんが、重ねて御主人の御冥福をお祈り申し上げます。　敬具

一九八四年六月二十五日

丸山　眞男

富田節子様
　御許に、

追伸　御返信御無用にお願い致します

〔封書・現金書留郵便・御霊前〕０６１—２１　札幌市南区真駒内泉町三ノ三ノ五
富田節子様
１８０　武蔵野市吉祥寺東町二ノ四四ノ五
丸山眞男

＊　富田節子　富田容甫《よすけ》夫人。富田容甫（一九二三—八四）政治学者。北海道大学教授。千葉県に生まれる。東北大学法学部卒業。生涯にわたってハロルド・ラスキを研究した。ここに掲載したのは、富田氏が北大在職中に急逝したことを知り、香典とともに夫人に宛てた弔文。

93　埴谷雄高　一九八四（昭和五十九）年七月〔日不明〕

去る四月十五日、丸山健志の急逝に際しましては、懇ろな御弔意と、数々の御配慮を忝なくし、まことに有難うございました。葬儀を無宗教で行いましたので、その後、御挨拶も致さぬまま今日に至りましたことをお詫び申し上げます。御芳志の一端に報いるため、このたび健志の愛聴したピアニスト、ホロヴィッツのレコードに添えて、故人の残した文章のうち一篇をえらび、作品写真とともにジャケットを制作致しましたので、お送り申し上げます。生前健志が頂いた御好意やお励ましにたいする私共のささやかな感謝のしるしとして御受納賜りたく存じます。

健志は享年三十四才、まことに短いといえば短い一生でしたが、現代の進歩した医学をもってしても克服しがたい病患に蝕ばれた故人としては、自分の好む多様な趣味をその間に享受したという意味では充実した生涯を送ることができたと私共は信じ、自らを慰めております。

重ねて御厚情に心から御礼申し上げ、御挨拶に代えさせて頂きます。

一九八四年七月

丸山 眞男
ゆか里
彰

〔封書・手書きコピー〕御挨拶
丸山眞男・ゆか里・彰

94 埴谷 雄高　一九八四（昭和五十九）年十二月二日〔消印〕

謹啓　今年も押しつまってまいりましたが、お変わりなくお過ごしのことと存じます。

かねてより病気療養中の次男　健志が、去る四月十五日永眠致しました。私共ではよって新年の御挨拶は御遠慮させて頂きます。

ここに平素の御厚誼に感謝し、あわせて貴台御一家の御自愛をお祈り申上げます。

敬　具

一九八四年十二月

〒180　武蔵野市吉祥寺東町二ノ四四ノ五

丸山眞男

ゆか里

〔本人加筆〕その節は

御弔問ありがたく

存じました。またこういう

御挨拶のついでとしては失礼ですが、『死霊』七章の完結を

うらやましく思います。

〔葉書・印刷〕180　武蔵野市吉祥寺南町二ノ十四ノ五〔夫人代筆〕

埴谷雄高様〔夫人代筆〕

〒180　武蔵野市吉祥寺東町二ノ四四ノ五

丸山眞男

95 磯田光一*　一九八五（昭和六十）年七月十五日〔消印〕

前略、このたびは御高著『昭和作家論集成』を畑ちがいの私にまで御贈りいたゞき、御好意のほど感謝に堪えません。高見順、平野謙、大岡昇平、武田泰淳、埴谷雄高、竹内好、寺田透、安岡章太郎、大江健三郎等々旧知の文学者が多く含まれている、というだけでなく、昭和の同時代史をともに生きた人々が対象になっていることが、さまざまの感慨をさそいます。座右に置いてゆっくり拝読させていたゞきます。とりあえず一筆御礼まで。　草々

〔葉書〕２７１　松戸市三村新田三〇ノ四九
磯田光一様
〒１８０　武蔵野市吉祥寺東町二―四四―五〔風雅印〕
丸山眞男〔風雅印〕

＊　磯田光一　一九三一―八七。文芸評論家。イギリス文学者。神奈川県横浜市生まれ。東大文学部卒業。中央大学助教授。のち梅光女学院大学教授、東京工業大学教授。一九六〇年『三島由紀夫論』で群像新人賞次席となり文壇に登場。以後、文芸評論家として活躍。『永井荷風』でサントリー学芸賞。『殉教の美学』『思想としての東京』など。

96　松本健一　一九八五（昭和六十）年七月二十九日〔消印〕

前略　御高著『北一輝の昭和史』ならびに鄭重なお手紙ありがたく頂戴しました。私は最近、世間（論壇ないし文壇）の消息にうといため、学兄が一昨年から昨年にかけてどうして「（精神の？）内部がめちゃめちゃにな」ったのか一向に見当がつきません。ただ、老婆（爺？）心で申し上げるならば、一言、才能を濫費なさらぬよう人生八十年時代に入りましたのでとくに意を用いられて下さい。小生は健康不調で意気揚りません。とりあえず御礼まで。

〔葉書〕175　板橋区高島平3―10―1―529
松本健一様
〒180　武蔵野市吉祥寺東町二―四四―五〔風雅印〕
丸山眞男〔風雅印〕

97　野間　宏　一九八五（昭和六十）年八月十五日〔消印〕

暑中御見舞申し上げます。
御無沙汰していますが、御元気の様子でなによりです。過般は沖浦〔和光《かずてる》〕氏との共著『日本の聖と賤』〔中世篇〕をお贈りいただきまことに有難く存じます。日本思想史の研究の上でももっとも大事な、しかしもっとも困難なテーマであり、私の勉強のためにも大いに御教示に与りたい、と思っておリます。「文学」の世界は一体どうなっているのか、何が敵で何が味方か（！）外の者には一向に見当がつかなくなりました。この点についてもお暇の折にレクチュアをしていたゞきたいものです。御自愛を祈ります。

〔葉書〕112　文京区小石川3―13―3
野間宏様
〒180　武蔵野市吉祥寺東町二―四四―五〔風雅印〕
丸山眞男〔風雅印〕

98　松本健一　一九八五（昭和六十）年十月二十六日〔消印〕

拝復、鄭重なお手紙却って恐縮しました。それほど大きな「抗議」の意味ではなく、私も月報に何か書けといわれているので、他の用件で筑摩に寄った際に、担当の女性に書誌学的な初歩的常識をのべただけです。「著者あとがき」類は一括して別の巻に収録するとのことでしたが、全巻一括購入制ならともかく、バ、ラ、売りする以上、橋川〔文三〕君の最高傑作に初出のあとがきが入っていないのはおかしい、と思ったからです。貴兄が少数意見で、奮闘されたことはよく分りました。いろいろ御苦労と存じますが、あまり意気消沈せずに頑張って下さい。とりあえず右まで

〔葉書〕175　板橋区高島平3―10―1―529

松本健一様

〒180　武蔵野市吉祥寺東町二―四四―五〔風雅印〕
丸山眞男〔風雅印〕

99　野間　宏　一九八六（昭和六十一）年一月一日

謹んで新年のおよろこびを申し上げます

モーツァルトの「ドン・ジョヴァンニ」は道徳的な尤もらしさをからかう、という点では喜劇的である。しかし道徳性からの自由がどんな結果をもたらすかを示すという点では悲劇的である。そうして、社会道徳と個人的欲望との間のたたかいには、終局もなければ解決もないことを認める意味においては、それにもまして究極的に悲劇的である。

――ロバート・バック「モーツァルトの台本」より――

一九八六年元旦

〒180　武蔵野市吉祥寺東町二丁目44―5
丸山　眞男

〔本人加筆〕まあお互いに長生きして、もう少しましな世の中を見るために頑張りましょう。

〔年賀状・印刷〕112　文京区小石川三ノ十三ノ三〔夫人代筆〕
野間宏様〔夫人代筆〕
180　武蔵野市吉祥寺東町二丁目44―5
丸山眞男

100　埴谷　雄高　　一九八六（昭和六十一）年一月一日

〔野間宏99と同文〕

〔本人加筆〕小生とうとう医者の指定で「身体障害者手帳」（呼吸不全）を交付される身の上とは相成

りました。暖かくなったらまた会いたいものです。

〔年賀状・印刷〕１８０　武蔵野市吉祥寺南町二ノ十四ノ五〔夫人代筆〕
埴谷雄高様〔夫人代筆〕
〒１８０　武蔵野市吉祥寺東町二丁目44―5
丸山眞男

101　米田卓史　一九八六（昭和六十一）年一月十八日〔消印〕

賀正
早々に賀状ならびに御祝詞ありがたく頂きました。『「文明論之概略」を読む』は何卒きびしい批評をお寄せ下さい。
硬派出版の慢性不況の折柄、影書房も御苦労のことと察せられますが、どうか困難にめげず御奮闘を期待します。「冬来りなば春遠からじ」

〔年賀状〕１７０　豊島区駒込一ノ三四ノ二
ヒルクレスト駒込九〇九号
影書房内
米田卓史様
１８０　武蔵野市吉祥寺東町二―四四―五〔風雅印〕
丸山眞男〔風雅印〕

102　野間　宏　一九八六（昭和六十一）年二月二十一日〔消印〕

拝復、鄭重な御手紙うれしく拝受しました。私はすべて社会的変動を単一の原因に帰することには反対で、したがってその意味ではけっして外圧原因論者ではありません。諸々の国内的な条件が（経済だけでなく、政治から文化に及ぶ）累積され、そこに火がついて一挙に維新の爆発になった、と思います。ペリー来航からわずか五、六年でなぜ、大動乱になったのか、やはりそれ迄に醸成されて来た変革のエネルギーが外圧を契機として一挙に吹き出た、としか理解できないのです。けっして外圧によって変革ができた、というつもりはありません。そのうち暖かくなってまたダベりましょう。御体御大事に。

〔葉書〕　112　文京区小石川3―13―3
野間宏様

〒180　武蔵野市吉祥寺東町二―四四―五〔風雅印〕
丸山眞男〔風雅印〕

103　古在　由重　一九八六（昭和六十一）年八月一日〔消印〕

暑中御見舞い申し上げます。

御健康を害されたとの事、その後いかがかと御案じ申し上げております。丸岡〔秀子〕さんとの会が流れたのは残念ですが、盛夏のことでもあり、また、私自身も呼吸不全の状態が必ずしも安定しておりませんので、もうすこし涼しくなってあらためて楽しい一夕を持ちたいものと思っております。夏になると思い出すのは、古在さんと中野〔好夫〕さんの原水爆記念行事の統一についてのはかりしれない御努力です。またその季節になりましたが、もう「処置なし」の感じですね。易のなかの「窮すれば通ず、通ずれば変ず」の言葉でも信じるよりほかはないのでしょうか。古在先生の御健在をたのみとする、見えない無数の人々がいることを御信じ下さって御自愛のほど、ひとえに祈り上げます。まずは一筆御見舞いまで、返信無用にお願致します。　敬具

一九八六年七月三〇日

丸山眞男

古在由重様

御机下

〔封書〕都内、中野区鷺宮一ノ一一ノ二

古在由重様

平信

180　武蔵野市吉祥寺東町二―四四―五〔風雅印〕

丸山眞男〔風雅印〕

104　野間　宏　一九八七（昭和六十二）年一月一日

謹んで新年のおよろこびを申し上げます

私こと

一昨年来の呼吸不全で色々な方々に御心配をおかけ致しましたが、どうやら今日まで低空飛行をつづけております。いくたびも幽冥の境を経験しておりますので、いまさら馬齢を重ねようとは思いませんが、他方で未完の仕事への未練もあり、天寿の許すかぎりは身のほど知らずの営みを続けたいものと念じております。皆様の御自愛をお祈り申し上げます。

一九八七年元旦

丸山　眞男

〒180　武蔵野市吉祥寺東町二丁目44—5

〔本人加筆〕石田雄君から、ドイツ

等での仰天すべき御元気な御活躍の様子を承り、うれしく、又、うらやましく存じます。

〔年賀状・印刷〕112　文京区小石川3—13—3〔夫人代筆・横書き〕
野間宏様〔夫人代筆・横書き〕
180　武蔵野市吉祥寺東町二丁目44—5
丸山眞男

105　古在由重　一九八七（昭和六十二）年三月九日〔消印〕

御無沙汰しております。寒暖のはげしい昨今ですが、御脚の方にお障りがないか、と心配しています。

過般は『コーヒータイムの哲学塾』を有難くいたゞきました。「版の会」というのはどなたに宛てたらよいのか分らぬので、御無沙汰へのおわびをかねて古在先生に御礼申し上げる次第です。

丸岡さんとの会合は、もう少し暖かくなったらぜひ持ちたい、と思います。私の方も、就寝時には、毎日「酸素吸入器」のお世話になっていますが、起きているときはひとがびっくりするくらい元気です。「低肺機能患者全国協議会」という会を名古屋の鈴木正さんの紹介で知り入会しました。くれぐれも御自愛をお祈りいたします。

〔葉書〕都内、中野区鷺宮一ノ十一ノ二

180　武蔵野市吉祥寺東町二―四四―五〔風雅印〕
丸山眞男〔風雅印〕
古在由重様

106　野間　宏　一九八七〔昭和六十二〕年三月九日〔消印〕

寒暖の差のはげしい昨今ですが、お元気の様子でなによりです。石田雄君がヨーロッパでの野間君のハッラッとした活躍ぶりに一驚した、という便りをよこしました。羨しいかぎりです。

過日は『日本の聖と賤』〔近世篇〕を有難くいたゞきました。非常に興味ある大事なテーマです。終りの方の福沢諭吉論と神祇省についての沖浦君の発言には異論があり、事実としても正確でないところがある〔と〕思いますが、「己れと意見同じきを喜び、己れと異るを憎むは学者の通弊なり」といった伊藤仁斎の言を信条とする僕にとっては、異論も大歓迎です。もうすこし暖かくなったら、酸素吸入器を携行してでも、お目にかかりたいものです。一筆御礼まで。

〔葉書〕112　文京区小石川3―13―3
野間宏様
180　武蔵野市吉祥寺東町二―四四―五〔風雅印〕
丸山眞男〔風雅印〕

107 松本健一 一九八七(昭和六十二)年六月〔推定〕

御無沙汰しております。

過般は『秋月悌次郎』をお贈りいただき、また鄭重なお手紙をお添え下さって、まことに恐縮かつ有難く存じます。本来ならこんな簡単な御挨拶で済ますような御労作ではありませんが、過日、体調のテストの目的もあって、九州の三浦梅園旧宅・咸宜園・亀陽文庫などを歴訪(1)しましたら、果して(!)その後微熱に苦しめられ、昨日あたりから漸く回復しました。あまり遅延するのもいかがと思い、とりあえず拝受の意味で一筆した次第です。秋月悌次郎のことは、殆ど名前以上の知識をもちませんので、御研究はたいへん有難く、私にとってほとんど得るところばかりです。過般の九州旅行の際立寄った亀陽文庫のある秋月は、秋月の乱のあったところですが、(むろんこちらは地名です)その関係のことは調べる暇がありませんでした。萩は母の実家ですので、子供のときから萩の乱の話は、祖母からよくききました。御自愛をお祈りします。

〔葉書〕175 板橋区高島平3―10―1―529
松本健一様
武蔵野市吉祥寺東町2―44―5
丸山眞男

(1) 一九八七年六月安東仁兵衛、石川真澄、筑紫哲也、松山幸雄と大分県中津市、国東半島、日田などを旅行し、福沢諭吉旧居、三浦梅園旧居、咸宜園、亀陽文庫を訪ねる。

108　古在 由重　一九八七（昭和六十二）年八月三日〔消印〕

暑中御見舞い申し上げます。

箱根へ発つ直前の留守電話でなつかしい古在さんのお声をききました。ハリのあるお声にびっくりし、又うれしく思いました。私は六月末に一寸、微熱を出し、それが契機で吉利〔和〕さんが院長をしている日赤医療センターに実質上のドック入院をして、ちょうど退院したばかりです。とくに病状が悪化したわけではないので御放念下さい。再会の日を楽しみにしております。妻からもくれぐれもよろしくとの事です。

〔絵葉書〕東京都中野区鷺宮1―11―2
古在由重様
箱根、仙石原仙郷楼にて
丸山眞男

109　野間　宏　一九八七（昭和六十二）年九月七日〔消印〕

しばらく拝眉の機をえませんが、御元気の様子大慶に存じます。過日は「あづみ野みそ」をお贈りいたゞき、まことに恐縮に存じます。私の方からは何も御見舞を差上げないのですからなおさらです。貴兄のエネルギーぶりは石田雄君もおどろいていました。それに反し、私の方は七月にまたも日赤医療センターに半月ばかり入院するというだらしなさです（ただし今のところ呼吸不全はただちに命に別状あるわけではないようです）。気候がよくなったら、楽しいおしゃべりをしたいものですね。とりあえず一筆御礼まで。　草々

〔葉書〕１１２　都内、文京区小石川三ノ十三ノ三
野間宏様
１８０　武蔵野市吉祥寺東町２―44―5
丸山眞男

110　中薗英助・とせ子　一九八八（昭和六十三）年一月一日

謹んで新年のおよろこびを申し上げます

百姓も士族も現に己が私有を得ると失ふとの界《さかい》に居て、恬《てん》として他国の話を聞くが如く、天然の禍福を待つが如く、唯黙坐して事の成行を観るのみ。実に怪しむ可きに非ずや。仮に西洋諸国に於て此類の事件

あらしめなば、其世論如何なるべきや。衆口湧くが如く一時の舌戦を開て大騒動なる可し。（中略）日本人が無議の習慣に制せられて、安んず可らざるの穏便に安んじ、開く可きの口を開かず、発す可きの議論を発せざるを驚くのみ。

——福沢諭吉『文明論之概略』（明治八年）より——

一九八八年元旦

〒180　武蔵野市吉祥寺東町二丁目44—5
丸山　眞男
〔夫人加筆〕ゆか里

〔夫人加筆〕御健勝をお祈り申上げます

〔年賀状・印刷〕168　杉並区久我山四ノ二ノ23〔夫人代筆〕
中薗英助様〔夫人代筆〕
とせ子様〔夫人代筆〕
〒180　武蔵野市吉祥寺東町二丁目44—5
丸山眞男
ゆか里

111　野間　宏　一九八八（昭和六十三）年一月一日

〔中薗英助・とせ子110と同文〕

〔本人加筆〕時代が悪くなるのに
反比例して、貴兄の精神的
肉体的な充実が進むのに驚嘆しております。

〔年賀状・印刷〕112　文京区小石川三ノ十三ノ三〔夫人代筆〕
野間宏様〔夫人代筆〕
〒180　武蔵野市吉祥寺東町二丁目44―5
丸山眞男

112　中村　哲＊　一九八八（昭和六十三）年二月六日〔消印〕

前略、このたびはお手紙と文献をまことに有難くいたゞきました。『法政』（昭和二七年十二月号）に載った拙文は小生にはまったく記憶がありませんでした。貴重――もちろん主観的な意味で――なものなので、このままいただいてよいものか、ゼロックスにとってお返しすべきものかまよっています。

もし後者の場合は、恐縮ながら御一報ください。

阿部六郎氏とは小生は知己がありませんでしたが、成城時代の貴兄の恩師とは知りませんでした。

〔中略〕とりあえず一筆御礼まで。

〔葉書〕100　千代田区永田町二ノ一ノ一
参議院議員会館四三七号室
中村哲様
〒180　武蔵野市吉祥寺東町二―四四―五（風雅印）
丸山眞男（風雅印）

＊ 中村哲　一九一二―二〇〇三。法学・政治学。法政大学総長。参議院議員。戦後すぐに南原門下の弟弟子である丸山や川島武宜らとともに「青年文化会議」「庶民大学三島教室」で活躍。また、一九五八年に創立された「憲法問題研究会」では我妻栄、宮沢俊義らを担いで、丸山、辻清明、中野好夫、谷川徹三、竹内好、桑原武夫らとともに憲法改悪阻止のために活動した。『政治学事典』（一九五四年）は、丸山、辻と共編。書評「中村哲『知識階級の政治的立場』」（『丸山集』第三巻）、「中村哲教授――円滑さの底にあるもの」（『丸山集』第五巻）、中村哲「丸山君と戦中・戦後の日々」（『丸山集』第一四巻「月報」）参照。

113　松本健一　一九八八（昭和六十三）年二月十日〔消印〕

前略、このたびは御高著『昭和に死す』をお贈りいたゞき、厚く御礼申し上げます。私にとって未知の人ですが、テーマゆえに熟読いたします。なお余計なことながら、あとがきに私の旧著を引用して、隣組や町会の人々にもてなす光景を「いわば懐しい故郷のイメージ」とされていることには苦笑しました。当時は住宅難で、親戚が疎開した荻窪の大沼〔天沼〕の家をやっと見つけた新婚早々の私たちは「郵便局はどこですか」と「隣組」（お上がつくった組織です！）の人にきくほど、大沼の近所に無智でした。もし比較するなら、信州の松代や、小学校時代の芦屋の方がまだしも妥当でしょう。失礼ながら「戦後派」の歴史的想像力の一例を見たように思われます。むろんこれは貴著自体の内容的価値の問題ではありません。

〔葉書〕175　板橋区高島平3―10―1―529
松本健一様
180　武蔵野市吉祥寺東町二―四四―五〔風雅印〕
丸山眞男〔風雅印〕

114　松本健一　一九八八（昭和六十三）年五月十二日〔消印〕

前略、過般は『戦後政治家の文章』をありがたくいたゞきました。三月の入院のあと始末がまだつかないため、御礼がおくれたことをおわびします。貴兄でなければ（少くも政治学者には）書けないテーマです。

ただ、「あとがき」に例によって、貴兄の反政治の心情が書かれていますが、政治というものをすべての人間の行動の不可避の一部として考える習慣が定着しないかぎり、反政治主義は、まさに政治の場の積極的な、しかし部分的な位置づけ《限界づけ》がなされないことによって、時あって容易にその反政治主義は、限界を知らぬ全政治主義として生活に氾濫するというパラドックスがあります。直接に貴兄のことではありません。（かつての全共闘のノン・ポリ、ラディカルズを美化する風潮にたいして〔です〕）

〔葉書〕 175　板橋区高島平3—10—1—529
松本健一様
180　武蔵野市吉祥寺東町二—四四—五〔風雅印〕
丸山眞男〔風雅印〕

115　田原嗣郎　一九八八（昭和六十三）年六月十四日〔消印〕

ご無沙汰しておりますが、御元気の様子大慶に存じます。それにしても貴兄がもはや退官とは、いまさらながらこちらは馬齢を重ねている思いがいたします。

このたびは山鹿素行の抜刷まことに有難く頂戴しました。例の非能率で御礼がおくれるのをおそれて、とりあえず拝受の意味で御挨拶いたします。「今迄の研究は思想家中心だった……これからは、ディスクールを問題にしなくちゃ！」といった風の、研究方法のプルーラリズムを認めようとしない、単線進化論的な発想が、最新流行主義と結びついて、相変らず繰りかえされている現状を見ると、貴兄の研究がたのもしく思われます。

〔葉書〕064 札幌市中央区南16条西十一丁目南十六条ビル606
田原嗣郎様
180 武蔵野市吉祥寺東町二―四四―五〔風雅印〕
丸山眞男〔風雅印〕

116 中薗英助 一九八八(昭和六十三)年七月十六日〔消印〕

御無沙汰しております。

過日は御高著『寄留者の歌』を御恵与たまわり感謝に堪えません。こんな簡単な形で御挨拶するのは失礼なのですが、実は明日からしばらく伊豆山のセカンドハウスの方にまいりますので、御礼が一層遅延するのをおそれて一筆した次第です。中薗さんのお育ちや中国生活のことはよく存じませんでしたので、あらためてこのたびの御労作が貴重な現代史史料になることを感じました。私は相変らず低空飛行をつづけていますが、悪運つよくまだ墜落しません。御自愛を祈ります。妻からも御夫妻にくれぐれもよろしくとのことです。

〔葉書〕222 横浜市港北区太尾町一三一一―一―四二九
中薗英助様

180　武蔵野市吉祥寺東町二丁目44—5
丸山眞男

117　野間　宏　一九八八（昭和六十三）年九月十日〔消印〕

御無沙汰しております。過日は御鄭重なお便りならびに安曇野の味噌をお贈りいたゞき、恐縮かつ感謝に堪えません。こちらからは反対給付もできないので、どうぞ、こうした御配慮は御無用にお願いします。

今夏は本当に不順でしたね。私は二月に購入した熱海伊豆山のマンションと東京を往復しています。海辺なので空気がよく、気のせいか、呼吸器の調子もよいようです。ただこれから寒くなり最悪の季節を迎えますので、国防ならぬ体防意識を涵養しております。私の『日本の思想』の独訳本（ズールカンプ社）が、あちらの書評で意外に好評なので、むしろその反動としての日本の評論家たちの反撥が予期されます。そのうち拝眉のうえ、あれこれの楽しいおしゃべりをしたいものですね。どうか呉々も御大事に、重ねて御礼まで。

〔葉書〕112　文京区小石川3—13—3
野間宏様
武蔵野市吉祥寺東町2—44—5
丸山眞男

118 中薗英助・とせ子　一九八九（昭和六十四）年一月一日

謹んで新年の御慶を申し上げます

「……若シ議会ニ於テ一政党ヲ以テ過半数ヲ占ムルモノアルトキハ（中略）議会ハ立法ノミナラズ、行政ノ全権ヲ掌握スルニ至ルベク、三権分立ハ行ハレザルナリ。而シテ此ノ如キ議院政治ガ永続スルトキハ、逆マニ議会ハ政府ノ下ニ在ルノ専制政治トナルニ至ル。（中略）多数政党ノ首領ハ内閣総理大臣トナリ、其ノ部下ヲ以テ内閣ヲ組織ス。政党ノ結束固ケレバ、議会ニ在ルノ多数政党員ハ、全然政府ノ頤使ニ従ヒ、政府ハ立法行政ノ全権ヲ握リテ、専制ノ政治行ハルルニ至ル。」

上杉慎吉「新稿憲法述義」

（新稿初版、大正十三年）より

一九八九年元旦

〒180　武蔵野市吉祥寺東町2—44—5

丸山 眞男

〔本人加筆〕御筆硯ますます
多祥たらんことを
お祈りします。
〔夫人加筆〕久しぶりでお目にかゝりたいものですね。ゆか里
〔年賀状・印刷〕222 横浜市港北区太尾町一三二一—一
中薗英助様
とせ子様〔夫人加筆〕
〒180 武蔵野市吉祥寺東町2—44—5
丸山眞男

119 野間 宏 一九八九（昭和六十四）年一月一日

〔中薗英助・とせ子118と同文〕
〔本人加筆〕ますます
御元気で。

〔年賀状・印刷〕　112　文京区小石川三―13―3　〔夫人代筆〕
野間宏様　〔夫人代筆〕
〒180　武蔵野市吉祥寺東町2―44―5
丸山眞男

120　埴谷　雄高　　一九八九（昭和六十四）年一月一日

〔中薗英助・とせ子118と同文〕

〒180　武蔵野市吉祥寺東町二丁目44―5
丸山　眞男
〔夫人加筆〕ゆか里

〔本人加筆〕過般のＮＨＫ
ＴＶはとてもよかったと
思います。御自愛を祈ります。

〔年賀状・印刷〕　180　武蔵野市吉祥寺南町2―14―5　〔夫人代筆・番地横書き〕
埴谷雄高様　〔夫人代筆〕
〒180　武蔵野市吉祥寺東町2―44―5
丸山眞男

121　清岡暎一*　一九八九（平成元）年一月十七日

謹啓

寒気きびしい昨今で御座いますが、先生には御健勝のことと存じ上げます。

偖《さ》て、先般は、三上佑氏を通じて、“Fukuzawa Yukichi on Education—Selected Works” の御編訳をお贈りいたゞき、御好意まことに感謝に堪えません。厚く御礼申し上げます。

福沢諭吉の論著についての先生の御訳業はすでに『福翁自伝』の翻訳について内外に定評があります。このたび、教育についての福沢の論考を広汎な著作集のなかから選抜しお訳しになったことは、翻訳の御苦心もさることながら、問題の重要性とまさにそのゆえの、選択の困難性を思いますと、どんなにその意義の高さと深さとを強調してもしすぎることはないと確信いたします。おそらくケンブリッジ大学の（引退しましたが）カーメン・ブラッカーや、ハーヴァード大学のアルバート・クレイグなど、外国の著名な福沢研究者にとっても、これは待望の御労作として歓迎されるでしょう。

三上さんからは、この御訳業についての書評を『日本教育新聞』に書くよう御申出を受けました。まことに光栄の至りで私もできることなら何かの形でお役に立ちたいところですが、生憎、暮から体調を崩し、文字通りの寝正月をすごしました。私は、この二、三年来、昭和二十年代末に受けた肺切除手術の後遺症が顕在化して、まるで年中行事のように、肺炎あるいは気管支炎による入院を余儀なくされ、ベッドの傍に特殊の酸素吸入装置を置いて就寝時には毎晩、管を鼻孔に入れたまま横になる、という情ない状態です。幸い、この度は入院は免れましたが、冬期は私にとって最悪の季節で、集会出席はもちろんのこと、自宅での面会もできるだけ避けているような次第なのです。三上さんの御依頼によれば、七〇〇―八〇〇字の短文でよい、とのことですが、あのような大著を、とくに英文の大著を短文で紹介することはかえって容易ならぬ困難が伴い、私の実力の貧しさをかりに不問に付しても、現在の健康状態では到底自信が御座いません。すでに折を見て拝読はしておりますが、なまじ福沢研究者の一人であるために、この個所は福沢の原文ではどうなっているのか、という興味と好奇心とが、あとからあとからとふき出してまいり、なかなか先に進まないというのが、恥かしながら実情で御座います。何卒この辺の事情御諒察のうえ、書評というような大責任から私を解除して下さいますよう伏してお願い申し上げます。

後進の一人として今後も色々と御指導、御教示を賜わりたく、その意味からも先生の御自愛を切にお祈りして拙ない筆を擱きます。　敬具

一九八九年一月十七日

丸山　眞男

清岡暎一先生

追伸、三上様には、御返事遅延のおわびをかねて別に一筆いたしました。

〔封書〕 108 都内、港区白金四丁目七番六号
清岡暎一先生
180 武蔵野市吉祥寺東町2―44―5
丸山眞男

＊ 清岡暎一 一九〇二―九七。福沢諭吉の三女・俊とその夫・清岡邦之助の長男として東京市に生まれる。一九二七年コーネル大学英文学科卒業。翌二八年より慶応義塾大学予科教員となり、その後普通部教員、幼稚舎主任（舎長）、大学法学部教授、国際センター教授などを歴任。終戦直後米軍に接収されていた大学日吉校舎の返還交渉にあたるなど、巧みな語学力と国際性で慶応義塾の英語教育の発展と国際交流に尽力した。『福翁自伝』*The Autobiography of YUKICHI FUKUZAWA*, 1934 をはじめとする福沢諭吉の著作の英訳者としても知られる。
書簡は清岡晩年の訳書 "Fukuzawa Yukichi on Education : Selected Works" University of Tokyo Press, 1985 を贈られたことへの御礼と、書評の依頼について体調不良から引き受けられない旨を謝罪したもの。（『手帖』掲載時の福澤研究センター吉岡拓氏の「解題」より）

122 加藤周一＊・矢島翠

〔一九八九（平成元）年推定、封筒欠〕

前略
過日は久しぶりにお会いできて愉快でした。
その折の御約束にしたがって、最近に、英・ドイツ訳された拙稿を十ぱ一からげにして、恥かしながらお目にかけます。

ズールカンプ社は著者にも二、三冊しか送って来ないのでお二人別々に差上げる余裕がありません。また『レヴィアタン誌』は、雑誌は一冊だけで、あまり必要でない拙稿ホンヤクの方の抜刷をたくさん送って来たので、同様に、丸山論のリプリントを一部だけ、ホンヤクの方は御迷惑でしょうが、二部お送りします。

丸山　眞男

加藤周一様
矢島　翠様

追伸、『日本の思想』のドイツ新聞書評で、手許にあるものを御参考までに同封しました。ラジオ放送の書評でこういうカタイ本をとりあげたのは驚きましたが、キリがないのでお送りしません。

＊　加藤周一　一九一九―二〇〇八。評論家。日本文化研究。東京帝国大学医学部卒業。フランス留学（医学）後に発表した「日本文化の雑種性」が議論を呼ぶ。一九七四―七六年、イェール大学の客員講師の折、プリンストン高等学術研究所所員を務めていた丸山と交遊があった。また、丸山、木下順二との座談として『日本文化のかくれた形』（岩波書店、一九八四年）がある。著書『羊の歌』『日本文学史序説』『日本 その心とかたち』『日本文化における時間と空間』。

123　古在 由重　一九九〇（平成二）年一月一日

謹んで新年の御慶を申し上げます

「我が邦人、之を海外諸国に視るに、極めて事理に明に、善く時の必要に従ひ推移して、絶て頑固の態無し。（中略）旧来の風習を一変して之を洋風に改めて絶て顧藉せざる所以なり。而してその浮躁軽薄の大病根も亦正に此に在り。その独造の哲学なく、政治に於て主義なく、（中略）一種小怜悧、小巧智にして、而して偉業を建立するに不適当なる所以なり。極めて常識に富める民なり。常識以上に挺出することは到底望む可らざるなり。」

——中江兆民「一年有半」より——

一九九〇年元旦

〒180　武蔵野市吉祥寺東町2—44—5

丸山　眞男

〔夫人加筆〕先生のご健勝を御祈り申上げます。ゆか里

〔年賀状・印刷〕中野区鷺宮一ノ十一ノ二〔夫人代筆〕
古在由重様〔夫人代筆〕
〒180 武蔵野市吉祥寺東町2―44―5
丸山眞男
ゆか里

124 中薗英助・とせ子 一九九〇（平成二）年一月一日

〔古在由重123と同文〕

〒180 武蔵野市吉祥寺東町2―44―5
丸山 眞男
〔夫人加筆〕ゆか里

〔年賀状・印刷〕222 横浜市港北区太尾町1311の1429〔夫人代筆〕
中薗英助様〔夫人代筆〕
とせ子様〔夫人代筆〕
〒180 武蔵野市吉祥寺東町2―44―5
丸山眞男
ゆか里

125 野間 宏　一九九〇（平成二）年一月一日

〔古在由重123と同文〕

〔本人加筆〕謝御無沙汰。

革命者が革命の過程で革命されるのが本当の「革命」だ、と嘗て「スターリン批判」のときに書いたものにとって、東欧の出来事は快心です。

〔年賀状・印刷〕112　文京区小石川三ノ13ノ3〔夫人代筆〕
野間宏様〔夫人代筆〕
〒180　武蔵野市吉祥寺東町2―44―5
丸山眞男

126 埴谷雄高　一九九〇（平成二）年一月一日

〔古在由重123と同文〕

〔本人加筆〕近所なのに
御無沙汰
ばかりで申訳なし。
一九九〇年は「東」の世界の
激動が「西」にハネかえる、ハネかえりはゝゝゝじめる年だという気が
します。

〔年賀状・印刷〕180　吉祥寺南町二ノ14—5〔夫人代筆〕
埴谷雄高様〔夫人代筆〕
〒180　武蔵野市吉祥寺東町2—44—5
丸山眞男

127　埴谷雄高　一九九〇（平成二）年五月二十一日〔消印〕

御無沙汰しております。
過般は『謎とき大審問官』ならびに北杜夫氏との対談をお贈りいたゞき、御好意感謝に堪えません。御礼の遅延を深くおわびします。小生今年の一月に黄色ブドー球菌という、抗生物質に強い耐性をもつ悪質の菌による肺炎で、危うくゲーム・セット《ドロンゲーム》をまぬがれ三月に帰宅しましたが、入院中歩行練習

ができなかったために、いまだに足腰が――わが社会党のごとく――立ちません。非能率なのも一つにはそのためです。呉々も御自愛をお祈りします。　草々

〔葉書〕180　武蔵野市吉祥寺南町2―14―5
埴谷雄高様
武蔵野市吉祥寺東町2―44―5
丸山眞男

128　松本健一　一九九〇（平成二）年六月二十七日〔消印〕

拝復、お元気の様子で大慶に存じます。小生は今年一月半ばから肝炎で入院し、悪運強く命だけは助かりました。夏休みに入って、色々な人からの来信や来客に忙殺されておりますので、とりあえず簡単なお答えしかできません。父の『伊沢多喜男伝』というのは、私の手許にはありません。邦男のところにあるかもしれません。父は伊沢とは親しく――おかげで飯沢匡さんとも今日までおつき合いがありますが――伊沢、伊沢と呼びすてにしておりました（濱口〔雄幸《おさち》〕の伝記を書く関係もありました）が、唐沢俊樹とは、あまり個人的接触はなかったのではないか、と思います。唐沢とは戦後に「木戸日記研究会」に招いてヒヤリングをしたことがありますが、そのとき私も父との関係を全く意識しませんでした。昭和十年代と現代とは私など実感的にはどこが似ているのか、呆然とするだけですが、お暇の折に御教示下さい。

〔葉書〕　175　都内、板橋区高島平3―10―1―529
松本健一様
武蔵野市吉祥寺東町2―44―5
丸山眞男

129　加藤周一　一九九〇（平成二）年十一月二十八日

加藤周一様
前略、過日来、いろいろ御教示ありがとう。とくにイタリー語版の序文を書いて下さることは感謝を表し盡しきれません！

御参考までに例の“Spiegel”問題の今日までの関連資料のコピーをお送りします。あと知恵としては、こうすればよかった、ということが色々ありますが、実感としては、ラッツ腕の取材記者にたいして、いかに私が無邪気で、素朴だったかの証明みたいなものです。

例の当日、同席した東大教授（私の旧ゼミ学生）が偶然パリから一時、帰国していることが分り、彼からもシュピーゲルに「インタヴューでなかった」という事実だけを知らせることになりました。

当日C・N・R・S《サントル・ナショナール・デ・ルシェルシュ・シアンティフィク》から来ているフランス人研究員も一緒に来たい、と言って新宿駅で三人落合ったら、テルツァーニが「今日は自分だけ会う約束だからあなたは別の機会にしてくれ」と言って、そのフランス人は失望して新宿から帰ったという内幕話を、はじめてその東大教授からききました。これをもってしても、はじめからテルツァーニがフリー・トーキングという口実で、インタビューを計画していたことが分ります。

資料の①②③は時間的順序です。現在のところでは、“Spiegel”は私の「抗議文」だけは、少し手直しして掲載することになったようです。（シャモーニからの連絡。）正直のところ一ヶ月近く、時間をつぶされて私の仕事が全くできず、この「事件」は一日も早く打切りにしたい、という心境です。資料もあなたへの感謝の一端としてお目にかけるだけですから、マスコミ関係には△内容があまりひろがらないよう（まあ、その価値もないから大丈夫と思いますが）よろしくお願します。

十一月二十八日

丸山 眞男

（△ただし、ほかのマスコミ（たとえばル・モンドのポンス君）などには、私が立つ瀬がないので、もし知っていたら、早速シュピーゲルに抗議した、というつもりです。）

〔封書・封筒欠〕

130

埴谷雄高

一九九一（平成三）年一月一日

謹んで新年のお慶びを申し上げます

私共

勝手ながら本年限りを以て、恒例の年賀御挨拶を失礼させていただきます。私共は必ずしも年賀状の虚礼論者ではありませんが、寄る年波に負担が重くなってまいりました。もし幸いにして、なお馬齢をかさねますならば、何卒便りのないのはよい便りと思し召し、御放念下さるよう願い上げます。

皆様の御自愛と御健勝を切にお祈り申し上げます。

一九九一年元旦

〒180　武蔵野市吉祥寺東町2―44―5

丸山眞男

（一九一四・三・二二生）

ゆか里

〔本人加筆〕御労作と新聞

報道で、ますます
意気天に冲する御様子を知り、
よろこんでおります。

〔年賀状・印刷〕180 吉祥寺南町2―14―5〔横書き・夫人代筆〕
埴谷雄高様〔横書き・夫人代筆〕
〒180 武蔵野市吉祥寺東町2―44―5
丸山眞男（一九一四・三・二二生）
ゆか里

131 中薗英助　一九九一（平成三）年三月二十一日〔消印〕

漸く春の気配が感じられるようになりましたが、御健勝のことと存じます。こんな御挨拶をいまごろ差上げますのは、昨年十月に御鄭重な御手紙と『クリスチャン新聞』のコピーをいただいたまま、今日まで無音に打過ぎた失礼をおわびするためです。いまさら弁解の余地はありませんが、ちょうど十月末から丸二ヶ月の間、ドイツの『シュピーゲル』誌との「紛争」に明けくれ、仕事をふくめて一切の予定がメチャメチャになって今日にいたっております。（「紛争」の内容はおしらせするほどの価値はありませんが、要するに同誌が、東京特派員と小生とのフリー・トーキングを一方的に「インタヴュー」に改ざんして掲載したので、その取消しを求めたものです。結果は小生の抗議文が載ってオシマイになりました）貴兄が小生の『「文明論之概略」を読む』を御推薦下さったことには幾重にも御礼申し上げます。
おかげ様で、同書は新書編集部もおどろくほどの売行で、上巻はすでに13版を重ねております。むしろ貴兄からは峻烈な御批判をいただきたく存じます。ここ数年来、昔の肺切除手術の後遺症としての呼吸不全に悩まされ、冬季はほとんど都内にも出ませんが、もうすこし気候がよくなれば、また拝眉の機をえたいものです。末筆ながら奥様によろしくお伝え下さい。

〔葉書〕 222 横浜市港北区太尾町一三一一―一―四二九
中薗英助様
武蔵野市吉祥寺東町2―44―5
丸山眞男

132 中薗英助　一九九一（平成三）年六月七日〔消印〕

御無沙汰しております。このたびは、『切支丹探偵』と『私本GHQ占領秘史』の御力作を相ついで頂戴し、御好意厚く御礼申し上げます。御礼傍々、とくに後者については、私にも同時代経験がありますので、それも含めて感想なども一部お話しようと思っておりましたが、目下のところ熱海と東京との二重生活で、たださえ非能率なのに、一層甚だしくなり、本日ようやくお便りしようと思っていた矢先に御挨拶をいたゞき「出鼻」をくじかれたというところです。妻にきいたら一応御挨拶を出した、ということですが、私は実は御夫妻の御体調のことも存じ上げず、失礼を重ねた次第、何卒御海容のほど願い上げます。一度ゆっくりお話を伺いたいものです。私は呼吸不全ですが、冬季以外なら時間をつくれます。『「文明論之概略」を読む』の読書会、恐縮のほかありません。さし出がましいことですが、万一、著者自身に質問や批判をのべたい、という希望があれば、責任上からも何とかしてそういう機会をつくるようにいたします。とりあえず右まで。

〔葉書〕 222 横浜市港北区太尾町一三一一—一—四二九
中薗英助様
武蔵野市吉祥寺東町2—44—5
丸山眞男

133 高野耕一* 一九九一（平成三）年八月四日〔消印〕

過日の会にはいろいろ御配慮いたゞき、感謝に堪えません。たいへん楽しい一夕で、集会拒否症の私もああいう会だと症状（？）がでないのです。そのうえ、このたびは御論稿や、学術賞贈呈式の記事などをお贈りいたゞき、楽しく拝読させていたゞきました。いまさらながら祝辞を差上げるのを怠った私の失礼を御海容願上げたく存じます。法研究のなかでも「わが道」を一すじに歩んで来られた貴兄に敬意を表さずには居られません。いま、熱海にいるのですが、辻清明君の訃報に接し、とりあえず今晩帰京いたします。一筆まで。奥様によろしく。

〔葉書〕東京都台東区駒形1―1―1―1101
高野耕一様
於熱海伊豆山中銀第18号館
丸山眞男

（1）　高野耕一『財産分与・家事調停の道』（評論社、一九八九年三月）が第二回尾中郁夫・家族法学術賞を受賞。

＊　高野耕一　一九二四―二〇一〇。東京大学法学部卒業後裁判官となり、一九八九年定年退官。丸山ゼミ一期生として一九四七年から三年間参加。一九七八年三月一九日から二五日まで、丸山は高野（当時那覇家庭裁判所所長）の案内により、夫妻で初めて沖縄を訪れた。その間、那覇家庭裁判所調査官研修会で「日本思想史の一側面」と題して講演を行っている。

134　埴谷雄高　一九九一（平成三）年九月九日〔消印〕

残暑きびしい昨今ですが、お変りない御様子何よりです。

このたびは、対話集『重力と真空』をまことにありがたくいたゞきました。御無沙汰しておりますが、私は先月中旬から先週まで、中野療養所に入院しており（肺炎移行予防のための入院ですので他事ながら御休心下さい）、入院中、読売新聞に連載された思想的回想談を面白くよみました。私は読売を自宅ではとっていないので、これまさに入院の功徳でした。研究者仲間でも同輩が次々と他界し、こちらはよくも生き残っているという実感ですが、埴谷さんにあやかって、ガンバリます。一言御礼まで。

〔葉書〕180 武蔵野市吉祥寺南町2―14―5
埴谷雄高様
180 武蔵野市吉祥寺東町2―44―5
丸山眞男

135 田原嗣郎 一九九一（平成三）年十二月十八日〔消印〕

漸く寒さがきびしくなりましたが、お変りないことと存じます。過般は御高著『徂徠学の世界』をお贈りいたゞき、御芳志ありがたく御礼申し上げます。最近はセカンドハウス（在熱海）に滞在すること多く、一種の二重生活のため、生来の非能率がますます甚だしくなり、御挨拶がかくも遅延いたしましたことを深謝いたします。この著者とこの対象ゆえに、熟読するつもりでおります（過去の学問なり世界観なりを「理解」するとはどういうことか、という「方法」の問題もおしゃべりしたいと思います）。新らしい御勤務先の雰囲気はいかがですか。ますます御活躍のことを期待してやみません。一筆御礼旁々、重ねておわびまで。草々

〔葉書〕950 新潟県新潟市笹口3丁目5―1
エンゼルハイム笹口九〇六

田原嗣郎様
180　武蔵野市吉祥寺東町二—四四—五〔風雅印〕
丸山眞男〔風雅印〕

136　中薗英助　一九九二（平成四）年五月四日〔消印〕

御無沙汰しております。
このたびは御高著『スパイの世界』をお贈りいたゞき、御好意ありがたく御礼申し上げます。妻がさきに持っていって、面白い、といっておりました。私もいまの仕事が一段落したら、ゆっくり拝読いたします。とりあえず御礼まで。末筆ながら奥様によろしくお伝え下さい。

丸山　眞男

〔葉書〕222　横浜市港北区太尾町一三一一—一—四二九
中薗英助様
180　武蔵野市吉祥寺東町二—四四—五〔風雅印〕
丸山眞男〔風雅印〕

137　松本健一　一九九二（平成四）年六月十七日〔消印〕

拝復、御無沙汰しております。

過般は『昭和天皇伝説』の御高著を署名入りでお贈りいたゞき、御厚情感謝に堪えません。小生健康の方は低空飛行ながら何とかもっておりますが、熱海伊豆山のセカンドハウスとの二重生活のために、さなきだに甚だしい非能率が一層ひどくなり、御挨拶がかくも遅延いたしましたことをおわびいたします。昭和天皇論もさることながら、知的雰囲気のおどろくべき現状肯定——すくなくも現状にたいする批判性の喪失——をどう御覧になるか、ご所見を伺いたいものです。　不一

〔葉書〕１７５　東京都板橋区赤塚6—2—14
松本健一様
１８０　武蔵野市吉祥寺東町2—44—5
丸山眞男

138　檜垣眞澄*　一九九二（平成四）年八月十七日〔消印〕

過日はまことに楽しい会合でした。

その折お話のあった資料をさっそくお贈りいたゞき、ありがたく御礼申し上げます。すくなくも、

野田宣雄氏のもの〔「宗教の空白を埋めるもの」『歴史の危機』所収〕は未見でした。流通イメージによりかかった「批評」とちがって、さすがに私のものを読まれていますが、それでも私が宗教とくに親鸞に、戦後ある時期からだんだんに関心をもってきたかのようにいわれているのは、「ブルータス、君もか」の感なきに非ず、です。それは（一）ヨーロッパ啓蒙主義が反宗教として登場した（その考え自体最近の学界では批判がでていますが）という前提（二）丸山が戦後啓蒙主義の「代表」であった、という前提から三段論法的に導き出されて、啓蒙主義者であったから当然、宗教に無関心であったはずで、しかるにその後関心をもつに至った、という論法です。私の東大講義や私の生いたちをたとえ知らなくても、たとえば「福沢の哲学」をよく読めば、当然私がヒューマニズムの「限界」を問題にしていたことが分るだろうと思われます。御礼のついでにいらぬおしゃべりをしました。不一

〔葉書〕６０５　京都市東山区今熊野宝蔵町17
檜垣眞澄様
武蔵野市吉祥寺東町２―44―５
丸山眞男

＊　檜垣眞澄　一九四一年生まれ。一九六四年、立命館大学法学部卒業、同年四月、京都市役所に就職。区画整理部長、動物園長等を歴任、二〇〇三年退職。学生時代『現代政治の思想と行動』に感銘を受け、丸山の著作を読み続ける。今井壽一郎を中心とした「丸山眞男先生を囲む会」に参加。

139

松本健一　一九九二（平成四）年十月十一日〔消印〕

拝復、健康の都合でいま熱海にいます。

白旗の件、私もとくに調べたことはありませんが、書紀神功皇后条（仲哀天皇条）の新羅征討のところに、新羅王が「東の神国の兵が攻めて来た、とてもかなわない」といって素旆《しろきはた》をあげて降伏したという記事があった筈です。書紀には外にも二ヶ所ほど出ていたと思います。おそらく中国古代の習慣が、日本に伝わったものでしょう。それ以上は忙がしいのでカンベンして下さい。（ペリーの白旗のゆくえはむろん知りません）

武蔵野市吉祥寺東町2―44―5
丸山眞男

〔葉書〕175　東京都板橋区赤塚6―2―14
松本健一様
武蔵野市吉祥寺東町2―44―5
丸山眞男

140

中薗英助　一九九二（平成四）年十月二十三日〔消印〕

御無沙汰しております。

このたびは『北京飯店旧館にて』の御作品集をお贈りいたゞき、いつもながらの御好意厚く御礼申し上げます。明日、セカンドハウスのある熱海伊豆山に妻とともにまいりますが、妻は早速この御高著を持参して拝読すると申しております。お体はその後いかがですか。小生は相変らず酸素吸入生活で低空飛行ながらどうやら生き永らえております。とりあえず一筆御礼まで　草々

〔夫人加筆〕奥様にくれぐ〳〵もよろしく
折があればお会いしたいものと存じて居ります（ゆか里）

〔葉書〕222　横浜市港北区太尾町1311―1―429
中薗英助様
180　武蔵野市吉祥寺東町二―四四―五〔風雅印〕
丸山眞男〔風雅印〕

141　土橋俊一*　一九九二（平成四）年十月三十一日

土橋俊一学兄

拝復、お手紙やお電話をいただきながら、セカンドハウスのある熱海伊豆山におりましたこともあって、御連絡がおくれ失礼いたしました。

富田正文博士の『考証福沢諭吉』の完結を心からおよろこびいたします。御老齢のハンディキャップに打克って、この大著を完成された、富田さんの御気力と持続力には深い敬意を表さずにはいられません。「後進よ、しっかりせい」との御激励と御叱咤の肉声を伺う思いがいたします。

富田さんとは敗戦直後からの永い御縁があり、できれば何らかの形で私なりの祝意を表明したく存じます。ただ、十一月の二十日という期日は、現在の私の置かれている現実的条件では、とうてい無理というほかございません。私の呼吸不全その他の身体的条件をここで縷説しようとは思いません。ただ、御想像に困難かとは存じますが、私の仕事の超スローモーぶりは、いま手許にかかえこんでいる原稿の債務（大きな仕事は別です。小さな論稿です）が、ほとんど一昨年から昨年夏以来延引している有様です。富田さんの御著書の原稿だけを孤立してとり出せば、十一月二十日までに四枚の原稿を書くのはそれほど困難ではありません。しかし、いわゆるマスコミには一切執筆しない私でさえ、止むに止まれぬ原稿債ムを半年以上も引きのばしているとき、新たな申入れをさしこむのは、どうしても無理です。これらの債ムはいずれも元々半年の余裕をおいて承諾したものであり、それがことごとくのびのびになっているのが現状です。日本は一体どういう国なのか、というのが、私のスローモー体質を棚上げにした私の嘆息です。何卒事情御諒承下さって、別の方法を考慮させていただきたく、お願申上げます。

やや当方からの押しつけの counter-proposal めいて恐縮ですが、たとえば富田さんを囲んで、何人かの人が、富田さんに御著述の苦心談とか、小泉〔信三〕先生その他福沢研究と関係ある塾の方々の思い出とか、そういう回顧談を伺う機会でもつくっていただければ、一般にとっての一つの史料ともなり、単なる「書評」よりはいくらか意味も大きいのではないか、と愚考いたします。

重ね重ね恐縮ですが、上記の事情御諒察下さって、再考慮をお願したく存じます。貴兄もくれぐれもお体御大事になさって下さい。　不一

一九九二年十月三十一日

丸山　眞男

〔封書・封筒欠・横書き〕土橋俊一様
丸山眞男

＊　土橋俊一　一九二一―二〇〇〇。和歌山市生まれ。慶応義塾大学経済学部卒業。福澤諭吉協会設立に参画。『福澤諭吉全集』全二一巻の編纂に従事。元福澤諭吉協会常務理事。著書に『福沢諭吉』『福沢諭吉の複眼思考』『三田の暦日』などがある。

142　松本健一　一九九四（平成六）年五月二十六日〔消印〕

拝復、埴谷〔雄高〕氏は遠慮して、貴兄には具体的に言わなかったのでしょうが、実は小生肝臓ガンで今年はじめから二度、入退院をくりかえし、近く第三回目の入院をいたします。したがって『エコノミスト』その他の要件は問題外で、今年はじめから面会申込も一切謝絶しております。あしから

ず。ただ小生は広島原爆で生き残って以来、そもそも「戦後まる儲け」という心境でしたから、何が起ってもそれほどショックはありません。御放念下さい。　草々

〔葉書〕175　東京都板橋区赤塚6―2―14
松本健一様
180　武蔵野市吉祥寺東町二―四四―五〔風雅印〕
丸山眞男〔風雅印〕

143　軍用地強制使用手続き拒否の大田県知事の決断を支持し、「地位協定」全面見直しを求める有志の会　一九九四（平成六）年十月〔日不明〕

大田沖縄県知事軍用地強制使用手続き拒否の決断を支持し、
呼びかけ人となることを
（レ）諒承致します。
（　）諒承致しません。
御芳名

お手数をおかけして恐縮に存じますが、該当欄にマークを印し御署名の上、御投函下さい。今月末日迄に拝受

願えれば幸甚と存じます。

〔本人加筆〕丸山眞男

発起人となることは、病気療養中のため、原則としてお断りしておりますが、本件の場合の重大性にかんがみ諒承いたします。しかし、賛同者というカテゴリーを設けるようお願いしたいものです。

〔葉書〕

144　埴谷雄高　〔年月日不明〕

前略、思い出の写真を山のように下さって有難う。
あのあとも寄ろう寄ろうと思っているうちに日が過ぎて、またこういう御配慮に与りました。
あんまりきまりが悪いので、読みすてにする座談会と「話」を同封します。「学術論文」（！）も書いているけれど却って退屈させるだけだから……

呉々も御自愛を祈ります。重ねて御礼まで。

丸山　眞男

埴谷雄高様

追伸　女房からもよろしくとのことです。

〔封書・封筒欠〕埴谷雄高様
丸山眞男

人名索引

1　話文集 続・全4巻の人名を対象として，巻数・頁数で記す．対談における発言者も対象とする．また，神話における神や人物，小説・オペラなどの登場人物も対象とする．

2　「父」,「先生」,「首相」などで，特定の人名が文脈でわかる場合は，対象とする．

3　見出し，解題，参考資料，本文中の目次，註は，範囲に含めない．

4　略称，異称，表記の異なる場合は，現在最も流布している名称を最初に記し，以下「／」で，異なる名称を列記する．

5　人名に註が付されている場合は，全4巻における初出の巻数・註の頁数・註番号を，項目の末尾に記した．

6　日本人，中国人・朝鮮人，それ以外の外国人に分けて配列する．なお中国人は日本語読みで，朝鮮人は現地語読みで配列する．

ア

カ

サ

タ

ヤ

ア

カ

サ

タ

ナ

ハ

朴正熙（パク・チョンヒ） ②49, ④77, 78
朴泳孝（パク・ヨンヒョ） ③273, 274
武王 ①148, 151, ②96
文王 ①148, 151, ②96
方励之 ②387, ④71, 116; ②429・註(39)
墨子／墨翟 ①146-148, 151, 153, 159, ③211; ①172・註(4)

マ

閔妃（ミン・ビ） ③274
孟子 ①147, 148, 151, 153, 169, ②140, ③199-201, 207, 208, 210, 212, ④104
毛沢東 ②2, 340, 342, 344, 348, ④105, 109, 110, 114

ヤ

楊朱／楊子 ①146-148, 151, 153, 159, ③211; ①172・註(3)
楊尚昆 ④110

ラ

李淑嫺 ④71
李澤厚 ④71, 72, 76, 116
李鵬 ④117
陸象山 ①152, 154, 161, 162; ①173・註(12)
劉少奇 ④73
梁啓超 ③179; ③191・註(30)
列子 ①151
老子 ①150, 151, 153, 159, 161, ③206
李承晩 ③40, 41

ア

アイアコッカ，リー Lee Iacocca ③327
アイーダ Aida ②402
アインシュタイン，アルベルト Albert Einstein ④34, 37
アーヴィング，ワシントン Washington Irving ②261; ②316・註(3)
アクィナス，トマス Thomas Aquinas ③208, 323, ④87
アダム Adam ②290
アティカス，ティトゥス・ポンポニウス Titus Ponponius Atticus ①310; ①329・註(14)
アドルノ，テオドール Theodor Ludwig Adorno-Wiesengrund ②381
アベ・シェイエス Emmanuel-Joseph Sieyès ①218; ①288・註(51)
アリストテレス Aristotle ②98, ③230, ④87
アレクサンドル2世 Aleksandr II ②101, 102; ②109・註(44)
アントニィ Marcus Antonius ①309

イェリネック，ゲオルグ Georg Jellinek ①20, 190, 191, 195, 206, 209, 213, 248, 273, 279, ③284, ④168; ①127・註(53)
イェーリング，ルドルフ・フォン Rudolf von Jhering ①391
イーストン，デヴィッド David Easton ④142

ヴァレリー，ポール／ヴァレリイ Paul Valéry ①431, ②273; ①440・註(17)
ヴィスコンティ，ルキノ Lucino Visconti ②402
ウィーゼ，レオポルド・フォン Leopold

von Wiese　③64
ウィットフォーゲル，カール　Karl August Wittfogel　④185
ウィトゲンシュタイン，ルートヴィヒ　Ludwig Wittgenstein　①274, 279; ①298・註(112)
ヴィノグラドフ，ポール　Paul Gavrilovich Vinogradoff　①306; ①328・註(8)
ヴィルヘルム2世　Wilhelm II　②336, ③282
ウェーバー，マックス／ヴェーバー　Max Weber　①42, 61, 64, 65, 67, 115, 157, 228, 229, 275, 319, 320, ②8-10, 28-30, 33, 392, 393, 399, ③92, 266, 268, 269, 282, 333, ④137, 215, 254
ウェーバー，マリアンネ　Marianne Weber　④215
ヴェルス，オットー　Otto Wels　①180, 181; ①282・註(5)
ウエルズ，ハーバート・ジョージ　Herbert George Wells　③334; ③360・註(19)
ウェルドン，トーマス・D.　Thomas Dewar Weldon　①62, 63; ①136・註(115)
ヴォルテール　Voltaire　①311; ①330・註(16)
ウォルフ，ヘンリー　Henry C. Wolfe　④48

エーコ，ウンベルト　Unberto Eco　②404
エピクロス　Epikouros　①310, 311, ②64
エリツィン，ボリス　Boris Nikolayevich Yeltsin　③309, 310; ③356・註(1)
エールリッヒ，オイゲン　Eugen Ehrlich　①203; ①287・註(43)
エンゲルス，フリードリッヒ　Friedrich Engels　①181, ④97

オイストラフ，ダヴィッド　David Fiodorovich Oistrakh　③348; ③361・註(23)
オークショット，マイケル　Michael Joseph Oakeshott　①58; ①134・註(109)
オストロヴィチャノフ，K.　Konstantin Ostrovitianov　①241
オッペンハイマー，フランツ　Franz Oppenheimer　①263, 264; ①295・註(97)
オハラ，スカーレット　Katie Scarlett O'Hara　②408

カ

カー，エドワード・ハレット　Edward Hallett Carr　③31; ③58・註(12)
カウツキー，カール　Karl Kautsky　①231, 232, 241, ②191, 192, 194; ①289・註(63)
カウツキー，ルイーゼ　Luise Kautsky　①232
カークパトリック，ジーン　Jeane Kirkpatrick　④365
カタライン　Lucius Sergius Catilina　①307, 308; ①329・註(11)
カラヤン，ヘルベルト・フォン　Herbert von Karajan　③350-352; ③361・註(26)
ガリレイ，ガリレオ　Galileo Galilei　②98
ガルボ，グレタ　Greta Garbo　②403
カルメン　Carmen　②402
カレーニナ，アンナ　Anna Karenina　②403, ③144

カロッサ，ハンス　Hans Carossa　②277; ②318・註(9)
カント，イマヌエル　Immanuel Kant　①17, 20, 24, 47, 73, 210, 245, 251, 261, 274, 275, 277, ②20, 125, 285, 301, ④34, 47, 52, 141, 167, 296

キケロ／シセロ　Marcus Tullius Cicero　①60, 303, 306-311; ①135・註(112)
ギゾー，フランソワ　François Pierre Guizot　①322, ③203, 204, 243, 244; ①331・註(25)
キッシンジャー，ヘンリー　Henry Alfred Kissinger　②155, ③317, 319, 321-323; ③358・註(7)
ギッディングス，フランクリン・ヘンリー　Franklin Henry Giddings　③64
ギボン，エドワード　Edward Gibbon　①303, 304, ②36, 64; ①327・註(2)
ギューリック，シドニー・ルイス　Sidney Lewis Gulick　①386; ①406・註(24)
キリスト／クリスト／基督／イエス／耶蘇　Christ　①26, 95, 115, 153, 170, 257, 424, ②8, 9, 13, 14, 28, 29, 32, 33, 64, 118, 127-129, 133, 134, 160-162, 177, 197, 199, 210, 292-299, 301, ③130, 208, 215, 223, 225, 226, 248, 254, ④34, 87, 162, 291, 355, 356, 413
ギールケ，オットー・フォン　Otto von Gierke　①238
キルケゴール，ゼーレン／キエルケゴオル　Søren Aabye Kierkegaard　①248
ギンスバーグ，モリス　Morris Ginsberg　③65

クーパー，ゲーリー　Gary Cooper　②405
クラウス，リリー　Lili Kraus　③350
クラーク，ウィリアム・スミス　William Smith Clark　①427
クラークソン，トーマス　Thomas Clarkson　③223, 224; ③238・註(7)
グラック，キャロル　Carol Gluck　④8-10, 151, 152, 164, 165, 212, 222, 244; ④61・註(3)
グルー，ジョセフ　Joseph Clark Grew　③279
クレイギー，ロバート　Robert Leslie Craigie　③279
クレイグ，アルバート　Albert Morton Craig　②81, 82, ④401
クレマン，ルネ　René Clément　②409
クレール，ルネ　René Clair　②410
クロスマン，リチャード・ハワード　Richard Howard Crossman　④356
クロップシュトック，フリードリヒ・ゴットリープ　Friedrich Gottlieb Klopstock　②191-194; ②224・註(5)
クロムウェル，オリバー　Oliver Cromwell　①324

ケインズ，ジョン・メイナード　John Maynard Keynes　③338, ④33
ゲオルギウ，コンスタンティン・ヴィルヂル　Constantin Virgil Gheorghiu　④254
ゲオルゲ，シュテファン　Stefan Anton George　①275; ①298・註(114)
ゲッベルス，ヨーゼフ　Joseph Paul Goebbels　②65, ③33
ゲーテ，ヨハン・ヴォルフガング・フォン　Johann Wolfgang von Goethe　②297, ③261
ケーニヒ〔名不詳〕　König　①268, 269
ケマル・パシャ　Kemal Pasha　②420

ケリー，ハリー　Harry Carey　④348
ゲーリング，ヘルマン　Hermann Wilhelm Göring　①319; ①331・註(23)
ケルゼン，ハンス　Hans Kelsen　①12, 18, 20, 187, 189-191, 194-196, 205, 206, 208-210, 212-220, 224, 233, 248, 264, 265, 269, 270, 274-280; ①123・註(25)
ゲルバー，カール・フリードリッヒ・ヴィルヘルム・フォン　Carl Friedrich Wilhelm von Gerber　①187, 279; ①284・註(21)
ケルロイター，オットー　Otto Köllreuter　①15, 47, 240, 265-267; ①125・註(38)

コシュマン，ヴィクター　Julian Victor Koschmann　②5, 6; ②66・註(4)
コスタ＝ガヴラス，コンスタンタン　Constantin Costa-Gavras　②402; ②431・註(52)
コスナー，ケビン　Kevin Michael Kostner　②403
ゴットル＝オットリーリエンフェルト，フリードリヒ・フォン　Friedrich von Gottl-Ottlilienfeld　③81
コネリー，ショーン　Thomas Sean Connery　②403, 404
コペルニクス，ニコラウス　Nicolaus Copernicus　④47
コメニウス，ヨハン・アモス　Johannes Amos Comenius　①424, 425; ①439・註(13)
コール，ジョージ　George Douglas Howard Cole　①12, ④153, 154; ①123・註(23)
コール，ヘルムート　Helmut Josef Michael Kohl　②144
コルトー，アルフレッド　Alfred Denis Cortot　③260
ゴルバチョフ，ミハイル　Mikhail Sergeevich Gorbachev　②144, 379, ③264, ④131, 140
ゴルバートフ，ボリス　Borris Leont'evich Gorbatov　③144
コンスタン，バンジャマン　Henri-Benjamin Constant de Rebecque　③244; ③293・註(6)
コント，オーギュスト　Auguste Comte　①189, ③64, 77; ①285・註(30)

サ

ザイフェルト，ヴォルフガング　Wolfgang Seifert　④11, 12
サガン，フランソワーズ　Françoise Sagan　③354
ザビエル，フランシスコ　Francisco de Xavier　②162; ②185・註(19)
サマランチ，フアン・アントニオ　Juan Antonio Samaranch Torelló　②60
サルトル，ジャン＝ポール　Jean-Paul Charles Aymard Sartre　①84, 258, ②283, 288, ④140, 302; ②320・註(17)

シェークスピア，ウィリアム　William Shakespeare　③261
シェーラー，マックス　Max Scheler　①420; ①437・註(7)
シーザー，ジュリアス　Gaius Julius Caesar　①303, 307-309, 318
シャイロック　Shylock　②399
釈迦／釈尊／仏／シッダールタ　①114, 115, 148-150, 152-156, 159-161, 163, 169, 428, ②3, 18, 27-29, 31-33, 127, 128, 132, 133, 162, 289, 291, 292, 295, 298, 299, ③128, 129, 207-210, 213, 215, 229-231, 331, ④41, 42, 291

シャモニ，ヴォルフガング／シャモーニ　Wolfgang Schamoni　②331, 385, 386, ④11, 31, 56, 216, 410
シャルラン，アンドレ　André Charlin　③350; ③361・註(25)
ジャンセン，マリウス　Marius Berthus Jansen　①31, ④319
シュヴァイツァー，アルベルト／シュヴァイツァ　Albert Schweitzer　③130, ④264
ジュヴネル，ベルトラン・ド　Bertrand de Jouvenel　①68; ①137・註(122)
シュトラウス，ダーフィト　David Friedrich Strauss　①245
シューベルト，フランツ　Franz Peter Schubert　①84
シューマン，クララ　Clara Schumann　③353
シューマン，フレデリック　Frederick Lewis Schuman　③28, ④55; ③58・註(11)
シューマン，ロベルト　Robert Alexander Schumann　③354
シュミット，カール　Carl Schmitt　①13, 14, 58, 70, 187, 193, 194, 215-224, 262-267, 269, 270, ③309, 322, ④48, 169; ①124・註(28)
ジョージ，ロイド　Lloyd George　①314; ①330・註(17)
ショパン，フレデリック　Frédéric François Chopin　②44
ショーンバーグ，ハロルド　Harold Charles Schonberg　②400; ②430・註(47)
成吉思汗　④169
ジンメル，ゲオルク　Georg Simmel　①280, ②9, 10, ③64, 65; ②67・註(10)

スウィージー，ポール　Paul Marlor Sweezy　④34
スターリン，ヨシフ　Joseph Stalin　①44, 53, ②6, 41, 48, 331, 343, 346, ③269, ④12, 91, 141, 182, 406
スタンダール　Stendhal　①62, ②272
ストーチカ，ピョートル　Pyotr Ivanovich Stuchka　①238
スノー，エドガー／スノウ　Edgar Snow　②343, 348, ④109, 113, 114
スピノザ，バールーフ・デ　Baruch de Spinoza　②168, ④96
スペンサー，ハーバート　Herbert Spencer　①228, ②101, ③64
スミス，アダム　Adam Smith　③202, 215, 223, 236, 237, ④33, 45
スメドレー，アグネス　Agnes Smedley　④109
スメント，ルドルフ　Rudolf Smend　①264; ①295・註(99)
スモール，アルビオン　Albion Woodbury Small　③64

ソクラテス　Socrates　④199
ソーニャ　Sonia　②304
ゾフィー　Sophie　①233, 234
ゾラ，エミール　Émile Zola　③337, 338
ソルトウ　①312
ソローキン，ピティリム　Pitirim Alexandrovich Sorokin　③65
ゾンバルト，ヴェルナー　Werner Sombart　①420; ①437・註(8)

タ

大日如来　①155, ②27
タウト，ブルーノ　Bruno Julius Florian Taut　①101
タキトゥス，コルネリウス　Cornelius Tacitus　①303; ①327・註(1)

ダッシン，ジュールズ　Jules Dassin ②402; ②431・註(50)
達磨大師　③236, 237

チェイス，スチュアート　Stuart Chase ③104
チェンバース／チャンブル　Chambers ②81, 82, 84, ③224
チャーチル，ウィンストン　Winston Churchill　④50, 214

ツヴァイク，シュテファン　Stefan Zweig　④47
ツルゲーネフ，イワン　Ivan Turgenev ①233

ディートリッヒ，マレーネ　Marlene Dietrich　②404-406
ディルタイ，ヴィルヘルム　Wilhelm Dilthey　①415; ①437・註(6)
デカルト，ルネ／デス・カルテス René Descartes　②98, 100, 167, 168
デューイ，ジョン／デュウイ　John Dewey　①81, 364, 393, ②300, ④104, 345; ①138・註(132)
デュヴィヴィエ，ジュリアン　Julien Duvivier　②409
デュギー，レオン　Léon Duguit　①187, 222; ①284・註(23)
デューリング，カール・オイゲン Karl Eugen Dühring　①181
デュルケム，エミール／デュルケーム Émile Durkheim　③65, ④201
デリダ，ジャック　Jacques Derrida ②9, 10, ④80
テルツァーニ，ティツィアーノ Tiziano Terzani　②374-377, 379, 380, 382, 386, 387, ④410
テンニース，フェルディナンド Ferdinand Tönnies　①12, ③64; ①124・註(26)

ドーア，ロナルド　Ronald P. Dore ①85, 92, ②40, 329-331, ④10-14, 31, 112; ①139・註(135)
ドイッチュ，カール　Karl Wolfgang Deutsch　②52
トクヴィル，アレクシス・ド　Alexis de Tocqueville　③247
ドゴール，シャルル　Charles André Joseph Pierre-Marie de Gaulle　②143, 180, ③324, ④140
ドストエフスキー，フョードル　Fyodor Mikhaylovich Dostoyevsky　①224, ②273, 274, 304, ④264, 330
トーピッチュ，エルンスト　Ernst Topitsch　①219; ①288・註(52)
ドラッカー，ピーター　Peter Ferdinand Drucker　③340
トルストイ，レフ　Lev Nikolajevich Tolstoj　②165, ③144
トルーマン，ハリー・S.　Harry S. Truman　④195
ドレフュス，アルフレド　Alfred Dreyfus　③337
トロツキー，レフ　Lev Davydovich Trotsky　②342, 343, ③268, ④93, 105, 114
ドン・ジョヴァンニ　Don Giovanni ④379

ナ

ナポレオン・ボナパルト／那波列翁 Napoléon Bonaparte　①44, ②90, 91, ③268, 269, 322, ④92, 157
ナポレオン，ルイ／ナポレオン3世 Charles Louis-Napoléon Bonaparte ①273, ②89, ③244, ④92

ニーチェ，フリードリッヒ・ヴィルヘルム　Friedrich Wilhelm Nietzsche　①268, ②8-10
ニーバー，ラインホルド　Reinhold Niebuhr　②300; ②323・註(30)
ニュートン，アイザック　Isaac Newton　②98, 100, 198, ③237, 245, ④34, 35, 37

ノア　Noah　①373
ノーマン，エドガートン・ハーバート　Edgerton Herbert Norman　①301-306, 308, 310, 311, 313-316, 318-325, ②62-64, ④49, 57, 58

ハ

ハイエク，フリードリヒ　Friedrich August von Hayek　④18, 33
ハイエルマンス，ヘルマン　Herman Heyermans　①252
ハイゼンベルク，ヴェルナー　Werner Karl Heisenberg　④35, 37
ハイデッガー，マルティン　Martin Heidegger　①248, ②64-66, 379, 387, ④42-45; ①291・註(77)
ハウプトマン，ゲルハルト　Gerhart Hauptmann　①252
バエズ，ジョーン　Joan Baez　④14; ④61・註(8)
バーカー，アーネスト　Ernest Barker　①63, 228, ④154; ①136・註(117)
バーク，エドマンド　Edmund Burke　①58, 192, ②360; ①135・註(110)
バクーニン，ミハイル　Mikhail Aleksandrovich Bakunin　①233
バークレー，ジョージ　George Berkeley　①276
パシュカーニス，エフゲニー　Evgeny Bronislavovich Pashukanis　①238
パースンズ，タルコット　Talcott Parsons　③75, 76
バーチ，ジョン　John Birch　④356
バック，ロバート　Robert Buck　④379
バックル，トーマス　Henry Thomas Buckle　③197-199, 202, 203, 205, 213, 215, 219, 225-228; ③237・註(1)
ハードウィック，セドリック　Cedric Webster Hardwicke　①317
バトラー，レット　Rhett Butler　②408
バートン，ジョン・ヒル　John Hill Burton　②81, 82, 84
ハーバーマス，ユルゲン　Jürgen Habermas　②334; ②422・註(7)
ハベル，ヴァーツラフ　Václav Havel　③315
バーリン，アイザィア　Isaiah Berlin　①220; ①288・註(53)
ハル，コーデル　Cordell Hull　①49, 52, ③278, 279, ④53-55; ①132・註(96)
バルザック，オノレ・ド　Honoré de Balzac　②273, ④264
バルト，カール　Karl Barth　②13, 14, 159; ②68・註(12)
ハレ，フェリックス　Felix Halle　①238
ハワード，ジョン／ホワルド　John Howard　③223, 224; ③239・註(8)
バーンスタイン，レナード　Leonard Bernstein　③352; ③361・註(27)

ピアソン，レスター・ボールズ　Lester Bowles Pearson　②63
ビアンコ，ルシアン　Lucien Bianco　④109, 110, 115
ピカソ，パブロ　Pabro Picasso　②304
ビカートン，マックス　Max Bickerton　④323
ビクトリア女王　Alexandrina Victoria

②102, ③245
ヒス，アルジャー　Alger Hiss　③7; ③57・註(5)
ビスマルク，オットー・フォン　Otto Eduard Leopold von Bismarck-Schönhausen　①233, ②336, 337
ヒトラー，アドルフ／ヒットラー　Adolf Hitler　①46, 47, 87, 180, 270, ②134, ③25, 32, 113, 355, 356, ④15, 34, 78
ヒューム，デイヴィッド　David Hume　①276, ②125
ピョートル大帝　Pyotr I Alekseevich　②101; ②108・註(43)
ヒルファーディング，ルドルフ　Rudolf Hilferding　①236, 240, 241; ①291・註(70)
ピレンヌ，アンリ　Henri Pirenne　①306; ①329・註(10)

フィヒテ，ヨハン・ゴットリープ　Johann Gottlieb Fichte　①82, 426
フィールド，ノーマ　Norma Field　④8; ④61・註(4)
フェアバンク，ジョン・キング　John King Fairbank　②348; ②425・註(20)
フェルレンベルク，フィリップ・エマヌエル・フォン　Philipp Emanuel von Fellenberg　①423; ①438・註(11)
フェレロ，グッリエルモ　Guglielmo Ferrero　①303; ①327・註(3)
フォイエルバッハ，ルートヴィヒ・アンドレアス　Ludwig Andreas Feuerbach　①245
フォレット，メアリー・パーカー　Mary Parker Follet　①12; ①123・註(23)
フーコー，ミシェル　Michel Foucault　②9, ④80
フッサール，エトムント　Edmund Husserl　④43, 44
ブッシュ，ジョージ・ハーバート・ウォーカー　George Herbert Walker Bush　②354, ③285, 289, 292, 326-328; ③307・註(69)
ブライス，ジェームズ　James Bryce　①227
フライヤー，ハンス　Hans Freyer　①415, 416; ①436・註(5)
ブラウン，エヴァ　Eva Braun　③355
ブラッカー，カーメン　Carmen Blacker　④400
プラトン　Platon　①55, 277, 419, ②7, 112, ④43, 44, 141
ブラームス，ヨハネス　Johannes Brahms　③353, 354
フランチェスコ（聖）　San Francesco d'Assisi　②404
ブリッジマン，E. C.　Elijah Coleman Bridgman　②87
フルシチョフ，ニキータ　Nikita Sergeevich Khrushchyov　①409, 410, 432, 434
ブルータス　Brutus　①82, ②102, ④419
フルトヴェングラー，ヴィルヘルム　Wilhelm Furtwängler　②65, 141, ③260, 347, ④180
ブルマ，イアン　Ian Buruma　②333; ②422・註(5)
ブルワー＝リットン，ヴィクター　Victor Bulwer-Lytton　③278
ブルンナー，エミール　Emil Brunner　②13; ②68・註(13)
フレイザー，ジェームズ　James George Frazer　①248; ①291・註(78)
ブレイディ，ロバート　Robert Alexander Brady　③32; ③59・註(13)

フレーベル，フリードリッヒ　Friedrich Wilhelm August Fröbel　①423; ①438・註(12)
フロイス，ルイス　Luís Fróis　②161; ②185・註(18)
ブロック，マルク　Marc Bloch　①306; ①328・註(9)

ペイン，トーマス／ペーン　Thomas Paine　②101; ②109・註(45)
ベーカー，ジェームズ　James Addison Baker　③318, 319; ③358・註(9)
ヘーゲル，ゲオルク・ヴィルヘルム・フリードリヒ　Georg Wilhelm Friedrich Hegel　①47, 82, 114, 115, 226, 233, 244, 245, 251, 261, 425, ②6, 7, 112, 285, ③242, ④51, 52, 296
ベーコン，フランシス／バーコン　Francis Bacon　①276, ②98
ベーコン，ロジャー／バーコン　Roger Bacon　②98
ペスタロッチ，ヨハン・ハインリッヒ　Johann Heinrich Pestalozzi　①422-425, 429, 430; ①438・註(10)
ペツォルト〔名不詳〕 Petzold　①268
ベッカー，カール　Carl Becker　②174; ②187・註(27)
ヘッセ，ヘルマン　Hermann Hesse　②295
ペットマン，ラルフ　Ralph Pettman　②165; ②186・註(22)
ヘーデマン，ユスッス・ヴィルヘルム　Justus Wilhelm Hedemann　①185; ①284・註(19)
ベートーヴェン，ルートヴィヒ・ヴァン　Ludwig van Beethoven　③261, 269, ④291
ベートマン＝ホルヴェーク，テオバルト・フォン　Theobald von Bethmann-Hollweg　②336; ②422・註(10)
ペペ・ル・モコ　Pépé le Moko　②407, 408
ベーベル，アウグスト　August Bebel　①233
ヘラー，ヘルマン　Hermann Heller　①215, 218, 219; ①287・註(50)
ベラー，ロバート　Robert Neelly Bellah　④318, 319
ペリー，マシュー／ペルリ　Matthew Calbraith Perry　①52, ②42, 100, 242, ④93, 382, 420
ベリヘンテ，シモン　Simon Belinfante　②88-91
ベルクソン，アンリ　Henri-Louis Bergson　①274, 275; ①297・註(111)
ベルンシュタイン，エドゥアルト　Eduard Bernstein　①231, 232, 241; ①289・註(62)
ベン，トニー　Tony Benn　④356
ベンデルスキー，J. W.　Joseph W. Bendersky　①269, 270; ①296・註(106)
ヘンリー，パトリック　Patrick Henry　③269

ホークス，ハワード　Howard Hawks　②402; ②431・註(51)
ボダン，ジャン　Jean Bodin　②120; ②183・註(5)
ポッパー，カール　Karl Raimund Popper　①275, 279, ②7, ③235; ①298・註(115)
ホッブズ，トマス／ホッブス　Thomas Hobbes　①54, 55, 60, ②352, ④96; ①133・註(104)
ボードレール，シャルル　Charles Pierre Baudelaire　③354
ホブズボーム，エリック　Eric John

Ernest Hobsbawm ③244; ③294・註(8)
ホームズ，オリバー・ウェンデル Oliver Wendell Holmes Jr. ②134; ②183・註(6)
ホメイニ，アーヤトッラー・ルーホッラー Āyatollāh Rūhollāh Khomeinī ②350
ポリュビオス Polybius ①310; ①329・註(15)
ホール，ジョン・ホイットニー John Whitney Hall ①95
ポル・ポト Pol Pot ②344, ④115; ②424・註(17)
ボールドウィン，スタンリー Stanley Baldwin ①314; ①330・註(18)
ホロヴィッツ，ウラジミール Vladimir Horowitz ③348, ④373
ポンス，フィリップ Philippe Pons ②389, ④410

マ

マイネッケ，フリードリヒ Friedrich Meinecke ②95, 336, 337, 350; ②107・註(30)
マイヤー，ミルトン Milton Mayer ④190
マキャベリ，ニッコロ Niccolò Machiavelli ①119, ②21, 335-337, ③138
マーシャル，アルフレッド Alfred Marshall ④33
マッカーサー，ダグラス Douglas MacArthur ①272, ④48, 49, 101, 128
マッカーシー，ジョセフ Joseph Raymond McCarthy ②136, 348, 400, 402, ③7, 30, 36, ④356; ②183・註(8)
マートン，ロバート Robert King Merton ④6; ④60・註(2)
マハティール・ビン・モハマド Mahathir bin Mohamad ④193
マリア Maria ④291, 356
マリノフスキー，ブロニスロウ Bronisław Kasper Malinowski ①248; ①292・註(79)
マルクス，カール Karl Marx ①9-12, 14, 16, 17, 22, 25, 27, 28, 31, 44, 49, 73, 74, 81, 115, 116, 181, 215, 222, 223, 227, 228, 230-233, 235, 236, 238, 240, 241, 245, ②7, 9, 25, 26, 30, 38-40, 63, 191, 194, 198, 267, 283, 296, 313, 326, 334, 342, 344-346, 350, 353, ③94, 139, 235, 242, 244, 246-248, 257, 258, 287, 311, 337, 338, ④6, 12, 33-35, 45, 52, 76, 80, 81, 86, 88, 89, 97, 104, 107, 108, 116, 131, 153-155, 171, 172, 175, 180, 182, 184, 185, 190, 249, 254, 356
マルクス，ハインリヒ Heinrich Marx ①234
マルロー，アンドレ André Malraux ②279; ②319・註(14)
マン，トマス Paul Thomas Mann ②405
マン，ハインリヒ Heinrich Mann ②405
マンハイム，カール Karl Mannheim ①10, 21, 40, 251, ③65

ミッテラン，フランソワ François Mitterrand ②41, 133, 144, 351, ③264, ④82, 83; ②74・註(42)
ミヘルス，ロベルト Robert Michels ①59; ①135・註(111)
ミル，ジョン・スチュアート John Stuart Mill ①228, ②101

ムッソリーニ，ベニート　Benito Amilcare Andrea Mussolini　①257, ④15

メイトランド，フレデリック　Frederic William Maitland　①305, 306, 321; ①328・註(7)
メッテルニッヒ，クレメンス／メッテルニヒ　Klemens Wenzel Lothar von Metternich　②43, ③321, 322; ③358・註(11)
メニューヒン，ユーディ　Yehudi Menuhin　③336, 337; ③360・註(20)
メフィストフェレス　Mephistopheles　②214
メリアム，チャールズ　Charles Edward Merriam　①55, 229, 230; ①134・註(105)
メーリング，フランツ　Franz Mehring　①233
メルクーリ，メリナ　Melina Mercouri　②402

モーツァルト，ヴォルフガング・アマデウス　Wolfgang Amadeus Mozart　③348, 353, ④379
モッシャー，スティーブン　Steven Mosher　②348
モムゼン，テオドール　Theodor Mommsen　①303, 304; ①328・註(5)
モリス，アイヴァン　Ivan Morris　②330, 331, ④9, 10, 12, 151, 152, 243; ④61・註(5)
モンテスキュー，シャルル・ド　Charles-Louis de Montesquieu　③242
モンテッソーリ，マリア　Maria Montessori　①374; ①406・註(23)

ヤ

ヤコブセン，イェンス・ペーター　Jens Peter Jacobsen　②277; ②318・註(10)
ヤニングス，エミール　Jannings Emil　②405

ユーゴー，ヴィクトル　Victor Hugo　③174

ラ

ライシャワー，エドウィン・O.　Edwin O. Reischauer　③321, ④195, 212; ③358・註(10)
ライト，クィンシー　Philip Quincy Wright　③113, 114
ライプニッツ，ゴットフリート・ヴィルヘルム　Gottfried Wilhelm Leibniz　①414; ①436・註(4)
ラスウェル，ハロルド　Harold Dwight Lasswell　③97, 113
ラスキ，ハロルド　Harold Joseph Laski　①12, 55, 227, 228, 266, ④153, 154; ①123・註(21)
ラッサール，フェルディナント　Ferdinand Lassalle　①233, 234; ①290・註(65)
ラッセル，バートランド　Bertrand Arthur William Russell　①58, 316, ④104; ①134・註(108)
ラティモア，オーエン　Owen Lattimore　②348; ②424・註(19)
ラートブルフ，グスタフ　Gustav Radbruch　①103, 276; ①141・註(145)
ラーバント，パウル　Paul Laband　①187; ①284・註(22)
ラピドス，I. A.　Iosif Abramovich

Lapidus　①241
ラブスリィ　①305
ラブレー，フランソワ　François Rabelais　①65; ①136・註(119)
ラーレンツ，カール　Karl Larenz　①23; ①127・註(55)
ランカスター，バート　Burt Lancaster　②402
ランケ，レオポルド・フォン　Leopold von Ranke　②52, ④46

リシュリュー　Armand Jean du Plessis de Richelieu　③201; ③237・註(2)
リスト，フランツ　Franz Liszt　②44, ③349
リスト，フリードリヒ　Friedrich Georg List　③81, ④33
リッケルト，ハインリッヒ　Heinrich Rickert　①275; ①298・註(113)
リップマン，ウォルター　Walter Lippmann　②124
リヒテル，スヴャトスラフ　Sviatoslav Teofilovich Richter　③348, ④245; ③361・註(24)
リーフェンシュタール，レニ　Helene Berta Leni Amalie Riefenstahl　③354-356; ③361・註(28)
リルケ，ライナー・マリア　Rainer Maria Rilke　②273, 275, 277
リントン，ラルフ　Ralph Linton　③92, 93

ルイ・フィリップ　Louis-Philippe　④92
ルカーチ，ゲオルク　György Lukács　①23, 222; ①127・註(56)
ルクセンブルク，ローザ　Rosa Luxemburg　①231, 232, 236, 240, 241; ①289・註(64)
ルクレチウス／ルクレシアス　Titus Lucretius　①310, ②64; ①329・註(13)
ルージン　Rudin　①233
ルーズヴェルト，セオドア／ルーズベルト／ローズベルト　Theodore Roosevelt　①258, ③7, ④53
ルソー，ジャン＝ジャック　Jean-Jacques Rousseau　①246, 312, 422, 426, 429, 430, ②165, 166, ③34, ④96
ルター，マルチン／ルッテル　Martin Luther　①257, ②28, 30, 32
ルーデンドルフ，エーリヒ　Erich Friedrich Wilhelm Ludendorff　②420
ルナン，エルネスト　Joseph Ernest Renan　③264
ルビッチ，エルンスト　Ernst Lubitsch　④365

レヴィ＝ストロース，クロード　Claude Lévi-Strauss　①248, ②39; ①292・註(80)
レーヴィット，カール／レヴィト　Karl Löwith　②10, ④43, 44, 254
レオナルド・ダ・ヴィンチ　Leonardo da Vinci　③258
レーガン，ロナルド／リーガン　Ronald Wilson Reagan　③318, ④332
レッシング，ゴットホルト・エフライム　Gotthold Ephraim Lessing　①412, ②191-194, 223; ①436・註(3)
レーニン，ウラジーミル　Vladimir Ilyich Lenin　①89, 222, ②40, 47, 177, 343, 350, ④105, 107
レーム，エルンスト　Ernst Julius Günther Röhm　①270; ①297・註(107)

ローウェル，ローレンス　Lawrence Lowell　④120
ロストフツェフ，ミハイル　Michael Rostovtzeff　①303, 304; ①327・註(4)
ローゼンバーグ，エセル・グリーングラス　Ethel Greenglass Rosenberg　②63
ローゼンバーグ，ジュリアス　Julius Rosenberg　②63
ローゼンベルク，アルフレート　Alfred Rosenberg　①50, 51, 318, 319; ①133・註(101)
ロック，ジョン　John Locke　①276, 312, 314, ②120, 125, ④96
ロッス，エドワード　Edward Alsworth Ross　③64
ローラン，ロマン　Romain Rolland　④16, 264

ワ

ワイツゼッカー，リヒャルト・フォン　Richard Karl Freiherr von Weizsäcker　④156; ④228・註(5)
ワグナー，リヒャルト　Wilhelm Richard Wagner　①102, ③354
ワット，ジェームズ　James Watt　③215, 223, 236, 237
ワルター，ブルーノ　Bruno Walter　③260

著者略歴

（まるやま・まさお　1914-1996）

1914年大阪に生まれる．1937年東京大学法学部卒業．1940年助教授，1950年教授．1961-62年ハーバード大学特別客員教授．1962-63年オックスフォード・セント・アントニーズ・カレッジ客員教授．1971年退官．1975-76年プリンストン高等学術研究所員．1996年8月15日没．主要著作『政治の世界』（1952）『日本政治思想史研究』（1952）共編『政治学事典』（1954）『日本の思想』（1961）『増補版　現代政治の思想と行動』（1964）『戦中と戦後の間』（1976）『「文明論之概略」を読む』（1986）『忠誠と反逆』（1992）『丸山眞男集』全16巻・別巻1（1995-97）『丸山眞男座談』全9冊（1998）『自己内対話』（1998）『丸山眞男講義録』全7冊（1998-2000）『丸山眞男書簡集』全5巻（2003-04）『丸山眞男回顧談』全2巻（2006）『丸山眞男話文集』全4巻（2008-09）．

丸山眞男話文集 続4

丸山眞男手帖の会編

2015年 5月12日 印刷
2015年 5月22日 発行

発行所 株式会社 みすず書房
〒113-0033 東京都文京区本郷5丁目 32-21
電話 03-3814-0131(営業) 03-3815-9181(編集)
http://www.msz.co.jp

本文組版 キャップス
本文印刷所 理想社
扉・表紙・カバー印刷所 リヒトプランニング
製本所 誠製本

Printed in Japan
ISBN 978-4-622-07906-4
[まるやままさおわぶんしゅうぞく]
落丁・乱丁本はお取替えいたします